Das Rechtshilfeverfahren in Beweissachen nach 28 U.S.C. § 1782 in der internationalen Handels- und Investitionsschutzschiedsgerichtsbarkeit

Schriftenreihe der August Maria Berges Stiftung für Arbitrales Recht

Herausgegeben von Hubertus W. Labes

Band 27

Zur Qualitätssicherung und Peer Review der vorliegenden Publikation

Die Qualität der in dieser Reihe erscheinenden Arbeiten wird vor der Publikation durch den Herausgeber der Reihe geprüft.

Notes on the quality assurance and peer review of this publication

Prior to publication, the quality of the work published in this series is reviewed by the editor of the series.

Max Wilhelm Oehm

Das Rechtshilfeverfahren in Beweissachen nach 28 U.S.C. § 1782 in der internationalen Handels- und Investitionsschutzschiedsgerichtsbarkeit

PL ACADEMIC RESEARCH

Bibliografische Information der Deutschen Nationalbibliothek
Die Deutsche Nationalbibliothek verzeichnet diese Publikation in der Deutschen Nationalbibliografie; detaillierte bibliografische Daten sind im Internet über http://dnb.d-nb.de abrufbar.

Zugl.: Mainz, Univ., Diss., 2015

D 77
ISSN 1435-4748
ISBN 978-3-631-67102-3 (Print)
E-ISBN 978-3-653-06380-6 (E-Book)
DOI 10.3726/978-3-653-06380-6

PL Academic Research ist ein Imprint der Peter Lang GmbH.

Peter Lang – Frankfurt am Main · Bern · Bruxelles · New York · Oxford · Warszawa · Wien

Diese Publikation wurde begutachtet.

www.peterlang.com

Für meine Eltern

Vorwort

Die vorliegende Arbeit wurde im Sommersemester 2015 vom Fachbereich Rechts- und Wirtschaftswissenschaften der Johannes Gutenberg-Universität Mainz als Dissertation angenommen. Das Manuskript wurde im April 2015 abgeschlossen, später veröffentlichte Rechtsprechung und Literatur habe ich nur punktuell nachgetragen.

Mein Dank gilt all jenen, die mich während der Promotion begleitet und unterstützt haben, sowohl als fachliche Gesprächspartner als auch durch die notwendige Ablenkung von der Arbeit. In erster Linie bedanke ich mich bei meinem Doktorvater Herrn Prof. Dr. *Peter Huber*, an dessen Lehrstuhl ich von 2012–2014 arbeiten durfte. Herr Prof. *Huber* wusste es stets, die richtige Balance zwischen Interesse an meiner Arbeit und gleichzeitigem Freiraum für meine Forschung zu schaffen. Meinen Kollegen am Lehrstuhl sowie meinen Freunden gilt insgesamt mein Dank. Meine Zeit am Lehrstuhl und in Mainz im Allgemeinen empfand ich als große Bereicherung. Hervorheben möchte ich Herrn Dr. *Ivo Bach*, der mir stets als wertvoller Ansprechspartner zur Seite stand. Auch Frau *Evelyn Warnke* und Herrn Dr. *Julian Emmerich* möchte ich besonders Danken für die Hilfe beim Korrekturlesen der Arbeit. Zu Dank verpflichtet bin ich weiterhin Herrn Prof. Dr. *Urs Gruber* für die rasche Erstellung des Zweitgutachtens.

Größter Dank gilt meiner Familie, allen voran meinen Eltern, *Marianne* und *Matthias* Oehm, ganz allgemein für ihre langjährige und unbedingte Unterstützung und sehr konkret für die große Hilfe beim Korrekturlesen dieser Arbeit.

Berlin, Dezember 2015 *Max Wilhelm Oehm*

Inhaltsverzeichnis

Literaturverzeichnis

Adler, David B.: US-discovery und deutscher Patentverletzungsprozess, Duncker & Humblot, Berlin 2014.

Alford, Roger: Ancilliary Discovery to Prove Denial of Justice. In: 53 Virginia Journal of International Law 127–156 (2012).

Amram, Philip: Public Law No. 88–619 of October 3, 1964- New Developments in International Judicial Assistance in The United States of America. In: 32 D.C. Bar Journal 24–35 (1965).

Baumbach, Adolf/Lauterbach, Wolfgang/Albers, Jan/Hartmann, Peter: Zivilprozessordnung mit FamFG, GVG und anderen Nebengesetzen, 73. Auflage, München 2015.

Beale, Kenneth/Lugar, Justin/Schwarz, Franz: Solving the § 1782 Puzzle: Bringing Certainty to the Debate over 28 U.S.C. § 1782's Application to International Arbitration. In: 47 Stanford Journal of International Law 51–110 (2011).

Bench-Nieuwveld, Lisa/Shannon, Victoria: Third-Party Funding in International Arbitration, Kluwer Law International, 2012.

Benzig, Markus: Das Beweisrecht vor internationalen Gerichten und Schiedsgerichten in zwischenstaatlichen Streitigkeiten, Springer, Heidelberg 2010.

Bishop, Doak/Crawforf, James/Reisman, Michael: Foreign Investment Disputes: Cases, Materials and Commentary, Kluwer Law International, 2014.

Born, Gary: International Commercial Arbitration, 2d ed., Kluwer Law International, 2014.

–: International Arbitration: Cases and Materials, Kluwer Law International, 2011.

–: International Arbitration: Law and Practice, Kluwer Law International, 2012.

–: International Arbitration and Forum Selection Agreements: Drafting and Enforcing, Kluwer Law International, 2013.

–: International Commercial Arbitration – Commentary and Materials, Kluwer Law International, 2001.

Born, Gary/Rutledge, Peter: International Civil Litigation in United States Courts, 5th ed. Aspen Publishers, 2011.

Böckstiegel, Karl-Heinz: Aktuelle Probleme der Investitions-Schiedsgerichtsbarkeit aus der Sicht eines Schiedsrichters. In: SchiedsVZ 2012, 113–120.

Böckstiegel, Karl-Heinz/Berger, Klaus-Peter/Bredow, Jens: The Taking of Evidence in International Commercial Arbitration, Schriftenreihe der Deutschen Institution für Schiedsgerichtsbarkeit, Band 26, Carl Heymanns Verlag, Köln 2010.

Böckstiegel, Karl-Heinz/Kröll, Stefan/Nacimiento, Patricia: Arbitration in Germany: The Model Law in Practice, 2d ed., Kluwer Law International, 2015.

–: Commercial and Investment Arbitration: How Different are they Today? In: 28 Arbitration International 577–590 (2012).

Brinkmann, Moritz: „Clash of Civilizations“ oder effektives Rechtshilfeinstrument? – Zur wachsenden Bedeutung von discovery orders nach Rule 28 U.S.C. § 1782(a). In: IPRax 2015, 109–115.

Buntenbroich, David/Kaul, Markus: Transparenz in Investitionsschiedsverfahren – Der Fall Vattenfall und die UNCITRAL-Transparenzregeln. In: SchiedsVZ 2014, 1–8.

Burianski, Markus: DIS-Conference: „The Taking of Evidence in International Commercial Arbitration“. In: SchiedsVZ 2010, 101–105.

Burnham, William: Introduction to the Law and Legal System of the United States, 5th ed., West Publishing Co., St. Paul, Minn. 2011.

Bühler, Michael/Dogan, Carroll: Witness Testimony Pursuant to the 1999 IBA Rules of Evidence in International Commercial Arbitration – Novel or Tested Standards? In: 17 Journal of International Arbitration 3–30 (2000).

Callies, Christian/Ruffert, Matthias: EUV/AEUV – Das Verfassungsrecht der Europäischen Union mit Europäischer Grundrechtecharta – Kommentar, 4. Auflage, C.H. Beck Verlag, München 2011.

Caron, David/Caplan, Lee: The UNCITRAL Arbitration Rules – A Commentary, 2nd ed., Oxford University Press, Oxford 2013.

Chukwumerije, Okezie: International Judicial Assistance: Revitalizing Section 1782. In: 37 The George Washington International Law Review 649–685 (2005).

Cohen Kläsener, Amy/Dolgorukow, Alexander: Die Überarbeitung der IBA-Regeln zur Beweisaufnahme in der internationalen Schiedsgerichtsbarkeit. In: SchiedsVZ 2010, 302–310.

Eschenfelder, Eike: Beweiserhebung im Ausland und ihre Verwertung im inländischen Zivilprozess, Peter Lang, Berlin 2002.

–: Möglichkeiten deutscher Unternehmen, US-amerikanische Discovery auch vor deutschen Gerichten zu nutzen. In: IPrax 2006, 89–97.

Fellas, John: Using Section 1782 in International Arbitration. In: 23 Arbitration International 379–404 (2007).

Folkman, Theodore/Evans, David: The U.S. Judicial Assistance Statute: A Powerful Tool in International Arbitration? In: 69(1) Dispute Resolution Journal 1–14 (2014).

Garner, Bryan: Black's Law Dictionary, 8. Auflage, West Publishing Company, St. Paul, Minn. 2004.

Goldsmith, Aren/Melchionda, Lorenzo: Third Party Funding in International Arbitration: Everything you ever wanted to know (but were afraid to ask). In: 5 Revue de Droit des Affaires Internationales (International Business Law Journal) 53–76; 221–243 (2012).

Grenz, Christoph: Der Faktor Zeit im Schiedsverfahren, Peter Lang, Frankfurt am Main 2009.

Gruber, Urs/Kießling, Erik: Die Vorlagepflichten der §§ 142 ff. ZPO nach der Reform 2002 – Elemente der „discovery" im neuen deutschen Gerichtsverfahren? In: Zeitschrift für Zivilprozess (ZZP) 116 (2003), 305–333.

Hackworth, Green: Digest of International Law, Vol II, Chapters VI-VIII, United States Government Printing Office, Washington 1941.

Haller, Heiko: Protection of Business Secrets by Way of Protective Orders. In: SchiedsVZ 2013, 135–141.

Hammond, Steven: The Art of the Missed Oppertuinity – How US Courts Declined to Assist Private Arbitral Tribunals under the US Law Authorizing Discovery in Aid of Foreign and International Proceedings. In: 17 J. Int. Arb. 131–143 (2000).

Harbst, Ragnar: Die Rolle der staatlichen Gerichte im Schiedsverfahren, Verlag Recht und Wirtschaft, Heidelberg 2002.

Hasbrouck, Brandon: If It Looks Like a Duck ... : Private International Arbitral Bodies Are Adjudicatory Tribunals Under 28 U.S.C. § 1782(a). In: 67 Washington & Lee Law Review 1659–1708 (2010).

Hay, Peter: US-Amerikanisches Recht, 5. Auflage, C.H. Beck, München 2011.

Heck, Axel: Die Haager Konvention über die Beweisaufnahme im Ausland aus der Sicht der amerikanischen Prozeßgerichte sowie der amerikanischen Gerichte. In: ZvglRWiss 84, 208–228 (1985).

Hoebeck, Paul/ Weyhreter, Matthias: Anordnung von vorläufigen oder sichernden Maßnamhen durch Schiedsgerichte in ex-parte-Verfahren. In: SchiedsVZ 2005, 238–242.

Holder, Daniel: Vertraulichkeit im Schiedsverfahren nach deutschem Recht – Unter Berücksichtigung der Rechtslage in England, Australien, Schweden und Neuseeland, Peter Lang, Frankfurt am Main 2009.

Illmer, Martin/Steinbrück, Ben: U.S. Discovery and Foreign Private Arbitration: The Foreign Lawyer's Perspective. In: 25 Journal of International Arbitration 329–343 (2008).

Jones, Harry Leroy: International Judicial Assistance: Procedural Chaos and a Program for Reform. In: 62 Yale Law Journal 515–562 (1953).

Junker, Abbo: Discovery im deutsch-amerikanischen Rechtsverkehr, Verlag Recht und Wirtschaft, Heidelberg 1987.

Kaufmann-Kohler, Gabrielle/Bärtscj, Philippe: Discovery in international arbitration: How much is too much? In: SchiedsVZ 2004, 13–21.

Kneisel, Sebastian/Lecking, Claudia: Verteidigungsstrategien gegen die Anordnung der Document-Production – insbesondere nach den IBA-Regeln zur Beweisaufnahme in der internationalen Schiedsgerichtsbarkeit. In: SchiedsVZ 2013, 150–158.

Knöfel, Oliver: Internationale Beweishilfe für Schiedsverfahren. In: RIW 2007, 832–839.

–: Judicial Assistance in the Taking of Evidence Abroad in Aid of Arbitration: A German Perspective. In: 5 Journal of Private International Law 281–309 (2009).

Kraayvanger, Jan/Hilgard, Mark: Urkundenvorlage im Zivilprozess. In: NJ 2003, 572–575.

Kronke, Herbert/Nacimiento, Patricia/Otto, Dirk/Port, Nicola: Recognition and Enforcement of Foreign Arbitral Awards: A Global Commentary on the New York Convention, Kluwer Law International, 2010.

Kröll, Stefan: Die schiedsrechtliche Rechtsprechung 2008 (Teil 2). In: SchiedsVZ 2009, 217–225.

Kröll, Stefan/Horn, Norbert: Arbitrating Foreign Investment Disputes – Procedural and Substantive Legal Aspects, Kluwer Law International, 2004.

Kühner, Detlev: The Revised IBA Rules on the Taking of Evidence in International Arbitration. In: 27 Journal of International Arbitration 667–677 (2010).

Lachmann, Jens-Peter: Handbuch für die Schiedsgerichtspraxis, 3. Auflage, Otto Schmidt Verlag, Köln 2008.

Leisinger, Christian: Vertraulichkeit in internationalen Schiedsverfahren, 1. Auflage, Nomos, Baden-Baden 2012.

Marcus, Richard: „Looking Backward“ to 1938. In. 162 University of Pennsylvania Law Review 1691–1730 (2014).

Martinez-Fraga, Pedro: Anwendung und Vermeidung der Discovery nach 28 U.S.C. § 1782 im internationalen Handelsschiedsverfahren: New York Convention und Doktrin des „Manifest Disregard of the Law“ – Fluch oder Segen? In: SchiedsVZ 2010, 85–96; 158–166.

Malament, Laura: Making or breaking your billion dollar case: U.S. judicial assistance to private international arbitration under 28 U.S.C. § 1782(a). In: 67 Vanderbilt Law Review 1213–145 (2014).

Meier, Anke: Pre-Hearing Conferences as a Means of Improving the Effectiveness of Arbitration. In: SchiedsVZ 2009, 152–156.

–: The Production of Electronically Stored Information in International Commercial Arbitration. In: SchiedsVZ 2008, 179–189.

Mentz, Alexander: Das Pre-Trial Discovery-Verfahren im US-amerikanischen Zivilprozessrecht. In: RIW/AWD 1981, 73–79.

Merkin, Robert/Flannery, Louis: Arbitration Act 1996, Fifth Edition, Informa Law, Oxon 2014.

Michalski, Lutz: Kommentar zum Gesetz betreffend die Gesellschaften mit beschränkter Haftung (GmbH-Gesetzt), 2. Auflage, C.H. Beck, München 2010.

Moser, Michael: Managing Business Disputes in Today's China, Kluwer Law International, 2007.

Musielak, Hans-Joachim: Kommentar zur Zivprozessordnung: mit Gerichtsverfassungsgesetz, 11. Auflage, Vahlen Verlag, München 2014.

Müller, Werner/Keilmann, Annette: Beteiligung am Schiedsverfahren wider Willen? In: SchiedsVZ 2007, 113–121.

Müller-Chen, Markus: The Use of Evidence Obtained in US-American Discovery in International Civil Procedure Law and Arbitration in Switzerland. In: 27 Association Suisse de l'Arbitrage (ASA Bulletin) 196–212 (2009).

Nacimiento, Patricia: Abschied von der Vertraulichkeit im Schiedsverfahren? In: BB-Beilage Nr. 6, 7 (zu BB 2011 Heft 31).

Nedden, Jan Heiner/Herzberg, Axel: ICC-SchO/DIS-SchO Praxiskommentar zu den Schiedsgerichtsordnungen, 1. Auflage, Otto Schmidt Verlag, Köln 2014.

Newman, Lawrence/Zaslowsky, David: Muddy waters in the land of Section 1782; International Litigation. In: New York Law Journal, Vol. 251, Issue 21, p. 3 (2014).

O'Malley, Nathan: Document Production under Article 3 of the 2010 IBA Rules of Evidence. In: 27 International Arbitration Law Review 186–195 (2010).

O'Malley, Nathan/Eaton, Luke: U.S. Discovery in Aid of International Arbitration: Where Things Presently Stand. In: 31 Journal of International Arbitration 111–120 (2014).

Pfeifer, Gerd: Strafprozessordnung – Kommentar, 5. Auflage, C.H. Beck, München 2005.

Prütting, Hanns/Gehrlein, Markus: ZPO Kommentar, 6. Auflage, Luchterhand, Köln 2014.

Raeschke-Kessler, Hilmar/Berger, Klaus Peter: Recht und Praxis des Schiedsverfahrens, 3. Auflage, RWS Verlag, Köln 1999.

Rau, Alan: The Culture of American Arbitration and the Lessons of ADR. In: 40 Texax International Law Journal 449–536 (2005).

Rauscher, Thomas/Krüger, Wolfgang: Münchener Kommentar zur Zivilprozessordnung mit Gerichtsverfassungsgesetz und Nebengesetzen, 4. Auflage, C.H. Beck, München 2013.

Redfern, Alan/Hunter, Martin/Blackaby, Nigel/Partasides, Constantine: Redfern and Hunter on International Arbitration, 4th ed., Oxford University Press, Oxford 2009.

Reed, Lucy/Paulsson, Jan/Blackaby, Nigel: Guide to ICSID Arbitration, Kluwer Law International, 2010.

Richter, Malte: Bessere Aussichten für das Haager Beweisübereinkommen? In: RIW 2005, 815–826.

Rippert, Stephan: Das Beweisverfahren im amerikanischen Recht. In: RIW 1993, 626–631.

Robben, Philip/Byroade, Melissa: Limiting discovery in arbitration: Should you write discovery out of the deal? In: Inside Counsel Breaking News, 25. Juli 2014.

Rode, Anna: US Gerichtsentscheidung: Discovery-Verfahren – Neue Gerichtsentscheidung zur Geltungswirkung im Ausland. In: CCZ 2013, 128.

Roggenbuck, Susanne: Us-amerikanische Discovery im deutschen Zivilprozeß? In: IPRax 1997, 76–80.

Rollin, Philippe: Ausländische Beweisverfahren im deutschen Zivilprozess unter besonderer Berücksichtigung von 28 U.S.C. § 1782(a), V&R unipress, Göttingen 2007.

Rutledge, Peter: Disovery, Judicial Assistance and Arbitration: A New Tool for Cases Involving U.S. Entities? In: 25 Journal of International Arbitration 171–180 (2008).

Sachs, Klaus: Use of documents and document discovery: „Fishing expeditions" versus transparency and burden of proof. In: SchiedsVZ 2003, 193–198.

Sanders, Pieter: Commentary on UNCITRAL Arbitration Rules. In: Yearbook Commercial Arbitration (YCA), Vol. 2, 1977.

Sanders, Pieter (Honorary General Editor): ICCA's Guide to the Interpretation of the 1958 New York Convention: A Handbook for Judges, 1st ed., International Council for Commercial Arbitration, 2011.

Sawang, Judith: Geheimhaltung und rechtliches Gehör im Schiedsverfahren nach deutschem Recht, Mohr Siebeck, Tübingen 2010.

Säcker, Franz/Rixecker, Roland: Münchener Kommentar zum Bürgerlichen Gesetzbuch, 6. Auflage, C.H. Beck, München 2012–2013.

Schack, Heimo: Einführung in das US-amerikanische Zivilprozessrecht, 4. Auflage, C.H. Beck, München 2011.

–: Internationales Zivilverfahrensrecht, 5. Auflage, C.H. Beck, München 2010.

Schaner, Lawrence/Scarbrough, Brian: Obtaining Discovery in the USA for Use in German Legal Proceedings – A Powerful Tool: 28 U.S.C. § 1782. In: Anwaltsblatt 2012, 320–326.

Scherpf, Georg/Majumdar, Shantanu: The Revised LCIA Arbitration Rules 2014. In: SchiedsVZ 2014, 227–232.

Scherzberg, Thomas/Thiée, Philipp: Die Wiederaufnahme zu Ungunsten des Angeklagten – Ein Plädoyer für Rechtssicherheit und gegen rechtsfreie Räume. In: ZRP 2008, 80–83.

Schilken, Eberhard: Zivilprozessrecht, 6. Auflage, Vahlen Verlag, München 2010.

Schmidt, Felix: Der Schiedsspruch. In: SchiedsVZ 2013, 32–41.

Schönknecht, Marcus: Beweisbeschaffung in den USA zur Verwendung in deutschen Verfahren. In: GRURInt. 2011, 1000–1009.

Schütze, Rolf: Ausgewählte Probleme des deutschen und internationalen Schiedsverfahrensrechts, Heymann, Köln 2006.

–: Die Ermessensgrenzen des Schiedsgerichts bei der Bestimmung der Beweisregeln. In: SchiedsVZ 2006, 1–5.

–: Institutionelle Schiedsgerichtsbarkeit – Kommentar, 2. Auflage, Carl Heymanns, Köln 2011.

–: Schiedsgericht und Schiedsverfahren, 5. Auflage, C.H. Beck, München 2012.

Schwab, Karl Heinz/Walter, Gerhard: Schiedsgerichtsbarkeit – Systematischer Kommentar zu den Vorschriften der Zivilprozessordnung, des Arbeitsgerichtsgesetzes, der Staatsverträge und der Kostengesetze über das privatrechtliche Schiedsgerichtsverfahren, 7. Auflage, C.H. Beck, München 2005.

Semler, Franz-Jörg: Schiedsverfahren im Rahmen von Investitionsschutzabkommen der Bundesrepublik Deutschland. In: SchiedsVZ 2003, 97–102.

–: Schnelligkeit und Wirtschaftlichkeit in Schiedsverfahren. In: SchiedsVZ 2009, 149–152.

Sessler, Anke/Voser, Nathalie: Die Revidierte ICC-Schiedsgerichtsordnung – Schwerpunkte. In: SchiedsVZ 2012, 120–129.

Smit, Hans: American Assistance to Litigation in Foreign and International Tribunals: Section 1782 of Titel 28 of the U.S.C. Revisited. In: 25 Syracuse Journal of International Law and Commerce 1–20 (1998).

–: Assistance Rendered by the United States in Proceedings before International Tibunals. In: 62 Columbia Law Review 1265–1276 (1962).

–: International Co-Operation in Litigation: Europe, Martinus Nijhoff, The Hague, Netherlands, 1965.

–: International Litigation under the United States Code. In: 65 Columbia Law Review 1015–1046 (1965).

–: Recent Developments in International Litigation. In: 35 South Texas Law Review 215–242 (1994).

–: The Uniform Interstate and International Procedure Act Approved by the National Conference of Commissioners on Uniform State Laws: A New Era Commences. In: 11 American Journal of Comperative Law 415–417 (1962).

Sperling, Jennifer/Suskin, Marc: Roz Trading: Expanding Federal Court Participation in Arbitral Discovery. In: 22–3 Mealey's International Arbitration Report 17 (2007).

Stein, Friedrich/Jonas, Martin: Kommentar zur Zivilprozessordnung, Band 5, 22. Auflage, Mohr Siebeck, Tübingen 2006.

–: Kommentar zur Zivilprozessordnung, Band 10, 23. Auflage, Mohr Siebeck, Tübingen 2014.

Steinbrück, Ben: Die Unterstützung ausländischer Schiedsverfahren durch staatliche Gerichte, Mohr Siebeck, Tübingen 2009.

–: US-amerikanische Beweisrechtshilfe für ausländische private Schiedsverfahren. In: IPRax 2008, 448–453.

Strader, Daniel: Bridging the Gap: Amending the Federal Arbitration Act to Allow Discovery of Nonparties. In. 41 Stetson Law Review 909–944 (2012).

Strong, Stacie: Discovery under 28 U.S.C. § 1782: Distinguishing International Commercial Arbitration and International Investment Arbitration. In: 1 Standford Journal of Complex Litigation 295–372 (2013).

Stürner, Rolf: Das ausländische Beweissicherungsverfahren. In: IPRax 1984, 299–301.

Thompson, Robert: Piercing the Corporate Veil: An Empirical Study. In: 76 Cornell Law Review 1036–1074 (1991).

Timár, Kinga/Kraayvanger, Jan: U.S. Discovery in Aid of Foreign Arbitration – A Journey through the Jungle of U.S. Court Rulings – and a Guide. In: SchiedsVZ 2012, 66–72.

Triebel, Volker/Zons, Jörn: Discovery of Documents in internationalen Schiedsverfahren – Theorie und Praxis, IDR 2002 (RIW-Beilage 3 zu Heft 12/2002), 26–32.

Turner, Peter/Mohtashami, Reza: A Guide to the LCIA Arbitration Rules, Oxford University Press, Oxford 2009.

Vorwerk, Volker/Wolf, Christian: Beck'scher Online Kommentar ZPO, Edition 14, Stand 15.09.2014, C.H. Beck, München 2014.

Waincymer, Jeff: Procedure and Evidence in International Arbitration, Kluwer Law International, 2012.

Wright, Charles/Miller, Arthur/Kane, Mary Kay, et al.: Federal Practice and Procedure, 3d ed., Thomson West, St. Paul, Minn. 2008 (updated April 2013).

Zaslowsky, David: 28 U.S.C. § 1782 as a means of obtaining Discovery in aid of International Commercial Arbitration – applicability and best practices (The Commitee on International Commercial Disputes). In: 63 The Record 752–790 (2008).

Zuberbühler, Tobias u.a.: IBA Rules of Evidence – Commentary on the IBA Rules on the Taking of Evidence in International Arbitration, 1. Auflage 2012, Sellier European Law Publisher, Zürich 2012.

Zöller, Richard: Zivilprozessordnung mit FamFG und Gerichtsverfassungsgesetz, den Einführungsgesetzen, mit Internationalem Zivilprozessrecht, EU-Verordnungen, Kostenanmerkungen – Kommentar, 30. Auflage, Verlag Otto Schmidt, Köln 2014.

Gerichtsentscheidungen

Australien:

Esso Australia Resources Ltd. v. Plowmann, High Court of Australia, 11 Arbitration International 235–264 (1995), vom 7. April 1995.

Europäische Union:

Gerichtshof der Europäischen Union (EuGH), Urteil vom 23.03.1982, Rs-102/81 (Nordsee Deutsche Hochseefischerei ./. Reederei Mond). In: NJW 1982, 1207–1208.

Gerichtshof der Europäischen Union (EuGH), Urteil vom 27.01.2005, C-125/04 (Denuit und Cordenier ./. Transorient). In: EuZW 2005, 319–320.

Gerichtshof der Europäischen Union (EuGH), Beschluss vom 13.02.2014, C-555/13 (Merck Canada Inc. ./. Accord Healthcare Ltd. u.a.). In: EuZW 2014, 301–304.

Deutschland:

Bundesverfassungsgericht

Bundesverfassungsgericht (BVerfG), Beschluss vom 12. Januar 1983, BvR 846/81. In: NJW 1983, 1043–1046.

Bundesgerichtshof

Bundesgerichtshof (BGH), Urteil vom 26. Juni 1958, II ZR 66/57. In: NJW 1958, 1491–1492.

Bundesgerichtshof (BGH), Urteil vom 16. Mai 1962, VIII ZR 79/61. In: NJW 1962, 1394–1395.

Bundesgerichtshof (BGH), Urteil vom 30. Januar 1964, VII ZR 5/63. In: NJW 1964, 1129–1132.

Bundesgerichtshof (BGH), Urteil vom 10. November 1989, VII ZR 272/87. In: NJW 1989, 717–719.

Bundesgerichtshof (BGH), Urteil vom 11. Juni 1990, II ZR 159/89. In: NJW 1990, 3151–3152.

Bundesgerichtshof (BGH), Urteil vom 04. Juni 1992, IX ZR 149/91. In: NJW 1992, 3096–3106.

Bundesgerichtshof (BGH), Urteil vom 29. März 1996, II ZR 124/95. In: NJW 1996, 1753.

Bundesgerichtshof (BGH), Urteil vom 19.Juli 2004, II ZR 65/03. In: NJW 2004, 2898–2900.

Bundesgerichtshof (BGH), Urteil vom 26. Juni 2007, XI ZR 277/05. In: NJW 2007, 2989–2993.

Oberlandesgerichte

Oberlandesgericht Köln (OLG), Beschluss vom 05. Januar 1983, 17 W 482/82. In: NJW 1983, 2779–2780.

Oberlandesgericht Hamburg (OLG), Beschluss vom 29. September 1999, 8 W 235/99. In: IPRax 2000, 530.

Kammergericht Berlin (KG), Beschluss vom 17. Dezember 2007, 20 Sch 05/07. In: SchiedsVZ 2009, 179–181.

Oberlandesgericht München (OLG), Beschluss vom 19. Februar 2014, 15 W 912/13. In: BeckRs 2014, 07253.

Landesgerichte

Landgericht Frankurt am Main (LG), Beschluss vom 24.11.2010, 2–12 O 410/07. In: BeckRS 2013, 11401.

Schweden:

Bulgarian Foreign Trade Bank Ltd. v. A.I. Trade Finance, Inc., Högsta Domstolen, XXXVI YCA 291–298 (2001), vom 27. Oktober 2000.

Vereinigte Staaten von Amerika:

United States Supreme Court:

Insurance Company v. Morse, 87 U.S. 445–459, von 1874.

Pennoyer v. Neff, 95 U.S. 714–748, vom 18. Mai 1878.

Caminetti v. United States, 242 U.S. 470–503, vom 15. Januar 1917.

McDonald v. Mabee, 243 U.S. 90–93, vom 06. März 1917.

Red Cross Line v. Atlantic Fruit Co., 264 U.S. 109, vom 18. Februar 1924.

International Shoe Co. v. State of Washington, 326 U.S. 310–326, vom 03. Dezember 1945.

Brotherhood of Railroad Trainmen v. Baltimore & Ohio Railroad Co., 331 U.S. 519–532, vom 09. Juni 1947.

Ferguson v. Moore-McCormack Lines, Inc., 352 U.S. 521, vom 25. Februar 1957.

Steelworkers v. Enterprise Car, 363 U.S.593–603, vom 20. Juni 1960.

The Bremen v. Zapata Off-Shore Co., 407 U.S. 1–25, vom 12. Juni 1972.

Scherk v. Alberto-Cluver Co., 417 U.S. 506, vom 17. Juni 1974.

World Wide Volkswagen v. Woodson, 444 U.S. 286–319, vom 21. Januar 1980.

Helicopteros Nacionales v. Hall, 466 U.S. 408–428, vom 24. April 1984.

Burger King v. Rudzewicz, 471 U.S. 462–487, vom 20. Mai 1985.

Mitsubishi Motors Corp. v. Soler Chrysler-Plymouth, 473 U.S. 614–667, vom 02. Juli 1985.

Société National Industrielle Aérospatiale v. U.S. District Court for the Southern District of Iowa, 482 U.S. 522–568 (1987), vom 15. Juni 1987.

Burnham v. Superior Court of California, 495 U.S. 604–627, vom 29. Mai 1990.

Carnival Cruise Lines, Inc. v. Shute, 499 U.S. 585–606, vom 17. April 1991.

Intel Corporation v. Advanced Micro Devices, Inc., 542 U.S. 241–273, vom 21. Juni 2004.

DaimlerChryler Corp. v. Cuno, 547 U.S. 332, vom 15. Mai 2006.

Clapper v. Amnesty International USA, 568 U.S. ___, 133 S.Ct. 1138, vom 26. Februar 2013.

<u>United States Circuit Court of Appeals:</u>

Kulukundis Shipping Co. v. Amtorg Trading Corporation, 126 F.2d 978–992 (2nd Cir. 1942), vom 02. März 1942.

In the Matter of Letters Rogatory issued by the Director of Inspection of the Government of India, 385 F.2d 1017 (2nd Cir. 1967), vom 09. November 1967.

In re Letter Rogatory from the Justice Court, District of Montreal, 523 F.2d 562 (6th Cir. 1975), vom 25. September 1975.

In re Request for Assistance from the Seoul District Criminal Court, 555 F.2d 720 (9th Cir. 1977), vom 13. Juni 1977.

Geroge Corey, Trusted Fund v. New York Stock Exchange, 691 F.2d 1205–1213 (6th Cir. 1982), vom 02. November 1982.

In re Request for Assistance from Ministry of Legal Affairs of Trinidad and Tobago, 848 F.2d 1151 (11th Cir. 1988), vom 07. Juli 1988.

In re Letter of Request from the Crown Prosecution Service of the United Kingdom, 870 F.2d 686 (D.C. Cir.), vom 17. März 1989.

In re Request for International Judicial Assistance (Letter Rogatroy) for the Federative Republic of Brazil, 936 F.2d 702 (2nd Cir. 1991), vom 21. Juni 1991.

Malev Hungarian Airlines v. United Technologies International Inc., 964 F.2d 97 (2nd Cir. 1992), vom 05. Mai 1992.

In re application of Asta Medica, S.A., 981 F.2d 1 (1st Cir. 1992), vom 04. Dezember 1992.

In re Application of Aldunate, 3 F.3d 54 (2nd Cir. 1993), vom 20. August 1993.

In re Letters Rogatory from the Tokyo District Prosecutor's Office, 16 F.3d 1016 (9th Cir. 1994), vom 15. Februar 1994.

Euromepa S.A. v. R. Esmerian, Inc., 51 F.3d 1095 (2nd Cir. 1995), vom 20. März 1995.

Olson v. National Association of Security Dealers, 85 F.3d 381–383 (8th Cir. 1996), vom 07. Juni 1996.

Lancaster Factoring Co., Ltd. v. Mangone, 90 F.3d 38 (2nd Cir. 1996), vom 19. Juli 1996.

Chase Manhatten Corporation v. Sarrio S.A., 119 F.3d 143–148 (2nd Cir. 1997), vom 15. Juli 1997.

Bennett v. Schmidt, 153 F.3d 516 (7th Cir. 1998), vom 31. August 1998.

National Broadcasting Company, Inc. and NBC Europe, Inc., v. Bear Stearns & Co., Inc. and others, 165 F.3d. 184–193 (2nd Cir. 1999) ,vom 26. Januar 1999.

Kirksey v. R.J. Reynolds Tobacco Co., 168 F.3d 1039 (7th Cir. 1999), vom 25. Februar 1999.

The Republic of Kazakhstan v. Biedermann, 168 F.3d 880–883 (5th Cir. 1999), vom 17. März 1999.

New England Cleaning Services, Inc. v. American Arbitration Association, 199 F.3d 542–546 (1st Cir. 1999), vom 20. Dezember 1999.

Al Fayed v. Central Intelligence Agency, 229 F.3d 272 (D.C. Cir. 2000), vom 13. Oktober 2000.

Advanced Micro Devices v. Intel Corporation, 292 F.3d 664–669 (9th Cir. 2002), vom 06. Juni 2002.

Edelman v. Taittinger, 295 F.3d 171–182 (2nd Cir. 2002), vom 01. Juli 2002.

Four Pillars Enterprise Co. v. Avery Dennison Corpoartion, 308 F.3d 1075–1081 (9th Cir. 2002), vom 24. Oktober 2002.

Kestrel Coal Pty. Ltd. v. Joy Global, Inc., 362 F.3d 401–406 (7th Cir. 2004), vom 25. März 2004.

El Paso Corporation v. La Comision Ejecutiva Hidroelectrica Del Rio Lempa, 341 Fed. Appx. 31–34 (5th Cir. 2009), vom 06. August 2009.

Heraeus Kulzer GmbH v. Biomet, Inc., 633 F.3d 591–599 (7th Cir. 2011), vom 24. Januar 2011.

Brandi-Dohrn v. IKB Deutsche Industriebank AG, 2012 U.S. App. LEXIS 4719 (2nd Cir. 2012), vom 06. März 2012.

Consorcio Ecuatoriano de Telecomunicaciones S.A. v. JAS Forwarding (USA), Inc., 685 F.3d 987–1002 (11th Cir. 2012), vom 25. Juni 2012.

Republic of Ecuador v. Connor, 708 F.3d 651 (5th Cir. 2013), vom 13. Februar 2013.

In re application of the Republic of Ecuador v. Bjorkman, 2013 WL 5995697 (10th Cir. 2013), vom 13. November 2013.

Consorcio Ecuatoriano de Telecomunicaciones S.A. v. JAS Forwarding (USA), Inc., 2014 WL 104132 (11th Cir. 2014), vom 10. Januar 2014.

GEA Group AG v. Flex-N-Gate Corp., No. 13–2135 (7th Cir. 2014), vom 10. Januar 2014.

United States District Courts:

Dickson Mfg. Co. v. American Locomotive Co., 119 F. 488 (M.D. Pennsylvania), von 1902.

Grace v. MacArthur, 170 F.Supp. 442–448 (E.D. Ark.), vom 16. Februar 1959.

Pilling v. General Motors Corp., 45 F.R.D. 366 (D. Utha 1968).

Kenerson v. Stevenson, 604 F.Supp. 792–796 (D. Maine), vom 19. März 1985.

Stanton v. Pain Webber Jackson & Curtis, Inc., 685 F.Supp. 1241–1243 (S.D. Flordia), vom 14. Juni 1988.

Chiarella v. Viscount Indus Co., 1993 WL 4947967 (S.D.N.Y.), vom 01. Dezember 1993.

In re application of Technostroyexport, 853 F.Supp. 659–699 (S.D.N.Y.), vom 06. Mai 1994.

In re Trygg-Hansa Ins. Co. Ltd., 896 F.Supp. 624–628 (E.D. La), vom 21. August 1995.

In re application of Sarrio S.A., 1995 WL 598988 (S.D.N.Y.), vom 11. Oktober 1995.

In re the application of National Broadcasting Company, 1998 U.S. Dist. LEXIS 385 (S.D.N.Y.), vom 21. Januar 1998.

Intergraph Corporation v. Intel Corporation, 3 F.Supp.2d 1255–193 (N.D. Alabama), vom 10. April 1998.

In re application of the Republic of Kazakhstan, 33 F.Supp.2d 567–570 (S.D. Texas), vom 03. Dezember 1998.

In re the application of Ishihara Chemical Co., 121 F.Supp.2d 209–225 (E.D.N.Y.), vom 16. November 2000.

Advanced Micrco Devices v. Intel Corporation, 2002 WL 1339088 (N.D. Cal.), vom 07. Januar 2002.

Advanced Micro Devices v. Intel Corpoation, 2004 WL 2282320 (N.D. Cal.), vom 04. Oktober 2004.

Norex Petroleum Ltd. v. Chubb Insurance Co. of Canada, 384 F.Supp.2d 45–58 (D. D.C.), vom 23. Mai 2005.

In re Micorsoft Corp., 428 F.Supp.2d 188–196 (S.D.N.Y.), vom 20. April 2006.

In re in the matter of application of Oxus Gold Plc., 2006 U.S. Dist. LEXIS 74118 (D. New Jersey), vom 10. Oktober 2006.

In re application of Roz Trading Ltd., 469 F.Supp.2d 1221–1231 (N.D. Georgia), vom 19. Dezember 2006.

In re Gemeinschaftspraxis Dr. Med. Schottdorf, 2006 WL 3844464 (S.D.N.Y.), vom 29. Dezember 2006.

In the matter of the application of Oxus Gold, 2007 U.S. Dist. LEXIS 24061 (D. New Jersey), vom 02. April 2007.

In re application of Hallmark Capital Corporation, 534 F.Supp.2d 951–958 (D. Minnesota), vom 01. Juni 2007.

In re application of Hallmark Capital Corporation, 534 F.Supp.2d 981–984 (D. Minnesota), vom 29. Januar 2008.

In re application o f Babcock Borsig AG, 583 F.Supp.2d 233–242 (D. Massachusetts), vom 30. Oktober 2008.

La Comision Ejecutiva Hidroelectrica Del Rio Lempa v. El Paso Corporation, 617 F.Supp.2d 481–488 (S.D. Texas), vom 20. November 2008.

In re an arbitration in London between Norfol Southern Corporation et al, and General Security Insurance Company and ACE Bermuda, 626 F.Supp.2d, 882–886 (N.D. Illinois), vom 15. Juni 2009.

In re: Application of Operadora DB Mexico, S.A. DE C.V., 2009 U.S. Dist. LEXIS 68091 (M.D. Florida), vom 01. August 2009.

OJSC Ukrnafta v. Carpatsky Petroleum Corporation, 2009 U.S. Dist. LEXIS 109492 (D. Connecticut), vom 27. August 2009.

In the matter of Winning Shipping (HK) Co. Ltd., 2010 U.S. Dist. LEXIS 54290 (S.D. Florida), vom 30 April 2010.

In re application of Caratube International Oil Company, 730 F.Supp.2d 101–109 (D. D.C.), vom 11. August 2010.

In re application of Chevron Corporation, 762 F.Supp.2d 242 (D. Massachusetts), vom 22. Dezember 2010.

In re application of Mesa Power Group, 2012 WL 6060941 (D. N. Jersey), vom 20. November 2012.

In re application of Mesa Power Group, 2013 WL 1890222 (D. N. Jersey), vom 19. April 2013.

Pott v. Icicle Seafoods, Inc., 2013 WL 1855771 (W.D. Wash.), vom 30. April 2013.

In re application of HydroDrive Nigeria, Misc. No. 13-MC-0477 (S.D. Texas), vom 29. Mai 2013.

In re application of Victor Mikhaylovich Pinchuk, Case No. 13–22857-MC-GOODMAN (S.D. Florida), vom 20. September 2013.

§ 1. Einleitung

A. Gegenstand der Untersuchung

Das Ziel jeder internationalen, wirtschaftsrechtlichen Streitbeilegung ist Effizienz. Den Parteien geht es dabei oft nur sekundär um Recht und Gerechtigkeit. Primär sollen Streitigkeiten zügig und endgültig gelöst werden. Zeit ist schließlich Geld. Staatliche Gerichte brauchen jedoch häufig Zeit, um zu funktionieren. Wer ein Schiedsgericht wählt, schließt staatliche Gerichte weitestgehend aus. Schiedsverfahren sind in der Regel flexibel. Losgelöst von nationalstaatlichen Fesseln können Streitigkeiten auf neutralem Boden gelöst werden. Staatsverträge garantieren die Vollstreckung von Schiedssprüchen – oftmals effektiver als diejenige staatlicher Gerichtsurteile. Die Schiedsgerichtsbarkeit vermittelt also Effizienz. Um diese Effizienz nicht zu gefährden, gilt als wichtiger Grundsatz der Schiedsgerichtsbarkeit das Prinzip der Nichteinmischung staatlicher Gerichte.[1]

Prinzipien leben jedoch von ihren Ausnahmen. Unter gewissen Umständen kann es vorteilhaft sein, staatliche Gerichte einzubeziehen.[2] Bei Fragen des einstweiligen Rechtsschutzes[3] sowie der Beweisbeschaffung[4] ist die Beteiligung staatlicher Gerichte ggf. sinnvoll. Der wesentliche Grund hierfür ist, prozesskulturelle Nachteile der Schiedsgerichtsbarkeit auszugleichen.[5] Als private Veranstaltung kann ein Schiedsverfahren auf hoheitliche Unterstützung angewiesen sein.[6]

Diese Arbeit behandelt die Anwendung des internationalen Rechtshilfeverfahrens in Beweissachen aus dem US-amerikanischen Recht im Kontext der internationalen Schiedsgerichtsbarkeit. Mit dem Verfahren nach 28 U.S.C. § 1782 bietet das US-amerikanische Recht eine der weltweit großzügigsten Möglichkeiten in Sachen internationaler Rechtshilfe. Auf unbürokratische Art und Weise ist es mit Hilfe dieses Verfahrens möglich, eine *Discovery* nach US-amerikanischem Recht durchzuführen, um Beweise für einen anderswo auf der Welt geführten Hauptprozess zu erlangen.

Die entscheidenden Passagen der Vorschrift lauten: *"The district court of the district in which a person resides or is found may order him to give his testimony or*

---

1 Art. 5 des UNCITRAL Model Law on International Commercial Arbitration (1985) with amendments as adopted in 2006: *„In matters governed by this Law, no court shall intervene except where so provided in this Law"*; *Redfern/Hunter et al.*, in: Redfern and Hunter on International Commercial Arbitration, Rn. 7.06.

2 *Harbst*, Rolle der staatlichen Gerichte im Schiedsverfahren, 19.

3 *Born*, Int. Comm. Arb. (2014), 2522 ff.

4 *Harbst*, Rolle der staatlichen Gerichte im Schiedsverfahren, 19.

5 *Steinbrück*, Unterstützung ausländischer Schiedsverfahren, 41.

6 Vgl. *Redfern/Hunter et al.*, in: Redfern and Hunter on International Commerical Arbitration, Rn. 7.01.

statement or to produce a document or other thing for use in a proceeding in a foreign or international tribunal (...). The order may be made (...) upon the application of any interested person (...)".[7] 28 U.S.C § 1782 sieht mithin vor, dass in den Vereinigten Staaten selbständige *Discovery*-Verfahren geführt werden. Dabei ist die US-amerikanische *Discovery* eines der weltweit umfassendsten und umstrittensten Verfahren zur Beweisbeschaffung. LKW-Ladungen voll mit Dokumenten, bzw. Festplatten verstopfende Datensätze sind keine ungewöhnlichen Assoziationen. Das schiere Ausmaß einer *Discovery* vermittelt den Eindruck, ineffizient zu sein.

Nichtsdestotrotz kommt es regelmäßig vor, dass sich Parteien eines internationalen Schiedsverfahrens an US-amerikanische Gerichte wenden und Rechtshilfe nach 28 U.S.C. § 1782 beantragen. Je nach Einzelfall verfolgen sie damit unterschiedliche Zwecke: Manche Schiedsparteien stellen Rechtshilfeanträge, um in den Vereinigten Staaten belegene Beweise von Dritten zu erlangen, von denen sie sich einen Vorteil im Schiedsverfahren versprechen. Sie nutzen die US-amerikanischen Gerichte, wo ihnen das Schiedsgericht möglicherweise nicht helfen kann. Andere Parteien hingegen verfolgen missbräuchliche Ziele. Sie wollen das Schiedsverfahren durch ihren Rechtshilfeantrag in die Länge ziehen oder den Schiedsgegner durch prozesstaktisches Verhalten zu einem Vergleich bewegen.

In diesem Spannungsfeld zwischen Nutzen und Missbrauch ist die Anwendbarkeit von 28 U.S.C. § 1782 zur Unterstützung von internationalen Schiedsverfahren seit jeher umstritten und bis heute nicht durch höchstrichterliche Rechtsprechung geklärt. Aufgrund diverser Urteile wird diese Frage in der (US-amerikanischen) Literatur zur internationalen Schiedsgerichtsbarkeit diskutiert. Nach Ansicht des Autors wird der *Supreme Court* nicht umhinkommen, hier eine Entscheidung zu treffen.[8]

B. Gang der Untersuchung

Die Arbeit setzt sich mit der Frage der Anwendbarkeit von 28 U.S.C. § 1782 bei internationalen Schiedsverfahren sowohl aus Sicht des US-amerikanischen Rechts als auch aus schiedsrechtlicher Perspektive auseinander.

Einführend werden in den zwei folgenden Kapiteln (§ 2 und § 3) die Grundlagen gelegt. Dazu wird auf das *Discovery*-Verfahren im US-amerikanischen Recht sowie auf die für diese Arbeit relevanten Punkte der Beweisbeschaffung in der internationalen Schiedsgerichtsbarkeit eingegangen. § 2 richtet sich dabei nach der Gesetzesstruktur der US-amerikanischen Federal Rules of Civil Procedure, indem die dort vorhandenen *Discovery*-Mittel dargestellt werden. § 3 stellt eine Grundstruktur schiedsrechtlicher Beweisverfahren vor und untermauert diese mit einer knappen

---

7 United States Code (1996), Title 28, Part V, Chapter 117, § 1782. Für den vollständigen Wortlaut von 28 U.S.C. § 1782 siehe unten § 4.

8 So auch *Baker/Romman*, in: Böckstiegel/Berger/Bredow, The Taking of Evidence in International Commercial Arbitration, 14; *Newman/Zaslowsky*, N.Y.L.J., Vol. 251, Issue 21, p. 3 (2014); *Malament*, 67 Van. L. R. 1213, 1217 (2014).

Darstellung des schiedsrechtlichen Beweisverfahrensrechts der Vereinigten Staaten und der Bundesrepublik Deutschland.

Daran schließt sich eine ausführliche Darstellung des internationalen Rechtshilfeverfahrens nach 28 U.S.C. § 1782 an (§ 4). Hier wird das Rechtshilfeverfahren von seiner Entstehungsgeschichte über die einzelnen Tatbestandsmerkmale bis hin zur Rechtsfolge sowie möglichen Rechtsbehelfen und Kosten betrachtet. Dabei gibt die Arbeit noch keine Antwort auf die Frage der Anwendbarkeit von 28 U.S.C. § 1782 bei internationalen Schiedsverfahren, sondern stellt das Rechtshilfeverfahren losgelöst von dieser speziellen Fragestellung vor.

Im nächsten Kapitel (§ 5) wird die Rechtsprechung zu 28 U.S.C. § 1782 und der internationalen Schiedsgerichtsbarkeit aufgearbeitet. Dazu werden die wesentlichen Entscheidungen US-amerikanischer Gerichte zusammengefasst und systematisiert. Von besonderer Bedeutung ist dabei die Entscheidung des *Supreme Courts* im Rechtsstreit *Intel v. AMD* aus dem Jahr 2004.[9] Bei dieser Entscheidung handelt es sich um das bislang einzige Urteil des höchsten US-amerikanischen Gerichts zu 28 U.S.C. § 1782. Der *Supreme Court* entschied, dass die Europäische Kommission ein *tribunal* im Sinne von 28 U.S.C. § 1782 sei und mithin den Tatbestand erfülle. An der Entscheidung des *Supreme Courts* wird die Frage, ob 28 U.S.C. § 1782 zur Unterstützung von internationalen Schiedsgerichten zur Verfügung steht, zu messen sein.

Mit dieser zentralen Fragestellungen beschäftigen sich sodann die folgenden vier Kapitel (§§ 6–9).

§ 6 behandelt die Frage nach der tatbestandlichen Anwendbarkeit von 28 U.S.C. § 1782 bei internationalen Schiedsgerichten. Dabei handelt es sich um eine der wesentlichen Fragen dieser Arbeit: Ist ein Schiedsgericht eigentlich ein Gericht? Konkret im Kontext dieser Arbeit ausgedrückt lautet die Frage: Ist ein internationales Schiedsgericht ein *tribunal* im Sinne von 28 U.S.C. § 1782? Ursprünglich ging es dem Autor wie wahrscheinlich dem Großteil der Leser: Selbstverständlich ist ein internationales Schiedsgericht ein Gericht. Das sagt bereits der Name. Allerdings ist das im Kontext von 28 U.S.C. § 1782 mit Nichten so einfach. Die US-amerikanische Rechtsprechung (in § 5 dargestellt) und Literatur ist zu dieser Frage gespalten. Diverse Urteile und Aufsätze beschäftigen sich mit dieser Frage. Sie stellen verschiedenste Kriterien auf, um eine Antwort zu geben. Diese Kriterien werden in der Arbeit aufgegriffen, analysiert und mit ihrer Hilfe die Frage beantwortet.

Der folgende Abschnitt (§ 7) geht auf die Rechtsfolge von 28 U.S.C. § 1782 ein. Es steht im Ermessen eines US-amerikanischen Richters, ob einem Rechtshilfeantrag stattgegeben wird oder nicht. Der *Supreme Court* hat im Jahr 2004 die sogenannten *Intel*-Kriterien aufgestellt und den unterinstanzlichen Gerichten damit eine Richtschnur für ihre Ermessensausübung an die Hand gegeben. In der Arbeit wird analysiert, inwiefern sich diese Kriterien auf Rechtshilfeanträge zur Unterstützung von internationalen Schiedsverfahren übertragen lassen.

---

9 *Intel v. AMD*, 542 U.S. 241 (2004).

Schließlich wird in § 8 und § 9 der Blickwinkel weg vom US-amerikanischen Recht hin zur internationalen Schiedsgerichtsbarkeit gewechselt. § 8 geht darauf ein, wie die internationale Schiedsgerichtsbarkeit mit dem Verfahren nach 28 U.S.C. § 1782 effektiv und sinnvoll umgehen könnte, sollte sich dessen Anwendbarkeit in der US-amerikanischen Rechtsprechung durchsetzen. Es geht um die Frage, was ein internationales Schiedsgericht machen kann, wenn sich eine Schiedspartei an die US-amerikanischen Gerichte wendet, ohne zuvor die Zustimmung des Schiedsgerichts eingeholt zu haben. Als Orientierungshilfen stehen hierbei zwei öffentlich verfügbare Äußerungen von internationalen Schiedsgerichten zur Verfügung.[10]

In § 9 werden Schlussfolgerungen für konkrete (institutionelle) Schiedsregeln gezogen. Unter Berücksichtigung der jeweiligen Beweisverfahrensvorschriften wird der Frage nachgegangen, ob die Anwendbarkeit konkreter Schiedsregeln für oder gegen das Rechtshilfeverfahren nach 28 U.S.C. § 1782 spricht.

§ 10 fasst die in der Arbeit gewonnenen Erkenntnisse zusammen und stellt sie als Thesen formuliert dar.

Die Arbeiten von *Eschenfelder*,[11] *Rollin*[12] und *Steinbrück*[13] bilden dabei in der deutschen Literatur die wissenschaftliche Grundlage. Aus der US-amerikanischen Literatur sind die Arbeiten von *Beale/Lugar/Schwarz*[14] und *Strong*[15] besonders hervorzuheben.

C. Grenzen der Untersuchung

Die Arbeit konzentriert sich auf das internationale Rechtshilfeverfahren in 28 U.S.C. § 1782. Andere Bereiche der internationalen Rechtshilfe, wie etwa das Übere*inkommen über die Beweisaufnahme im Ausland in Zivil- und Handelssachen*[16]

---

10 *Caratube International v. Republic of Kazakhstan,* ICSID Case No. ARB/08/12, Procedural Order No. 3, 26.05.2010; *Mesa Power Group v. Government of Canada,* PCA Case No. 2012–17, Procedural Order No. 3, 28.03.2013.

11 *Eschenfelder*, Beweiserhebung im Ausland und ihre Verwertung im inländischen Zivilprozess, Peter Lang, Berlin 2002.

12 *Rollin*, Ausländische Beweisverfahren im deutschen Zivilprozess unter besondere Berücksichtigung von 28 U.S.C. § 1782(a), V&R unipress, Göttingen 2007.

13 *Steinbrück*, Die Unterstützung ausländischer Schiedsverfahren durch staatliche Gerichte, Mohr Siebeck, Tübingen 2009.

14 *Beale/Lugar/Schwarz*, Solving the § 1782 Puzzle: Bringing Certainty to the Debate Over 28 U.S.C. § 1782's Application to International Arbitration, 47 Stanford Journal of International Law 51–110 (2011).

15 *Strong*, Discovery Under 28 U.S.C. §1782: Distinguishing International Commercial Arbitration and International Investment Arbitration, 1 Stanford Journal Complex Litigation 295 (2013).

16 Haager Übereinkommen über die Beweisaufnahme im Ausland in Zivil- und Handelssachen vom 18. März 1970, BGBl. 1977 II S. 1472.

und die *Europäische Beweisverordnung*[17] sind bewusst ausgeklammert. Ebenso werden Rechtshilfeverfahren zwischen den einzelnen US-amerikanischen Bundesstaaten im Bereich der *Interstate Assistance in Discovery Procedure*[18] und die US-amerikanische *pre-litigation Discovery* nach Rule 27(a) der Federal Rules of Civil Procedure nicht untersucht.[19]

Ferner ist auch die Beweisverfahrensvorschrift (9 U.S.C. § 7) im US-amerikanischen Schiedsrecht, dem Federal Arbitration Act von 1925 (FAA),[20] von einer genaueren Betrachtung in dieser Arbeit ausgeschlossen. Lediglich der Vollständigkeit halber wird kurz auf die Vorschrift eingegangen.[21] Nichtdestotrotz soll auf ein Problem hingewiesen werden, das bei Schiedsverfahren auftreten kann. Es geht um das Verhältnis von 28 U.S.C. § 1782 zu 9 U.S.C. § 7. Der FAA sieht unter gewissen Umständen eine Beteiligung von staatlichen Gerichten im Schiedsverfahren vor. 9 U.S.C. § 7 streift also auch die Rechtshilfe in Beweissachen, jedoch in anderer Art und Weise als 28 U.S.C. § 1782. Es stellt sich die Frage nach dem Verhältnis der Normen zueinander. Selbstverständlich ist 9 U.S.C. § 7 auf Schiedsverfahren in den Vereinigten Staaten anwendbar. Damit könnte die Vorschrift der Anwendbarkeit von 28 U.S.C. § 1782 auf Schiedsverfahren entgegenstehen. Denn US-amerikanische Gerichte könnten 9 U.S.C. § 7 derart auselegen, dass es das exklusive Beweisrechtshilfeverfahren für Schiedsverfahren im US-amerikanischen Recht sei. Sollte die Rechtsprechung ein Exklusivitätsverhältnis annehmen, wäre 28 U.S.C. § 1782 auf diesem Wege ausgeschlossen und für die Schiedsgerichtsbarkeit unanwendbar. Hierbei handelt es sich jedoch um eine Argumentation, die nach aktuellem Stand weder in Rechtsprechung noch Literatur verbreitet ist. Mit Außnahme einiger Randbemerkungen im Urteil *NBC v. Bear Stearns Co.*[22] hat sich kein Gericht mit dieser Fragestellung beschäftigt. Grund hierfür ist, dass die Schiedsverfahren, in denen es um die Anwendung von 28 U.S.C. § 1782 geht, stets außerhalb der Vereinigten Staaten stattfinden.

Schließlich werden in der Untersuchung der US-amerikanischen Rechtsprechung zu 28 U.S.C. § 1782 diejenigen Urteile ausgeklammert, die aus dem Umfeld eines speziellen und hochkomplexen Rechtsstreits zwischen der *Chevron Corporation*, den sog. *Lagio Agrio Plaintiffs* und der *Republik Ecuador* stammen.[23] In diesem

---

17 Verordnung (EG) Nr. 1206/2001 des Rates vom 28. Mai 2001 über die Zusammenarbeit zwischen den Gerichten der Mitgliedstaaten auf dem Gebiet der Beweisaufnahme in Zivil- und Handelssachen, L 174/1. Zum Verhältnis des HBÜ und der EuBeweisVO zu 28 U.S.C. § 1782 siehe *Knöfel*, RIW 2007, 832; sowie *ders.*, 5 J. Priv. Int'l. L. 281 (2009).

18 Siehe hierzu lediglich einen kurzen Exkurs unten § 4 B III 4.

19 Siehe hierzu in der deutschen Literatur: *Eschenfelder*, Beweiserhebung, 233 ff; *Rollin*, Ausländische Beweisverfahren, 95 f.

20 9 U.S.C., 43 Stat. 883, 84 Stat. 692, PLS 669 and 702, PL 101–369.

21 Siehe unten § 3 B.

22 *National Broadcasting Company v. Bear Stearns*, 165 F.3d 184, 187 f (2nd Cir. 1999).

23 Siehe für eine „*Case Study of Chevron v. Ecuador*": *Alford*, 53 Vir. J. Int'l. L. 142 ff (2012).

vielschichtigen Rechtsstreit kämpfen Chevron, eine Gruppe von Ecuadorianern und der Staat Ecuador an diversen Fronten wegen Umweltschäden, die Chevron im ecuadorianischen Amazonasgebiet verursacht haben soll. Die Parteien führen staatliche Gerichtsverfahren in Ecuador und den Vereinigten Staaten, zwei BIT-Schiedsverfahren, sowie ein privates Schiedsverfahren vor der American Arbitration Association in New York.[24] Aufgrund seiner Komplexität führt dieser Streit praktisch ein rechtliches Eigenleben. Der *Cirucit Court* des *Third Circuit* stellt dazu passend fest, der Rechtsstreit sei *„unique in the annals of American Judicial history"*.[25] Deswegen sind die in diesem Zusammenhang zu 28 U.S.C. § 1782 ergangenen Urteile nach Ansicht des Autors nicht verallgemeinerungsfähig. Vielmehr müssen die Entscheidungen stets im Kontext dieses konkreten Rechtsstreits zwischen *Chevron*, den *Lagio Agrio Plaintiffs* und der *Republik Ecuador* betrachtet werden.

24 Vgl. *Strong*, 1 Stan.J.Comp.Litig. 295–372 (2013); *In re application of Chevron*, 762 F.Supp.2d. 242 (D.Mass. 2010); PCA Case 2007–2, verfügbar unter http://www.pca-cpa.org/showpage8909.html?pag_id=1432; PCA Case 2009–23, verfügbar unter http://www.pca-cpa.org/showpageaa14.html?pag_id=1408 (beide zuletzt abgerufen am 24.12.2015).

25 *In re Chevron Corp.*, 650 F.3d 276, 282 n 7 (3rd Cir. 2011); *Marcus*, 162 U. Penn. L. Rev. 1691, 1722.

§ 2. Das *Discovery*-Verfahren im US-amerikanischen Recht

Im Folgenden soll zunächst der bundesstaatliche Gerichtsaufbau in den Vereinigten Staaten kurz dargestellt werden (A) bevor anschließend auf das *Discovery*-Verfahren (B) und die einzelnen *Discovery*-Mittel der Federal Rules of Civil Procedure (C) eingegangen wird. Schließlich wird die Beteiligung staatlicher Gerichte am *Discovery*-Verfahren angerissen (D).

Einleitend sei noch folgendes erwähnt: Es ergeben sich bei der Darstellung des US-amerikanischen Rechtssystems in der deutschen Übersetzung erhebliche terminologische Schwierigkeiten.[26] Das gilt insbesondere für die *Discovery*. Die US-amerikanische *Discovery* ist kein selbständiges Verfahren. Sie ist vielmehr ein vorgelagerter Prozessabschnitt zwischen Klageerhebung und Hauptverhandlung. Hierdurch ist die klassische *Discovery* vom Rechtshilfeverfahren nach 28 U.S.C. § 1782 zu unterscheiden. Das Rechtshilfeverfahren stellt den Parteien die Vorschriften der *Discovery* in einem selbstständigen Verfahren zur Verfügung. Jeder Versuch der Terminologisierung als Beweissicherung-, Beweisermittlungs-, Erforschungs- oder Offenlegungsverfahren greift entweder zu kurz oder ist aussagelos.[27] Um die „Unübersetzbarkeit“[28] der US-amerikanischen *Discovery* deutlich zu machen, sind Fachtermini im Folgenden gar nicht übersetzt oder parallel mit der treffendsten Übersetzung wiedergegeben.

A. Bundesstaatlicher Gerichtsaufbau in den Vereinigten Staaten

Grundsätzlich gibt es zwei voneinander unabhängige Instanzenzüge: die Gerichte der einzelnen Bundesstaaten *(State Courts)* und die Bundesgerichte *(Federal Courts)*. Während *State Courts* allgemein zuständig sind, mithin über alle Rechtsfragen von Personen innerhalb ihres räumlichen Zuständigkeitsgebiets entscheiden,[29] sind die Bundesgerichte nur in dem durch die Verfassung vorgegebenen Rahmen zuständig. Dieser Rahmen wird von Art. III (2) der Verfassung der Vereinigten Staaten bestimmt.[30] Danach gilt das sog. *Case or controversy requirement*. Nur sofern es sich

---

26 Siehe *Eschenfelder*, Beweiserhebung, 7.

27 *Mentz*, RIW/AWD 1981, 73 ff; *Heck*, ZVglRWiss 84, 209 ff.

28 *Eschenfelder*, Beweiserhebung, 7.

29 Der räumliche Zuständigkeitsbereich ist auf das Gebiet des jeweiligen Bundesstaates begrenzt; z.B. entscheidet ein State Court in Massachusetts in räumlicher Hinsicht nur über Rechtsfragen in Massachusetts.

30 Art. III (2): „*The judicial Power shall extend to all Cases, in Law and Equity, arising under this Constitution, the Laws of the United States, and Treaties made, or which*

bei einem Rechtsstreit um einen *Case* oder eine *Controversy* im Sinne der Vorschrift handelt, sind Bundesgerichte zuständig. Die Voraussetzung sichert nach US-amerikanischem Verständnis das Prinzip der Gewaltenteilung.[31] Eine Bundeszuständigkeit kann es nur für solche Fälle oder Streitigkeiten geben, die sich verfassungsrechtlich auf Art. III (2) zurückführen lassen. Zu beachten ist, dass es sich bei Art. III (2) um eine Obergrenze handelt. Die Verfassung beschreibt an dieser Stelle die zulässige Reichweite der Zuständigkeit der Bundesgerichte. Der Artikel begründet sie jedoch nicht unmittelbar. Sie ergibt sich für die zwei relevantesten Fälle der sog. *Federal question*-Zuständigkeit aus 28 U.S.C. § 1331[32] und der sog. *Diversity*-Zuständigkeit aus 28 U.S.C. § 1332.[33] Bei beiden handelt es sich um konkurrierende

---

shall be made, under their Authority; – to all Cases affecting Ambassadors, other public Ministers and Consuls; – to all Cases of admirality and maritime Jurisdiction; – to Controversies between two or more States; – between a State and Citizens of another State; – between Citizens of different States; – between Citizens of the same State claiming Lands under Grants of different States, and between a State, or the Citizens thereof, and foreign States, Citizens of Subjetcs".

31 *DaimlerChrysler Corp. v. Cuno*, 547 U.S. 332, 341–342 (2006); *Clapper v. Amnesty International USA*, 568 U.S. ___ (2013), 133 S.Ct. 1138 (2013).

32 28 U.S.C. § 1331: *"The district courts shall have original jurisdiction of all civil actions arising under the Constitution, laws, or treaties of the United States".*

33 28 U.S.C. § 1332(a)-(c),(e): *"(a) The district courts shall have original jurisdiction of all civil actions where the matter in controversy exceeds the sum or value of $75,000, exclusive of interest and costs, and is between—(1) citizens of different States; (2) citizens of a State and citizens or subjects of a foreign state, except that the district courts shall not have original jurisdiction under this subsection of an action between citizens of a State and citizens or subjects of a foreign state who are lawfully admitted for permanent Residence in the United States and are domiciled in the same State; (3) citizens of different States and in which citizens or subjects of a foreign state are additional parties; and (4) a foreign state, defined in section 1603 (a) of this title, as plaintiff and citizens of a State or of different States. (b) Except when express provision therefor is otherwise made in a statute of the United States, where the plaintiff who files the case originally in the Federal courts is finally adjudged to be entitled to recover less than the sum or value of $75,000, computed without regard to any setoff or counterclaim to which the defendant may be adjudged to be entitled, and exclusive of interest and costs, the district court may deny costs to the plaintiff and, in addition, may impose costs on the plaintiff. (c) For the purposes of this section and section 1441 of this title— (1) a corporation shall be deemed to be a citizen of every State and foreign state by which it has been incorporated and of the State or foreign state where it has its principal place of business, except that in any direct action against the insurer of a policy or contract of liability insurance, whether incorporated or unincorporated, to which action the insured is not joined as a party-defendant, such insurer shall be deemed a citizen of— (A) every State and foreign state of which the insured is a citizen; (B) every State and foreign state by which the insurer has been incorporated; and (C) the State or foreign state where the insurer has its principal place of business; and (2) the legal representative of the estate of a decedent shall be deemed to be a citizen only of the same State as the decedent,*

Bundeszuständigkeiten.[34] Sowohl Art. III (2) der Verfassung als auch konkretisierend 28 U.S.C. § 1331 regeln die Bundeszuständigkeit für alle bundesrechtlichen Angelegenheiten.[35] Das Rechtshilfeverfahren nach 28 U.S.C § 1782 ist ein auf Bundesrecht beruhendes Verfahren (*Federal question*-Zuständigkeit gemäß 28 U.S.C. § 1331). Mithin sind für dieses Verfahren stets die Bundesgerichte zuständig weswegen im Folgenden nur auf den bundesstaatlichen Gerichtsaufbau eingegangen wird.

Der bundesstaatliche Gerichtsaufbau findet seine Grundlage in Art. III (1) der Verfassung der Vereinigten Staaten. Art. III (1) verlangt auf verfassungsrechtlicher Ebene die Existenz des *Supreme Courts.*[36] Für die Schaffung weiterer Bundesgerichte bereitet Art. III (1) eine Rechtsgrundlage für den US-amerikanischen Kongress, schreibt die Existenz dieser Gerichte jedoch nicht zwingend vor.[37]

Die US-amerikanischen Bundesgerichte sind in drei Instanzen aufgebaut: die *District Courts,*[38] die *Circuit Court of Appeals*[39] und den *Supreme Court of the United States.*[40]

I. District Courts

Die *District Courts* sind die erstinstanzlich zuständigen Gerichte. Sie agieren als Prozessgerichte im System der Bundesgerichte. In den durch den Kongress gesetzten Grenzen entscheiden die *District Courts* nahezu alle Rechtsstreitigkeiten. Aus 28 U.S.C. Chapter 5 §§ 81–144 ergeben sich insgesamt 94 Bundesbezirke mit wenigstens einem Bezirk je Bundesstaat. Die Anzahl der Richter in den einzelnen Bezirken regelt 28 U.S.C. § 133(a). Bei diesen Bundesrichtern (*District Judges)* handelt

---

and the legal representative of an infant or incompetent shall be deemed to be a citizen only of the same State as the infant or incompetent. (e) The word "States", as used in this section, includes the Territories, the District of Columbia, and the Commonwealth of Puerto Rico". 28 U.S.C. § 1332(d) regelt den Bereich "Sammelklagen" ("*class action*"). Der Wortlaut der Vorschrift wurde hier bewusst nicht wiedergegeben.

34 Weitere (konkurrierende) Bundeszuständigkeiten sind in 28 U.S.C. ch. 85 aufgelistet, z.B. für das Wettbewerbs- und Kartellrecht in 28 U.S.C. § 1337, für das Postwesen in 28 U.S.C. § 1339, für das Steuerrecht in 28 U.S.C. § 1340. Ausschließliche Bundeszuständigkeit besteht in den Bereichen des Seerechts (28 U.S.C. § 1333), des Insolvenzrechts (28 U.S.C. § 1334) und des Patent- und Urheberrechts (28 U.S.C. § 1338).

35 In beiden Rechtsvorschriften heißt es dem Wortlaut nach: „Laws of the Unites States".

36 Art. III (1): *„The judicial Power of the United States, shall be vested in one supreme Court, (...)"*; in Deutsch lautet die Vorschrift: „Die richterliche Gewalt der Vereinigten Staaten liegt bei einem Obersten Bundesgericht (...)".

37 So heißt es weiter in Art. III (1): *„ (...), and in such inferior Courts as the Congress may from time to time ordain and establish"*; in deutscher Übersetzung lautet der Wortlaut der Vorschrift: „und bei solchen unteren Gerichten, deren Errichtung der Kongreß von Fall zu Fall anordnen wird".

38 In der deutschen Literatur häufig als „Bundesbezirksgerichte" übersetzt.

39 In der deutschen Literatur häufig als „Bundesberufungsgerichte" übersetzt.

40 In der deutschen Literatur häufig als „Oberste Gerichtshof" übersetzt.

es sich um sog. *Art. III-Judges.*[41] Sie werden nach 28 U.S.C § 133(a) vom Präsidenten der Vereinigten Staaten unter Einbeziehung des Senats auf Lebenszeit ernannt.[42] Im Gegensatz zum deutschen Richterstand ist der Richterberuf in den Vereinigten Staaten kein Laufbahnberuf.[43] Besonders in den höheren Instanzen, aber auch schon unter den *District Judges,* werden Juristen mit ausreichend Berufserfahrung und Reputation, z.B. als Rechtsanwalt, zum Richter ernannt.[44]

Zusätzlich wird ein *District Judge* von sog. Magistratrichtern (*Magistrate Judges*) unterstützt. Diese übernehmen Aufgaben im *pre-trial*-Verfahren zur Entlastung der *District Judges.*[45] Bei den *Magistrate Judges* handelt es sich nach 28 U.S.C. § 631(b) regelmäßig um Juristen, die seit mindestens fünf Jahren als Rechtsanwalt zugelassen sind.[46] Allerdings sind sie keine Richter im Sinne von Art. III der Verfassung der Vereinigten Staaten. Nach 28 U.S.C ch. 43 §§ 631–639 sind Magistratrichter in ihren Rechtsprechungsbefugnissen eingeschränkt. Magistratrichter entscheiden häufig über Rechtshilfeanträge nach 28 U.S.C. § 1782.

II. Circuit Courts of Appeal

Auf zweitinstanzlicher Ebene im bundesstaatlichen Gerichtsaufbau sind die *Circuit Court of Appeals* angesiedelt.[47] Diese dienen nach 28 U.S.C. § 1291 als allgemeine Rechtsmittelinstanz. Das Bundesgebiet ist in elf *Circuits* eingeteilt. Zusätzlich gibt es ein Gericht im Zentrum des föderalen Bundesstaates, dem *District of Columbia,* sowie einen bundesweiten *Circuit,* den sog. *Federal Circuit.*[48] Insgesamt gibt es folglich 13 *Circuit Courts.* Die sachliche Zuständigkeit der Gerichte erfasst alle

---

41 Daneben gibt es noch sog. *Art. I-Judges.* Diese sitzen Gerichten vor, die auf Grundlage von Art. I (8)(9) der Verfassung der Vereinigten Staaten errichtet wurden. In Abgrenzung zu den Gerichte nach Art. III lassen sich die Gerichten nach Art. I – nach deutschem Verständnis – als besondere Verwaltungsgerichte bezeichnen. So hat der Kongress von seiner Befugnis Gebrauch gemacht, Gerichte zu schaffen, vor denen Entscheidungen von Behörden überprüft werden können (vergleichbar dem Rechtsgedanken des deutschen Widerspruchverfahren), z.B. den „United States Court of Appeals for the Armed Forces“ (ARMFOR). Die *Art. I-Judges* genießen nicht den selben verfassungsrechtlichen Schutz wie ihre Kollegen nach Art. III; Sie werden nicht auf Lebenszeit ernannt und ihre Bezüge können gekürzt werden.

42 Vgl. *Schack,* US-amerikanisches Zivilprozessrecht, Rn. 10.

43 *Schack,* US-amerikanisches Zivilprozessrecht, Rn. 12.

44 Vgl. *Schack,* US-amerikanisches Zivilprozessrecht, Rn. 12.

45 Vgl. *Rollin,* Ausländische Beweisverfahren, 23; *Schack,* US-amerikanisches Zivilprozessrecht, Fn. 522.

46 Nach 28 U.S.C. § 631(b)(1) besteht die Möglichkeit in Ausnahmefällen eine Person, die kein zugelassener Anwalt ist bzw. innerhalb der letzten fünf Jahre standesrechtlich auffällig wurde, als Magistratrichter in Teilzeit zu benennen.

47 Vgl. *Schack,* US-amerikanisches Zivilprozessrecht, Rn. 6; *Hay,* US-Amerikanisches Recht, Rn. 107; *Rollin,* Ausländische Beweisverfahren, 23.

48 28 U.S.C. § 41.

Rechtsstreitigkeiten mit Ausnahme von Strafverfahren, die in einem Freispruch enden.[49] Räumlich umfasst jeder der elf *Circuits* das Gebiet verschiedener Bundesstaaten.[50]

Die Übersetzung als „Berufungsgericht" kann aus deutscher Perspektive (instanziell) irreführend sein. Denn entgegen der Bezeichnung „Berufung" im deutschen Recht entscheiden die *Circuit Courts* nur über Rechtsfragen, nicht über Tatsachen.[51]

Ferner wirken die Entscheidungen der *Circuit Courts* nach dem Konzept der *Stare decisis* als Präjudiz.[52] In strenger – nach unten gerichteter – Hierarchie bedeutet das: Urteile eines *Circuit Courts* erzeugen unmittelbare Bindungswirkung für alle ihm untergeordneten *District Courts*. Beispielsweise hat das Gericht des *Second Circuit* im Fall *NBC v. Bear Stearns & Co.*[53] entschieden, dass ein ICC-Schiedsverfahren nicht in den Anwendungsbereich von 28 U.S.C. § 1782 fällt.[54] In territorialer Hinsicht umfasst der *Second Circuit*, mit Sitz des Gerichts in New York City, die Staaten Connecticut, New York und Vermont.[55] Diese wiederrum sind in insgesamt sechs *District Courts* eingeteilt.[56] Keiner dieser sechs *District Courts* könnte derzeit einem Rechtshilfeantrag nach 28 U.S.C. § 1782 zur Unterstützung eines ICC-Schiedsverfahren stattgeben. Diese Gerichte sind an die Entscheidung des *Circuit Courts* gebunden.

Dabei erfasst diese strenge präjudizielle Wirkung nur die unmittelbar untergeordneten *District Courts*. Gerichte außerhalb des territorialen Einflussbereichs eines *Circuit Courts* können dessen Entscheidungen folgen, müssen dies jedoch nicht. Die Entscheidungen stellen für diese Gerichte lediglich sogenannte *Persuasive authority* dar, also Leitlinien, denen sie folgen können, wenn sie sie für überzeugend halten.

---

49 Siehe zur Einschränkung: *Scherzberg/Thiée*, ZRP 2008, 80, 82.

50 *First Cir.*: Maine, Massachusetts, New Hampshire, Puerto Rico, Rhode Island; *Second Cir.*: Connecticut, New York, Vermont; *Third Cir.*: Delaware, New Jersey, Pennsylvania, Virgin Islands; *Fourth Cir.*: Maryland, North Carolina, South Carolina, Virginia, West Virginia; *Fifth Cir.*: District of the Canal Zone, Louisiana, Mississippi, Texas; *Sixth Cir.*: Kentucky, Michigan, Ohio, Tennessee; *Seventh Cir.*: Illinois, Indiana, Wisconsin; *Eighth Cir.*: Arkansas, Iowa, Minnesota, Missouri, Nebraska, North Dakota, South Dakota; *Ninth Cir.*: Alaska, Arizona, California, Idaho, Montana, Nevada, Oregon, Washington, Guam, Hawaii; *Tenth Cir.*: Colorado, Kansas, New Mexico, Oklahoma, Utah, Wyoming; *Eleventh Cir.*: Alabama, Florida, Georgia; vgl: 28 U.S.C. § 41.

51 *Hay*, US-Amerikanisches Recht, Rn. 108; *Schilken*, Zivilprozessrecht, Rn. 865.

52 Vgl. *Hay*, US-Amerikanisches Recht, Rn. 20; *Rollin*, Ausländische Beweisverfahren, 23.

53 *National Broadcasting Company v. Bear Stearns*, 165 F.3d 184 (2nd Cir. 1999).

54 Vgl. hierzu ausführlich unten § 5 A II.

55 28 U.S.C. § 41.

56 28 U.S.C. §§ 86, 112, 126; Connecticut und Vermont haben je einen Gerichtsbezirk; New York hat vier Gerichtsbezirke. Insgesamt handelt es sich bei dem *Second Circuit* um einen der Anzahl nach vergleichsweise kleinen *Circuit*. So besteht der *Ninth Circuit* aus 14 Gerichtsbezirken, vgl. 28 U.S.C. §§ 81, 82, 84, 91, 92, 106, 108, 117, 128; 48 U.S.C. § 1424.

III. Exkurs: Local rules

Auf bundesrechtlicher Ebene sind für die *Discovery* die Federal Rules of Civil Procedure anwendbar, insbesondere Rules 26 – 37. Diese werden durch verschiedene sog. *Local rules* ergänzt. Die *Local rules* werden auf der Grundlage von Rule 83(a) der Federal Rules of Civil Procedure unmittelbar von den *District Courts* bzw. *Circuit Courts* aufgestellt.[57] Ihrer Rechtsnatur nach handelt es sich bei den *Local rules* am ehesten um einfache verwaltungstechnische Vorschriften. Einen typischen Regelungsgegenstand beinhaltet zum Beispiel Local Rule CV-10(a)(3)-(5) der Rules des *District Courts for the Eastern District of Texas* vom 18. März 2013. Darin wird die prozessuale Formvorschrift aus Rule 10 der Federal Rules of Civil Procedure[58] dahingehend konkretisiert, dass alle an das texanische Gericht einzureichenden Dokumente auf weißem Papier mit doppeltem Zeilenabstand mit einer Mindestschriftgröße von 12pt geschrieben oder ausgedruckt sein sollen und vom leitenden Prozessanwalt zu unterschreiben sind.[59] Der hier enthaltene Ordnungsgedanke ist vergleichbar im deutschen Recht in §§ 253, 130 ZPO zu finden.[60] Ein anderes Beispiel des Regelungsgehalts von *Local rules* ist Rule 26.3 (c)(2) der *Local Rules of the United States District Court for the Southern and Eastern District of New York* vom 8. April 2013.[61] Die Regel definiert und konkretisiert den Begriff *Document* im Sinne der

---

57 *Schack*, US-amerikanisches Zivilprozessrecht, Rn. 29, 115; *Rollin*, Ausländische Beweisverfahren, 27.

58 Rule 10. Form of Pleadings: „*(a) Caption; Names of Parties. Every pleading must have a caption with the court's name, a title, a file number, and a Rule 7(a) designation. The title of the complaint must name all the parties; the title of other pleadings, after naming the first party on each side, may refer generally to other parties. (b) Paragraphs; Separate Statements. A party must state its claims or defenses in numbered paragraphs, each limited as far as practicable to a single set of circumstances. A later pleading may refer by number to a paragraph in an earlier pleading. If doing so would promote clarity, each claim founded on a separate transaction or occurrence—and each defense other than a denial—must be stated in a separate count or defense. (c) Adoption by Reference; Exhibits. A statement in a pleading may be adopted by reference elsewhere in the same pleading or in any other pleading or motion. A copy of a written instrument that is an exhibit to a pleading is a part of the pleading for all purposes*".

59 Local Rule CV-10(a)(3)-(5) der Rules des *District Courts for the Eastern District of Texas* vom 18. März 2013: „*(a) Generally. When offered for filing, all documents, excluding preexisting documentary exhibits and attachments, shall: (...) (3) be signed by the lead attorney, or with his or her permission; (4) when filed by paper, be plainly written, typed, or printed, double-spaced, on 8 1/2 inch by 11 inch white paper; and (5) be double spaced and in a font no smaller than 12 point type*".

60 Vgl. zur ZPO: *Bacher,* in BeckOK-ZPO, §253 Rn. 35; *Becker-Eberhard,* in: MünchKomm-ZPO, § 253 Rn. 23.

61 Local Civil Rule 26.3 der Rules des District Court for the Southern and Eastern District of New York vom 8. April 2013: "*(c) The following definitions apply to all discovery requests: (2) Document. The term "document" is defined to be synonymous in meaning and equal in scope to the usage of the term "documents or electronically stored*

Federal Rules of Civil Procedure. Neben dem klassischen Verständnis des Begriffs ist ein *Document* auch *„electronically stored information"*.

IV. Supreme Court of the United States

Bekanntestes und einflussreichstes Gericht der USA ist der *Supreme Court of the United States*. Es ist das letztinstanzliche Gericht im föderalen Gerichtsaufbau.[62] Seine Funktion ist die eines Revisionsgerichts.[63] Grundsätzlich anders als das Bundesverfassungsgericht in Deutschland ist die Zuständigkeit des *Supreme Courts* nicht auf Verfassungsfragen beschränkt. Vielmehr ist der *Supreme Court* die Superrevisionsinstanz, die das Bundesverfassungsgericht nicht sein darf bzw. nicht sein will.[64]

Art. III (1) der Verfassung der Vereinigten Staaten schreibt die Existenz des *Supreme Courts* verfassungsrechtlich zwingend vor.[65] Art. I (8)(9) – eigentlich eine kompetenzzuweisende Vorschrift der Legislative – sichert die Gewaltenteilung.[66] Auf einfachgesetzlicher Ebene bilden 28 U.S.C. ch 1 §§ 1–6 und 28 U.S.C. ch. 81 §§ 1251–1260 den rechtlichen Rahmen für den *Supreme Court*.[67] Für die vorliegende Arbeit relevant ist die Aufgabe des Gerichts, die Rechtsprechung der *Circuit Courts* zu überwachen. Die neun Richter des *Supreme Courts*[68] werden nach 28 U.S.C. § 42 verschiedenen *Circuit Courts* zugeteilt.[69] Hierdurch soll Konnexität zwischen den Instanzen hergestellt werden. In dieser Funktion werden die *Supreme Court Justices* als *Circuit Justices* bezeichnet.

Eine Besonderheit des US-amerikanischen Systems besteht darin, dass der *Supreme Court* nicht gesetzlich verpflichtet ist, über eine Rechtsfrage zu entscheiden.[70]

---

information" in Fed. R.Civ.P.34(a)(1)(A). A draft or non-identical copy is a separate document within the meaning of this term".

62 Vgl. *Hay*, US-Amerikanisches Recht, Rn. 109; *Schack*, US-amerikanisches Zivilprozessrecht, Rn. 7; *Rollin*, Ausländische Beweisverfahren, 23.

63 *Hay*, US-Amerikanisches Recht, Rn. 109.

64 *Rollin*, Ausländische Beweisverfahren, 23.

65 Art. III (1): *„The judicial Power of the United States, shall be vested in one supreme Court, (...)"*.

66 Art. I (8)(9): *„The Congress shall have the Power (...) To constitute Tribunals inferior the supreme Court; (...)"*.

67 Zusätzlich kann der *Supreme Court* nach 28 U.S.C. ch. 131 §§ 2071–2077 Geschäftsordnungen erlassen.

68 Die Amtsbezeichnung der Richter(-innen) des Obersten Gerichtshof ist *„Justice"* und nicht *„Judge"*, um ihre gehobene Stellung auszudrücken.

69 Die *„Allotment Order"* im Sinne von 28 U.S.C. § 42(1), gültig seit dem 28. September 2010, nimmt folgende Zuteilung vor: *Chief Justice Roberts*: District of Columbia Circuit, Federal Circuit und Fourth Circuit; *Justice Breyer*: First Circuit; *Justice Ginsburg*: Second Circuit; *Justice Alito*: Third Circuit und Eighth Circuit; *Justice Scalia*: Fifth Circuit; *Justice Kagan*: Sixth Circuit und Seventh Circuit; *Justice Kennedy*: Ninth Circuit; *Justice Sotomayor*: Tenth Circuit; *Justice Thomas*: Eleventh Circuit.

70 *Schack*, US-amerikanisches Zivilprozessrecht, Rn. 7.

Das folgt aus 28 U.S.C. § 1254.[71] Danach gilt für Entscheidungen der *Circuit Courts*: Entscheidungen *„may be reviewed"* und nur wenn *„granted upon petition"*.[72] Die Anrufung des *Supreme Courts* im Sinne von 28 U.S.C. § 1254 wird *Writ of certiorari* genannt.[73] Ein *Writ of certiorari* wird nur gewährt, wenn mindestens ein Quorum von vier der neun *Justices* dafür stimmen[74], wobei die Anzahl von vier weder verfassungsrechtlich noch sonst einfachgesetzlich festgelegt ist. Es handelt sich bei diesem Quorum vielmehr um ständige Praxis des *Supreme Courts*, welche dem Minderheitenschutz dienen soll.[75] Der Gedanke des Minderheitenschutzes ergibt sich aus dem Umstand, dass es sich bei dem *Supreme Court* – für das deutsche Gerichtsverständnis untypisch – um eine weitestgehend politische Institution handelt. Regelmäßig lassen sich die *Justices* bestimmten politischen Richtungen zuordnen und scheuen auch nicht davor zurück, diese in ihren Entscheidungen deutlich zu machen. Dementsprechend – wie in der demokratischen Politik üblich – bilden sich auch am *Supreme Court* Richtergruppierungen, die sich in ihren politischen Überzeugungen nahestehen. Dadurch ergeben sich je nach Besetzung des Gerichts immer wieder wechselnde Mehrheiten und Minderheiten.

Die *Stare decisis*-Doktrin gilt auch für Urteile des *Supreme Courts*. Die Entscheidungen des *Supreme Courts* sind für die *Circuit Courts* – und somit mittelbar auch für die *District Courts* – bindend.

Es ist davon auszugehen, dass es in der Zukunft zu einer Entscheidung des *Supreme Courts* zur Anwendbarkeit von 28 U.S.C. § 1782 auf internationale Schiedsgerichte kommen wird.[76] Denn im Juli 2012 hat der *Circuit Court* des elften *Circuits* die Anwendbarkeit von 28 U.S.C. § 1782 auf internationale private Schiedsgerichte bejaht.[77] Zwar hat das Gericht seine Entscheidung kurioserweise

---

71 28 U.S.C. § 1254: *"Cases in the courts of appeals may be reviewed by the Supreme Court by the following methods: (1) By writ of certiorari granted upon the petition of any party to any civil or criminal case, before or after rendition of judgment or decree; (2) By certification at any time by a court of appeals of any question of law in any civil or criminal case as to which instructions are desired, and upon such certification the Supreme Court may give binding instructions or require the entire record to be sent up for decision of the entire matter in controversy"*.

72 28 U.S.C. § 1254. Allerdings spricht bereits die Geschäftsordnung des *Supreme Courts* in Rule 10 (1)(a) dafür, dass das Gericht einem Revisionsantrag bei Bestehen eines *Circuit Splits* stattgibt.

73 Vgl. *Schack*, US-amerikanisches Zivilprozessrecht, Rn. 7; *Rollin*, Ausländische Beweisverfahren, 23.

74 *Schack*, US-amerikanisches Zivilprozessrecht, Rn. 7.

75 *Ferguson v. Moore-McCormack Lines, Inc.*, 352 U.S. 521, 529 (1957) (Frankfurter, J., dissent) Supreme Court Case Selection Act of 1988, 102 Stat. 662 (1988).

76 *Baker/Romman*, in: Böckstiegel/Berger/Bredow, The Taking of Evidence in International Commercial Arbitration, 14; *Newman/Zaslowsky*, N.Y.L.J., Vol. 251, Issue 21, p. 3 (2014); *Malament*, 67 Van. L. R. 1213, 1217 (2014).

77 *Consorcio Ecuatoriano de Telecomunicaciones S.A. v. JAS Forwarding (USA)*, 685 F.3d 987 (11th Cir. 2012). Diese Entscheidung widersprach zwei früheren

im Januar 2014 *Sua sponte* wieder aufgehoben,[78] sodass ein zwischenzeitlich bestehender *Circuit split* wieder entfallen ist.[79] Nichtsdestotrotz ist die Frage der Anwendbarkeit von 28 U.S.C. § 1782 auf internationale Schiedsgerichte weiterhin höchst umstritten und die vorhandene Rechtsprechung uneinheitlich. Es ist zu erwarten, dass der *Supreme Court* bei nächster Gelegenheit hier Klarheit schaffen wird.

B. *Discovery*-Verfahren

Im Gegensatz zu einem Strafprozess, in dem die Wahrheitsfindung oberstes Ziel ist,[80] hat ein Zivilprozess nach deutschem Verständnis die Aufgabe, Konflikte zu lösen.[81] Die Konfliktlösung genügt dabei nicht immer absoluten Gerechtigkeitsansprüchen; Recht und Gerechtigkeit sind gedanklich voneinander zu trennen.[82] Wichtiger kann es sein, Konflikte effizient zu lösen. Effizienz besteht in diesem Zusammenhang aus mehreren Elementen. So soll ein Konflikt rasch, kostengünstig und für beide Seiten ohne große Unannehmlichkeiten beendet werden.[83] Insbesondere muss der Prozess in der Lage sein, Rechtsfrieden zu stiften.[84]

Die Existenz der ausufernden *Discovery*-Vorschriften belegt, dass dem US-amerikanischen Zivilprozess der Gedanke der Wahrheitsfindung als Prozessmaxime

---

Entscheidungen des *Second Circuits* und des *Fifth Circuits,* die die Anwendbarkeit von 28 U.S.C. § 1782 auf internationale Schiedsgerichte ablehnten; *National Broadcasting Company v. Bear Stearns*, 165 F.3d 184 (2nd Cir. 1999); *The Republic of Kazakhstan v. Biedermann*, 168 F.3d 880 (5th Cir. 1999). Siehe zu allem unten § 5.

78 Siehe hierzu ausführlich unten § 5 C IV.

79 Aus Rule 10 (1)(a) der Geschäftsordnung des *Supreme Courts* vom 01. Juli 2013 folgt, dass dies einer der wichtigsten Faktoren ist, für den *Supreme Court* einzugreifen. Rule 10 (1)(a): *"Review on a writ of certiorari is not a matter of right, but of judicial discretion. A petition for a writ of certiorari will be granted only for compelling reasons. The following, although neither controlling nor fully measuring the Court's discretion, indicate the character of the reasons the Court considers: (a) a United States court of appeals has entered a decision in conflict with the decision of another United States court of appeals on the same important matter; has decided an important federal question in a way that conflicts with a decision by a state court of last resort; or has so far departed from the accepted and usual course of judicial proceedings, or sanctioned such a departure by a lower court, as to call for an exercise of this Court's supervisory power; (...)".*

80 BVerfG, NJW 1983, 1043, 1044; *Pfeiffer*, in: Pfeiffer-StPO, Einleitung Rn. 6.

81 *Rollin*, Ausländische Beweisverfahren, 17.

82 Vgl. *Schröder*, NJW 1999, 3312; *Hirsch*, ZRP 2012, 205.

83 Vgl. *Semler*, SchiedsVZ 2009, 149; *Grenz,* Der Faktor Zeit im Schiedsverfahren, Peter Lang 2009.

84 Vgl. *Musielak*, in: Musielak-ZPO, Einleitung Rn. 5.

zu Grunde liegt.[85] Die *Discovery* dient dazu, jegliche Informationen[86] und damit die Wahrheit zu erforschen. *Discovery* ist jedoch teuer und für die beweisbelastete Partei häufig mit immensen Belastungen verbunden. Gleichzeitig dient die *Discovery* damit in gewisser Weise auch der Effizienz, indem Parteien angehalten werden, sich außergerichtlich zu vergleichen.[87] Die *Discovery*, regelmäßig auch *pre-trial Discovery* genannt, ist der gerichtlichen Hauptverhandlung zeitlich vorgelagert. Häufig kommt es danach gar nicht mehr zur Hauptverhandlung.[88]

Rechtsquelle für die *Discovery* sind die Federal Rules of Civil Procedure.[89] Diese regeln in Rule 26 – 37 das *Discovery*-Verfahren in einer weit gefassten Art und Weise. Bspw. können sich nach Rule 30(a)(1)[90] sowie Rule 34(c)[91] auch Dritte einem *Discovery*-Antrag ausgesetzt sehen. Außerdem genügt es für einen formell und materiell zulässigen *Discovery*-Antrag bereits, wenn sich dieser auf „relevante Informationen" bezieht.[92] Was relevante Informationen sind, wird in Rule 26(b)(1) legal definiert: „*Relevant information need not be admissible at the trial if the discovery appears reasonably calculated to lead to the discovery of admissible evidence*".[93] D.h. die verlangten Informationen müssen lediglich vernünftigerweise als verwertbares Beweismittel geeignet erscheinen.[94]

Ferner sind die Anforderungen, um in den Genuss einer *Discovery* zu kommen, gering. Entscheidend sind ausschließlich Rule 8 und Rule 12 der Federal Rules of Civil Procedure. Die Klageschrift, genannt *Complaint*, muss nach Rule 8(a)(2) nur eine allgemeine Benennung der Anspruchsberechtigung ohne detaillierte Darlegung des Sachverhalts enthalten.[95] Hierbei handelt es sich um das sog. *Notice pleading*.[96] Nur in Fällen von offensichtlicher Unschlüssigkeit, welche bereits ohne genauere

85 *Robben/Byroade*, Inside Counsel Breaking News, 25. Juli 2014; *Rollin*, Ausländische Beweisverfahren, 18.

86 Vgl. *Adler*, Patentverletzungsprozess, S. 130 f.

87 Vgl. *Burnham*, Law and Legal System of the US, 235.

88 *Hay*, US-Amerikanisches Recht, Rn. 100.

89 Adopted by order of the *Supreme Court* on Dec. 20, 1937, transmitted to Congress by the Attorney General on Jan. 3, 1938, effective since Sept. 16, 1938, and last amended Dec. 1, 2014.

90 Rule 30(a)(1): „*A party may, by oral questions, depose any person, including a party, without leave of court except as provided in Rule 30(a)(2)*".

91 Rule 34(c): „*As provided in Rule 45, a nonparty may be compelled to produce documents and tangible things or to permit an inspection*".

92 Vgl. *Schack*, US-amerikanisches Zivilprozessrecht, Rn. 111.

93 Rule 26(b)(1).

94 Rule 26(b)(1); vgl. *Schack*, US-amerikanisches Zivilprozessrecht, Rn. 111.

95 Rule 8(a)(2): „*A pleading that states a claim for relief must contain: (2) a short and plain statement of the claim showing that the pleader is entitled to relief; and (...)*".

96 *Bennett v. Schmidt*, 153 F.3d 516 (7th Cir. 1998); *Kirksey v. R.J. Reynolds Tobacco Co.*, 168 F.3d 1039 (7th Cir. 1999); vgl. *Schack*, US-amerikanisches Zivilprozessrecht, Rn. 99; *Rollin*, Ausländische Beweisverfahren, 17.

Substantiierung erkennbar sein muss, ist die Klage nach Rule 12(b)(6) abzuweisen.[97] In diesem Fall kommt es nicht zur *Discovery*. Die gesamte Regelung basiert auf dem Gedanken, dass mit der Klageschrift dem Beklagten lediglich die Klage angezeigt werden soll. Alles Weitere ergibt sich im Rahmen des *Discovery*-Verfahrens.

Beweise werden im US-amerikanischen Bundesprozessrecht in der Phase der *Discovery* beschafft.[98] Entsprechend dem Wortsinn – „to discover"; auf Deutsch „entdecken, erfahren" – wird in diesem Verfahrensabschnitt den Prozessparteien – regelmäßig der Klägerin – Beweismaterial zugänglich gemacht.[99] Irrelevant ist, ob sich die Beweise beim Prozessgegner oder einem Dritten befinden.[100] Die Parteien können praktisch jedermann auffordern, verfahrensrelevante Informationen herauszugeben und dies ggf. mittels gerichtlicher Unterstützung zwangsweise durchsetzen.

Die grundsätzliche Existenz der *Discovery* ist zwei Umständen geschuldet: Der erste ist das Konzept des *Notice pleadings*, in dem nur die groben Eckpunkte der Klage vorgebracht werden müssen.[101] Häufig stellt ein Kläger erst im Rahmen der *Discovery* fest, ob er seine Behauptungen beweisen und das Verfahren gewinnen kann. Damit hat das *Discovery*-Verfahren nicht allein die Funktion, der eigenen Klage zum Erfolg zu verhelfen, sondern auch, zunächst Klarheit über die Erfolgschancen dieser Klage zu schaffen. Das ist vom System gewollt. Zweitens findet das Hauptverfahren – der eigentliche Prozess vor Gericht – in einem einzelnen, konzentrierten und ununterbrochenen Prozess statt.[102] Für diesen Prozess sollen zu Beginn alle Fakten und Beweismittel auf dem Tisch liegen. Informationen können nicht nachträglich beschafft und vorgetragen werden.[103] Dabei handelt es sich um ein Kernstück der US-amerikanischen Rechtskultur, das sog. *Adversary system*.[104] Der Richter agiert als "Schiedsrichter im Zweikampf der Parteien" und lässt die Anwälte die Hauptverhandlung steuern.[105] Dieses Verständnis des Prozess als „Zweikampf der Parteien" schließ aus, dass während des Hauptverfahrens noch Informationen in den Prozess eingeführt werden. Auch das macht die Durchführung der *Discovery* erforderlich.

---

97 Rule 12(b)(6): „*Every defense to a claim for relief in any pleading must be asserted in the responsive pleading if one is required. But a party may assert the following defenses by motion: (6) failure to state a claim upon which relief can be granted; and (...)*". Rule 12(b)(6) hat die Rechtsfigur des „*Demurrer*" im US-amerikanischen Common Law ersetzt.

98 In zeitlicher Hinsicht findet die *Discovery* noch vor dem eigentlichen Gerichtprozess statt, weswegen das Rechtsinstitut häufig als *pre-trial Discovery* bezeichnet wird.

99 *Hay*, US-Amerikanisches Recht, Rn. 184.

100 Vgl. *Hay*, US-Amerikanisches Recht, Rn. 184.

101 *Schack*, US-amerikanisches Zivilprozessrecht, Rn. 110.

102 Vgl. *Burnham*, Law and Legal System of the US, 235; *Hay*, US-Amerikanisches Recht, Rn. 185.

103 *Hay*, US-Amerikanisches Recht, Rn. 185.

104 Zum *Adversary system*: Vgl. *Burnham*, Law and Legal Sytsem of the US, 80–126.

105 *Schack*, US-amerikanisches Zivilprozessrecht, Rn. 149.

Ferner verfolgt eine *Discovery* im Wesentlichen zwei Ziele: zum einen dient sie dazu, alle „notwendigen Tatsachen in Erfahrung zu bringen und den Streitstoff einzugrenzen".[106] Zum anderen stellt sie ein effektives Druckmittel zur gütlichen Streitbeilegung durch Vergleich dar.[107] Dabei baut der zweite Aspekt auf dem ersten auf: Wenn beiden Parteien alle relevanten Tatsachen bekannt sind, können sie ihre Chancen in einem Prozess absehen und entsprechend verhandeln.[108] Indem weniger Verfahren zu einer Verhandlung gelangen, wird das Gerichtssystem insgesamt entlastet. Das Institut der *Discovery* als solches zielt demzufolge auf Effektivität und Entlastung der Gerichte ab.

Das *Discovery*-Verfahren wird weitestgehend durch Anwälte geleitet. So finden die erforderlichen Treffen der Parteien und betroffenen Personen, sog. *Discovery meetings*, regelmäßig in den Räumlichkeiten der mandatierten Anwälte statt.[109] Aus den Federal Rules of Civil Procedure, Rule 28 und Rule 29 ergibt sich, dass der zuständige Richter bei diesen Treffen nicht anwesend ist.[110]

C. *Discovery*-Mittel der Federal Rules of Civil Procedure

Die Federal Rules of Civil Procedure kennen fünf Mittel zur Durchführung eines *Discovery*-Verfahrens:[111] *Depositions (Rules 30, 31), Interrogatories (Rule 33), Production of Documents (Rule 34), Physical or Mental Examinations (Rule 35)* und *Requests* for Admission (Rule 36). Diese Mittel sind abschließend, aber nicht exklusiv. Es ist möglich, die verschiedenen *Discovery*-Mittel beliebig miteinander zu kombinieren.

I. Depositions

Im Allgemeinen werden *Depositions* – zu Deutsch „Befragungen"[112] – als Prozedere zur Erlangung von Erklärungen einer Partei oder eines Dritten verstanden. Sie erfüllen mehrere Aufgaben im Verfahrensablauf: Sie dienen der Sachverhaltserforschung, als prozessuales Druckmittel, der Wahrheitsfindung, der Beweissicherung sowie als Beweis. Geregelt werden die mündliche Befragung in Rule 30 und die schriftliche Befragung in Rule 31.

---

106 *Schack*, US-amerikanisches Zivilprozessrecht, Rn. 110.

107 *Hay*, US-Amerikanisches Recht, Rn. 184.

108 Vgl. *Hay*, US-Amerikanisches Recht, Rn. 184.

109 *Burnham*, Law and Legal System of the US, 235.

110 Rules 28 (*„Persons Before Whom Depositions May Be Taken"*) und 29 (*„Stipulations About Discovery Procedure"*).

111 Vgl. *Rollin*, Ausländische Beweisverfahren, 28; *Burnham*, Law and Legal System of the US, 236.

112 Zu den terminologischen Schwierigkeiten bei der deutschen Übersetzung, siehe oben § 2 A.

1. Depositions by Oral Examination, Rule 30

Die mündliche Befragung ist das erste *Discovery*-Mittel im systematischen Gesetzeskontext und gleichzeitig das in der Praxis am häufigsten genutzte.[113] Jede Person, die relevante Informationen besitzt, kann befragt werden. Dadurch sollen Sachverhalt und Wahrheit erforscht werden. Soll eine Partei des Verfahrens befragt werden, muss ihr die *Deposition* mit angemessener Frist angekündigt werden.[114] Die Befragung findet regelmäßig in den Büroräumen einer der beteiligten Anwälte statt.[115] Neben der zu befragenden Person sind die Anwälte beider Parteien sowie der *Court reporter* anwesend. Dessen Aufgabe ist es, der zu befragenden Person den Eid abzunehmen und die *Deposition* zu stenografieren.[116] Häufig dauern *Depositions* Stunden oder sogar Tage.[117] Die Anwälte befragen die Personen ähnlich wie im gerichtlichen Verfahren.[118] Aussagepsychologie ist dabei von enormer Bedeutung,[119] weil Anwälte durch geschickte Fragen sowohl die Glaubhaftigkeit einer Aussage als auch die Glaubwürdigkeit eines Zeugen frühzeitig beeinflussen können. Zusätzlich sind *Depositions* teuer. Die Parteien selbst müssen Zeit aufwenden, Anwälte müssen bezahlt werden und auch die Kosten des *Court Reporters* müssen beglichen werden.[120] Dieser zeitliche und finanzielle Aufwand wird häufig genutzt, um die Gegenpartei zu einem Vergleich zu bewegen.

Depositions können auf zweierlei Art und Weise beantragt werden: entweder per *Notice* oder per *Subpoena*.[121] Bei einer *Notice* handelt es sich in diesem Zusammenhang um eine schlichte Mitteilung an die zu befragende Person mit der Aufforderung, zur *Deposition* zu erscheinen. Ihr muss nicht zwingend Folge geleistet werden. Zusätzlich erfüllt die *Notice* im Sinne von Rule 30(b)(1) den prozessualen Sinn und Zweck, dass die gegnerischen Partei Kenntnis von einer *Deposition* hat und somit die Möglichkeit zur Anwesenheit. Insgesamt ist diese Möglichkeit, eine *Deposition* zu beantragen, der unförmliche und auf Kooperation gerichtete Weg.

Bei einem *Subpoena* hingegen handelt es sich um eine formalisierte Ladung.[122] Die ursprünglichen Voraussetzungen zur Erteilung eines *Subpoena* – ein anhängiger

---

113 *Eschenfelder*, Beweiserhebung, 54.

114 *Eschenfelder*, Beweiserhebung, 54.

115 *Burnham*, Law and Legal System of the US, 236.

116 Nach Rule 30(b)(3)(A) und Rule 32(c) ist es möglich auf die Stenografie durch den *Court Reporter* zu verzichten und stattdessen die Befragung per Audio oder Video aufzuzeichnen. Der Grund hierfür ist, die Kosten der *Deposition* zu senken.

117 Um die exzessive Dauer von *Depositions* einzuschränken, setzt Rule 30(d)(1) die grundsätzlich zulässige maximale Länge einer Befragung auf sieben Stunden fest. Allerdings sind Ausnahmen hiervon möglich.

118 *Burnham*, Law and Legal System of the US, 236.

119 *Rollin*, Ausländische Beweisverfahren, 29.

120 *Rollin*, Ausländische Beweisverfahren, 29.

121 Vgl. Rule 30(a)(1), (b).

122 *Junker*, Discovery, 157. Im Falle einer *Deposition* handelt es sich stets um einen sog. *Subpoena ad testificandum* im Gegensatz zum *Subpoena duces tecum*. Siehe hierzu *Miller*, in: Wright/Miller/Kane, FPP, § 2451.

Prozess,[123] die Zahlung einer *Subpoena*-Gebühr[124] sowie die Vorlage einer Mitteilung über die angestrebte Befragung an die restlichen Parteien des Verfahrens[125] – wurden durch die Prozessrechtsreform von 1991 aufgehoben und in der aktuellen Fassung der Rule 45(a) neu geregelt. Danach kann ein örtlich zugelassener Rechtsanwalt unmittelbar als Organ des Gerichts einen *Subpoena* ausstellen. Das Gericht stellt einen *Subpoena* nur noch mittels des *Clerks*[126] aus, wenn eine Partei sich direkt an das Gericht wendet. Ein *Supoena* enthält den Befehl zur Anwesenheit an einem konkreten Ort zu einer konkreten Zeit und ist mit Zwangsmitteln durchsetzbar.[127]

Während im Rahmen der *Discovery* häufig eine *Notice* genügt, um die gegnerische Partei zur *Deposition* vorzuladen, ist dies bei verfahrensunbeteiligten Dritten und Gesellschaften in der Praxis anders. Dritte werden nach Rule 30(a)(1) und Rule 45 stets mittels *Subpoena* vorgeladen. Nach dem Gesetzeswortlaut besteht allerdings keine rechtliche Pflicht, einen Dritten mittels *Subpoena* vorzuladen, wie sich aus Rule 30(a)(1), Rule 30 (b)(1) und Rule 32(a)(1)(A) ergibt. Der Wortlaut von Rule 30(a)(1) lautet: *„A party may, by oral questions, depose any person, including a party, without leave of court (...). The deponent's attendance may be compelled by subpoena under Rule 45"*. In Rule 30(b)(1) wird die *Notice*-Voraussetzung in Bezug auf verfahrensinvolvierte Parteien aufgestellt. Es findet sich keine Vorschrift, die eine rechtliche Pflicht zur Vorladung eines Dritten ausspricht. Hiermit stimmt auch Rule 32(a)(1)(A) überein, nach welcher zur Verwertung des Befragungsergebnis im Prozess grundsätzlich nur erforderlich ist, dass der Verfahrensgegner bei der Befragung anwesend war bzw. Kenntnis von der Befragung hatte.[128] Hinter diesem Konzept steht der Gedanke, dass niemand gezwungen werden muss, der freiwillig etwas tut. Das wurde in der deutschen Literatur bislang ungenau dargestellt.[129]

Dennoch werden in der Praxis regelmäßig *Subpoenas* gegenüber Dritten ausgestellt. Hierfür gibt es zwei Gründe: Erstens macht es das Gesetz einfach, den *Subpoena* zu bekommen. Der zugelassene Anwalt kann das Dokument nach Rule 45(a)(3) selbst ausstellen. Zweitens enthält Rule 30(g)(2) eine besondere Kostentragungsregelung. Danach hat grundsätzlich die Partei, die die Befragung beantragt, die nutzlos entstandenen Kosten der gegnerischen Partei zu tragen, falls der zu befragende

123 Nach dem Konzept des *Notice pleadings* wird ein Prozess durch Einreichung des *Complaint* anhängig. Vgl. Rule 8(a)(1).

124 *Junker*, Discovery, 157.

125 *Junker*, Discovery, 156. Wobei der Wortlaut von Rule 45 seit dem Jahr 1987 geändert wurde.

126 Nach *Junker* in diesem Zusammenhang mit „Urkundenbeamter" zu übersetzten.

127 *Junker*, Discovery, 155; *Eschenfelder*, Beweiserhebung, 54.

128 Zu den weiteren Voraussetzung um die Befragungsergebnis im Prozess verwerten zu können. Vgl. Rule 32(a)(B), (C).

129 Vgl. *Junker*, 155 f; *Eschenfelder*, Beweiserhebung, 54; *Rollin*, Ausländische Beweisverfahren, 30. Die Autoren stellen das Verfahren allesamt so dar, als ob ein *Subpoena* eine zwingende Voraussetzung für die Befragung eines Dritten unter den Federal Rules of Civil Procedure wäre.

Dritte nicht erscheint. Als Kosten kommen dabei Anwaltskosten sowie die eigenen Kosten der Partei aufgrund der Teilnahme an der Befragung in Betracht. Von dieser Regel wird abgewichen, wenn der Dritte einen *Subpoena* erhalten hat. In diesem Fall hat die beantragende Partei nämlich alles in ihrer Macht stehende getan, den Dritten zur Befragung zu bewegen und somit zu vermeiden, dass nutzlose Kosten entstehen. Es gilt dann wieder der im US-amerikanischen Prozessrecht bestehende Grundsatz, dass jede Partei ihre eigenen Kosten zu tragen hat. Letztlich wird ein verfahrensunbeteiligter Dritter also stets förmlich mittels *Subpoena* vorgeladen werden, um eine Kostentragung zu vermeiden.

Für die Befragung von Gesellschaften (bzw. deren Organen) gilt letztlich das gleiche. Die Beteiligung einer Gesellschaft an einer *Deposition* ist in Rule 30(b)(6) festgelegt. Die Gesellschaft muss von einem oder mehreren *„officers, directors, or managing actors"* vertreten werden, denen alle Informationen zur Verfügung stehen müssen, die der Gesellschaft vernünftiger Weise zugänglich sind. Ferner zeigt der Wortlaut von Rule 30(b)(6), dass es keine Pflicht gibt, eine Gesellschaft mittels *Subpoena* vorzuladen. Die Vorschrift beginnt mit: *„In its notice or subpoena, a party may name as the deponent a public or private corporation, (...)"*.[130] Letztlich greift in praktischer Hinsicht aber auch bei Gesellschaften das Kostenargument aus Rule 30(g)(2), sodass in der Praxis stets eine Vorladung mittels *Subpoena* vorliegen wird.

2. Depositions by Written Questions, Rule 31

Neben der Form der mündlichen Befragung hält Rule 31 die Möglichkeit der schriftlichen Befragung bereit. Dieses *Discovery*-Mittel wird als *„Depositions by Written Questions"* bezeichnet.[131] Es handelt sich um einen „eigenartigen Zwitter"[132] aus Rule 30 und Rule 33,[133] der sich folgendermaßen von diesen zwei anderen Mitteln abgrenzen lässt: Bei den mündlichen Befragungen nach Rule 30 wird mündlich eine Frage gestellt, auf die eine mündlich Antwort erfolgt. Bei den *Interrogatories* nach Rule 33 wird die Frage schriftlich gestellt und schriftlich beantwortet. Bei den schriftlichen Befragungen nach Rule 31 werden hingegen vorformulierte Fragen der Anwälte von einem Gerichtsvertreter nach Rule 31(b) und Rule 28(a) vorgelesen und vom Adressaten der Frage mündlich beantwortet. Anwälte sind hierbei regelmäßig nicht anwesend, weil ihnen kein Frage- bzw. Einspruchsrecht zusteht.[134] Dadurch spielt bei diesem *Discovery*-Mittel Aussagepsychologie keine Rolle.

Ein weiterer Aspekt ist, dass die schriftliche Befragung deutlich geringere Kosten verursacht als die *Deposition* nach Rule 30. Somit eignen sich schriftliche Befragungen nicht als prozessuales Druckmittel. Vor diesem Hintergrund überrascht es nicht, dass es sich bei den schriftlichen Befragungen nach Rule 31, zusammen mit

---

130 Rule 30(b)(6).
131 Rule 31.
132 *Junker*, Discovery, 164.
133 Rule 33 regelt die sog. *Interrogatories*. Siehe dazu sogleich unten.
134 *Junker*, Discovery, 164.

den medizinischen Untersuchungen nach Rule 35, um das am seltensten genutzte *Discovery*-Mittel handelt.[135]

II. Interrogatories, Rule 33

Interrogatories sind schriftliche Befragungen, die meist im Vorfeld der *Deposition* stattfinden.[136] Es handelt sich um Fragebögen, die der gegnerischen Partei zur schriftlichen und eidesstattlichen Beantwortung zugesandt werden.[137] Formell gibt es auf bundesrechtlicher Ebene keine besonderen Voraussetzungen. Lediglich Rule 33(a)(1) setzt die maximale Anzahl der Fragen auf 25 fest. Das ist historisch dem Umstand geschuldet, dass Parteien dieses Mittel missbraucht haben, indem sie ihre Gegner prozesstaktisch mit Fragen überschwemmt haben.[138] Auch wenn es keine bundesrechtlichen, formellen Voraussetzungen gibt, stellen diverse *Local rules* besondere Formvoraussetzungen auf.

Inhaltlich können sich die Fragen auf alles beziehen, was für eine Partei Relevanz haben könnte.[139] Nach Rule 33(a)(2) gilt als Rahmen für zulässige Fragen der Standard von Rule 26(b), mithin der äußerst weit gefasste „*relevant to any party's claim or defense*"-Standard. Deswegen handelt es sich bei den *Interrogatories* auch um das am zweithäufigsten verwendete *Discovery*-Mittel.[140] Der größte Vorteil von *Interrogatories* gegenüber anderen *Discovery*-Mitteln ist, dass Fragebögen günstig und einfach zu handhaben sind.[141] Außerdem stellt Rule 33(b) konkrete Anforderungen an die Antworten. Beispielsweise hat die gefragte Partei nach Rule 33(b)(2) regelmäßig 30 Tage Zeit zu antworten oder einer Frage begründet zu widersprechen.[142] Ferner hat die Rechtsprechung eine Beantwortungspflicht samt Informationsbeschaffungspflicht entwickelt.[143] Es müssen alle Informationen, die zur Beantwortung einer Frage erforderlich sind auch wenn dazu erheblicher Aufwand nötig ist beschafft werden, prinzipiell muss auf jede Frage geantwortet werden. Diese Regel kann nicht durch eine allgemeine Unkenntnisbehauptung umgangen werden, denn für diesen Fall greift die Informationsbeschaffungspflicht.[144] Die einzige Möglichkeit, die

135 *Junker*, Discovery, 163.
136 So auch *Eschenfelder*, Beweiserhebung, 58.
137 *Burnham*, Law and Legal System of the US, 237.
138 *Rollin*, Ausländische Beweisverfahren, 31; *Schack*, US-amerikanisches Zivilprozessrecht, Rn. 118; *Eschenfelder*, Beweiserhebung, 59.
139 Rules 33(a)(2), 26(b).
140 *Burnham*, Law and Legal System of the US, 237; *Rollin*, Ausländische Beweisverfahren, 30.
141 *Burnham*, Law and Legal System of the US, 237.
142 Siehe zum Erfordernis der Widerspruchsbegründung: Rule 33(b)(4).
143 So *Eschenfelder*, Beweiserhebung, 59, mit Verweis auf *Pilling v. General Motors Corp.*, 45 F.R.D. 366, 369 (D. Utah 1968).
144 Vgl. *Eschenfelder*, Beweiserhebung, 59.

Beantwortungspflicht abzuwenden, ist der begründete Widerspruch nach Rule 33(b)(4). Wenn Widerspruch erhoben wird, entscheidet das Gericht.

III. Production of Documents, Rule 34

Die Vorlage von Dokumenten und anderen Gegenständen (*Production of Documents)* nach Rule 34(a)(1) stellt im Hinblick auf 28 U.S.C. § 1782 das relevanteste *Discovery*-Mittel dar.[145] Das folgt sowohl aus dem Wortlaut von 28 U.S.C. § 1782[146] als auch aus einem praktischen Gedanken. Das Rechtshilfeverfahren soll der Unterstützung ausländischer Verfahren dienen. Im Ergebnis wird ein ausländisches Gericht eher Dokumente, die über 28 U.S.C. § 1782 erlangt wurden, anerkennen, als eine aufgezeichnete Zeugenaussage. Der Wert einer Zeugenaussage liegt darin, dass sie vor dem urteilenden Gericht gemacht wird und dieses sich einen Eindruck von der Glaubwürdigkeit des Zeugen machen kann. Das kann das ausländische Gericht jedoch nicht. Deswegen liegt im schiedsrechtlichen Kontext der überwiegenden Anzahl an Urteilen zu 28 U.S.C. § 1782 ein Antrag zur *Production of Documents* zu Grunde.

Grundsätzlich ist die *Production of Documents* für die Verwendung zwischen den Verfahrensparteien konzipiert, denn Rule 34(a) gilt unmittelbar nur für Parteien.[147] Sowohl Urkunden als auch Augenscheinsobjekte können tauglicher Antragsgegenstand sein.[148] Das US-amerikanische Prozessrecht ist an dieser Stelle nicht so trennscharf wie die deutsche ZPO,[149] welche es beweisrechtlich als ausschlaggebend erachtet, ob es sich um eine Urkunde[150] oder ein Augenscheinsobjekt[151] handelt. Entscheidendes Kriterium bei Rule 34(a) ist, dass der verlangte Gegenstand

---

145 Zumindest erwähnt sei in diesem Zusammenhang das Haager Übereinkommen über die Beweisaufnahme im Ausland in Zivil- und Handelssachen (HBÜ). Als internationales Übereinkommen im Rechtshilferecht stellt es gegenüber 28 U.S.C. § 1782 den eigentlichen Normalfall dar. Zwar ist eine Betrachtung des HBÜ vom Gegenstand dieser Arbeit ausgenommen, jedoch soll an dieser Stelle auf folgendes hingewiesen werden: Die Bundesrepublik Deutschland hat im Rahmen des HBÜ einen Vorbehalt nach Art. 23 erklärt. Danach weigert sich die Deutschland, einem an deutsche Gerichte gerichteten Rechtshilfeersuchen im Rahmen einer in Common Law Ländern üblichen *pre-trial Discovery* zu enstprechen. Vgl. ausführlich: *Richter*, RIW 2005, 815, 818 ff.

146 In 28 U.S.C. § 1782 wird prominent auf *„produce a document or other thing"* abgestellt.

147 Vgl. *Burnham*, Law and Legal System of the US, 237.

148 *Rollin*, Ausländische Beweisverfahren, 31.

149 *Junker*, Discovery, 165.

150 Urkunde im Sinne der ZPO ist „die Verkörperung einer Gedankenerklärung durch Schriftzeichen", *M. Huber*, in: Musielak-ZPO, § 415 Rn. 4; BGHZ 65, 300.

151 Augenscheinsobjekt im Sinne der ZPO ist alles was sinnlich wahrnehmbar ist; *Zimmermann*, in: MünchKomm-ZPO, § 371 Rn. 4.

transportabel und vorlagefähig ist.[152] Sollte das nicht der Fall sein, kommt eine Ortsbesichtigung (*Entry upon land or other property*) nach Rule 34(a)(2) in Betracht.

Diese Unterscheidung am Kriterium der Vorlagefähigkeit hat sich aufgrund der Existenz des Rechtsinstituts des *Subpoena* entwickelt. Allerdings ist diese Unterscheidung seit der 1991er-Reform der Federal Rules of Civil Procedure obsolet.[153] Den Antragssteller trifft im Rahmen von Rule 34 eine nach deutschem Rechtsverständnis außerordentlich geringe Darlegungslast. Zwar ist nach Rule 34(b)(1)(A) der ersuchte Gegenstand zu bezeichnen. Jedoch lockert das Gesetz diese Voraussetzung unmittelbar, indem die Bezeichnung lediglich mit *„reasonable particularity"* zu erfolgen hat.[154] Weiterhin lässt Rule 34(b)(1)(A) eine Bezeichnung nach Kategorien ausreichen. Konsequenz hiervon sind sog. *Fishing expeditions*, welche sich am besten mit dem Ausforschungsbeweis im deutschen Recht vergleichen lassen. Der Antrag kann allgemein gehalten werden, um an alle möglichen Informationen zu kommen. Mit Hilfe von Standardklauseln (*Boilerplate phrases*) wie „all documents that relate or refer to"[155] kann der Antragsteller eine beträchtliche Anzahl an Informationen erlangen.[156] Es ist dem System der *Discovery* inhärent, dass eine Partei auf diesem Wege erst an hinreichende Informationen gelangt, um ihre Klage zu stützen. Ein Rule 34 vergleichbarer Antrag nach der ZPO muss hingegen kumulativ und, nach ganz h.M. entgegen dem Wortlaut, zwingend die Voraussetzungen des § 424 ZPO erfüllen.[157] Er muss die Urkunde selbst und die Tatsachen, die durch sie bewiesen werden sollen und den Inhalt der Urkunde bereits möglichst vollständig bezeichnen, sowie glaubhaft die Umstände darlegen, dass sich die Urkunde im Besitz des Gegners befindet und dieser zur Vorlage verpflichtet ist. Der Beweisermittlungsantrag als Ausforschungsbeweis soll damit ausgeschlossen werden.[158]

Nach Rule 34(a)(1) kann der Antragsteller die beantragten Gegenstände „inspizieren, kopieren, testen oder mustern".[159] Es stehen mithin weitreichende Möglichkeiten zur Verfügung, sich die Informationen einzuverleiben. Demgegenüber hat der Antragsgegner eingeschränkte Möglichkeiten, sich dem Antrag zu entziehen. Lediglich der Weg über einen Widerspruch nach Rule 34(b)(2)(C) kann zielführend

152 Vgl. ausführlich *Junker*, Discovery, 165 f.

153 Vor der Reform im Jahre 1991 konnte ein Dritter mittels *Subpoena* lediglich dazu gezwungen werden, vorlagefähige Gegenstände beizubringen. Er konnte nicht gezwungen werden, eine Ortsbesichtigung zu dulden. Hierzu war eine selbständige Klage erforderlich. Vgl. *Junker*, Discovery, 174. Durch die 1991er-Reform sind Rule 34 und 45 dahingehend geändert worden, dass ein Dritter mittels *Subpoena* auch gezwungen werden kann, eine Ortsbesichtigung zu dulden. Vgl. *Marcus*, in: Wright/Miller/Kane, FPP, § 2209.

154 Rule 34 (b)(1)(A).

155 *Marcus*, in: Wright/Miller/Kane, FPP, § 2211.

156 Vgl. *Junker*, Discovery, 169; *Rollin*, Ausländische Beweisverfahren, 32.

157 *Schreiber*, in: MünchKomm-ZPO, § 424 Rn. 1; *Geimer*, in: Zöller-ZPO, § 424 Rn. 1.

158 BGH NJW 1989, 717, 719; *Geimer*, in: Zöller-ZPO, § 424 Rn. 2.

159 Rule 34(a)(1): *„(...) to inspect, copy, test, or sample (...)"*.

sein. Hingegen ist es nicht möglich, die Vorlagepflicht zu umgehen, indem die Dokumente bzw. Gegenstände an Dritte weitergegeben werden.[160] Die Vorlagepflicht der Partei erstreckt sich auch auf Konstellationen, in denen der Partei lediglich ein Herausgabeanspruch gegen den unmittelbaren Besitzer zusteht.[161] Das macht der Wortlaut von Rule 34(a)(1) mit der Formulierung *„to produce (...) the following items in the responding party's possession, custody, or control"* deutlich.[162] Kontrolle, auch mittelbare, ist entscheidend für die Vorlageverpflichtung.

Ferner ist Rule 34(c) zu beachten, sofern die *Production of Document* nicht lediglich zwischen den Parteien stattfinden soll, sondern verfahrensunbeteiligte Dritte einbezogen werden sollen. Die Vorschrift legt fest, dass gegenüber Dritten zwingend ein *Subpoena* im Sinne von Rule 45 erlassen werden muss. Zwar könnte diese zusätzliche Voraussetzung auf den ersten Blick als Schutz für den Dritten erscheinen. Letztlich vermag das formalisierte Vorladungsverfahren das jedoch nicht zu erreichen. Denn der Erlass eines *Supoena* setzt keine besondere Prüfung der Rechte des Dritten voraus. Auch Dritte sind *Discovery*-Anträgen ausgesetzt.[163]

Außerdem werden Vorlageanträge nach Rule 34 häufig mit anderen *Discovery*-Mitteln, regelmäßig den *Interrogatories*, verbunden.[164] Zunächst fragt der Antragssteller nach einem Dokument, um dieses sodann verlangen zu können. Es ist dabei nicht unüblich, dass Dokumente und Antworten auf die *Interrogatories* zusammen an die antragstellende Partei zurückgeschickt werden. Ebenso können Vorlagenanträge mit einer späteren *Deposition* verknüpft werden. Im Gegensatz zur früheren Rechtslage ist das heutzutage jedoch auch bei verfahrensunbeteiligten Dritten keine zwingende Voraussetzung mehr.

IV. Physical or Mental Examination, Rule 35

Ein weiteres *Discovery*-Mittel sind die medizinischen Untersuchungen des körperlichen oder geistigen Zustandes eines Menschen. Diese sind in Rule 35 geregelt. Im Gegensatz zu den anderen Mitteln unterliegen die medizinischen Untersuchungen nicht der Parteiherrschaft. Bei Rule 35 muss zwingend das Gericht beteiligt werden.[165] Immerhin handelt es sich um einen erheblichen Eingriff in elementare Grundrechte des zu Untersuchenden, wenn ihm zum Beispiel eine Blutprobe entnommen werden soll. Rule 35 stellt dementsprechend strenge Voraussetzung auf. Entscheidend ist vor allem die *Good cause*-Voraussetzung aus Rule 35(a)(2)(A). Danach wird die körperliche Integrität des zu Untersuchenden erst dann nicht mehr geschützt, wenn „die gewünschte Information nicht anders als durch Untersuchung erlangt

---

160 *Eschenfelder*, Beweiserhebung, 60.
161 *Eschenfelder*, Beweiserhebung, 60.
162 Rule 34 (a)(1).
163 Vgl. *Rollin*, Ausländische Beweisverfahren, 32.
164 *Eschenfelder*, Beweiserhebung, 60.
165 *Eschenfelder*, Beweiserhebung, 61.

werden“[166] kann. Die *Good cause*-Voraussetzung ist weit strenger zu verstehen als ein bloßes Relevanzkriterium. Aufgrund des massiven Eingriffs in die Rechte des zu Untersuchenden reicht es nicht aus, dass die erhofften Beweise für den Fall relevant sind. Für ihre Erhebung müssen gute Gründe sprechen.

Praktisch handelt es sich bei den medizinischen Untersuchungen, zusammen mit den schriftlichen Befragungen nach Rule 31, um das am seltensten genutzte *Discovery*-Mittel.[167] Antragsgegner können nach Rule 35(a)(1) nur Parteien sein.[168] Verfahrensunbeteiligte Dritte werden von der Vorschrift nicht erfasst.[169]

V. Request for Admission, Rule 36

Das fünfte und letzte *Discovery*-Mittel sind die Aufforderungen zum Geständnis nach Rule 36. Der Antragsteller kann den Gegner förmlich auffordern, etwas unstreitig zu stellen. Der *Request for admission* dient der Eingrenzung des Streitstoffes (sog. *Issue formulation*),[170] ist praktisch jedoch kaum relevant.[171] Durch Zugeständnisse über Tatsachen, Werturteile, (rechtliche) Schlussfolgerungen oder über die Echtheit eines Dokuments können unnötige Beweisaufnahmen vermieden werden.[172] Damit dient Rule 36 der Prozessökonomie.[173] Rechtstechnisch statuiert Rule 36(a)(3) eine Obliegenheit.[174] Wenn nicht innerhalb von 30 Tagen auf eine Aufforderung zum Geständnis reagiert wird, wird das Schweigen als Geständnis gewertet.[175] Ein Geständnis kann ausschließlich von einer Verfahrenspartei verlangt werden.[176]

D. Gerichtsbeteiligung

Zwar beruht das System der *Discovery* weitestgehend auf Kooperation der Parteien und sonstigen Beteiligten, was durch die grundsätzliche Parteigestaltung und -leitung der *Discovery* deutlich wird,[177] jedoch funktioniert das System nicht etwa, weil die Betroffenen einem plötzlichen Altruismus verfallen. Rule 26(c) und Rule 37 sehen eine effektive Beteiligung der staatlichen Gerichte im *Discovery*-Prozess vor. Zum einen besteht aus Sicht der belasteten Personen, dem *Discoveree,* die Möglichkeit

166 *Junker*, Discovery, 186.
167 *Junker*, Discovery, 184.
168 *Rollin*, Ausländische Beweisverfahren, 33.
169 *Junker*, Discovery, 184.
170 Vgl. *Junker*, Discovery, 186; *Eschenfelder*, Beweiserhebung, 62.
171 *Schack*, US-amerikanisches Zivilprozessrecht, S. 49.
172 *Eschenfelder*, Beweiserhebung, 62; *Rippert*, RIW 1993, 626, 628.
173 So auch *Rollin*, Ausländische Beweisverfahren, 33.
174 *Junker*, Discovery, 188.
175 *Rollin*, Ausländische Beweisverfahren, 33.
176 Rule 36(a)(1).
177 Vgl. hierzu *Eschenfelder*, Beweiserhebung, 63 f; wobei *Eschenfelder* der Meinung ist, die Beteiligung der Gerichte sei alles in allem relativ groß.

nach Rule 26(c) sog. *Protective orders* (Schutzanordnungen) zu erlangen. Zum anderen kann die beweissuchende Partei, der *Discoveror*, ihr Ersuchen nach Rule 37 mit sog. *Compelling orders* (Zwangsmaßnahmen) erzwingen. Praktisch gibt es zwei verschiedene Wege, wie diese Rechtsinstrumente zum Einsatz kommen. Identisch ist bei beiden, dass der *Discoveror* den *Discoveree* zur Mitwirkung durch eines der beschriebenen *Discovery*-Mittel aufgefordert hat. Sodann ist entscheidend, wer zuerst gerichtliche Unterstützung in Anspruch nimmt.

In einer ersten Konstellation wendet sich der *Discoveree* als erster an das Gericht. Er verteidigt sich mit dem Antrag auf eine *Protective order* gegen den *Discovery*-Antrag. Hat er damit Erfolg, dann ergehen Schutzanordnungen nach Rule 26(c), also gerichtliche Anordnungen, welche die Mitwirkungspflicht der betroffenen Person (teilweise) aufheben.[178] Antragsberechtigt ist jede Partei oder Person, die sich einem *Discovery*-Verlangen ausgesetzt sieht und aus triftigem Grund vor *„annoyance, embarrassment, oppression, or undue burden or expense"* geschützt werden muss.[179] Voraussetzung ist jedoch, dass sich der *Discoveree* vorher unmittelbar an den *Discoveror* gewendet und sich um eine außergerichtliche Beilegung bemüht hat. Diese Voraussetzung unterstreicht, dass die *Discovery* grundsätzlich der Parteiherrschaft und -leitung unterliegt. Die Existenz von Schutzanordnungen zeigt jedoch gleichzeitig, dass es sich bei der *Discovery* insgesamt um einen Prozessteilabschnitt handelt, der letztlich der gerichtlichen Kontrolle unterfällt.[180]

Der Inhalt einer Schutzanordnung steht im freien Ermessen des Gerichts.[181] Zum Beispiel können nach Rule 26(c)(1)(G) Geschäftsgeheimnisse geschützt werden. Insgesamt nimmt das Gericht eine Verhältnismäßigkeitsabwägung im Sinne von Rule 26(b)(2)(C) vor, um festzustellen, ob der *Discoveree* unzumutbar betroffen ist und geschützt werden muss.[182]

In einer zweiten Konstellation wendet sich der *Discoveror* als erster an das Gericht. In diesem Szenario hat der *Discoveree* zuvor die Mitwirkung trotz Aufforderung verweigert, z.B. indem er Einspruch erhoben hat.[183] Der *Discoveror* kann

---

178 *Eschenfelder*, Beweiserhebung, 65.

179 Rule 26(c)(1).

180 *Marcus*, in: Wright/Miller/Kane, FPP, § 2036.

181 Rule 26(c)(1)(A)-(H) sieht verschiedene Anordnungen vor, ist jedoch ausdrücklich nicht abschließender Natur (*„inlcuding"*).

182 *Marcus*, in: Wright/Miller/Kane, FPP, § 2036.

183 Die *Discovery*-Instrumente, bis auf die medizinische Untersuchung nach Rule 35, sehen ausdrückliche Einspruchsmöglichkeiten vor. Vgl. Rules 30(c)(2), 33(b)(4), 34(b)(2)(C), 36(a)(5). Bei medizinischen Untersuchungen würde ein Einspruchstatbestand keinen Sinn ergeben, weil diese stets von einem Gericht angeordnet werden müssen. Vgl. Rule 35(a)(1). Ferner sei angemerkt, dass in der hier beschriebenen Konstellation ein aktiver Einspruch des *Discoveree* erforderlich ist. Sollte der *Discoveree* schlicht untätig bleiben, so bedarf es keines Antrags des *Discoverors* nach Rule 37. Das Gericht kann in diesem Fall von sich aus Zwangsmaßnahmen erlassen. Vgl. Rule 37(d); *Junker*, Discovery, 191 f.

sodann beantragen, die Discovery nach Rule 37(a) zu erzwingen. Hierbei handelt es sich um eine sog. *Compelling order.*[184] Durch sie wird dem *Discoveree* eine sanktionsbewährte Handlungspflicht auferlegt.[185] Sollte dieser Pflicht nicht entsprochen werden, bestehen Sanktionsmöglichkeiten nach Rule 37(b) und Rule 37(a)(5). Das gilt auch, wenn es sich bei dem *Discoveree* um einen prozessunbeteiligten Dritten handelt.[186]

Alles in allem handelt es sich bei den Schutzanordnungen und den Zwangsmaßnahmen um zwei Seiten einer Medaille. Entscheidend für die Frage, ob ein Gericht nach Rule 26(c) oder Rule 37 vorgeht, ist, welche Seite sich zuerst an das Gericht wendet. Falls es der *Discoveree* ist, handelt es sich um eine Schutzanordnung nach Rule 26(c); falls es der *Discoveror* ist, handelt es sich um eine Zwangsmaßnahme nach Rule 37. Diese enge Verzahnung wird auch im Wortlaut der beiden Vorschriften deutlich. Rule 26(c)(3) verweist für die Kostenfolgen auf Rule 37(a)(5). Außerdem kann ein abgelehnter Antrag auf eine *Protective order* nach Rule 26(c)(2) auch eine *"Order (to) permit Discovery"* beinhalten. Dies ist im Ergebnis nichts anderes als eine *Compelling order.*[187] Ebenso verweist Rule 37(a)(5)(C) für den Fall, dass einem Antrag auf *Compelling order* nur teilweise stattgegeben wird, zurück auf Rule 26(c). Schutzanordnungen und Zwangsmaßnahmen gehen also Hand in Hand.

E. Zusammenfassung

Das US-amerikanische *Discovery*-Verfahren ist das weitreichendste Beweisbeschaffungsverfahren der Welt. Um es zu verstehen, muss man sich verdeutlichen, dass dem US-amerikanischen Zivilprozess der Wahrheitsfindungsgedanke zugrunde liegt. Gleichzeitig dient das zeitaufwendige und kostenintensive Verfahren in der Praxis aber auch dazu, dass sich Parteien außergerichtlich einigen.

Im Rahmen eines *Discovery*-Verfahrens stehen den Parteien fünf Mittel zur Verfügung. Diese unterscheiden sich deutlich in ihrer Zielsetzung und praktischen Anwendung. Zur effektiven Durchführung einer *Discovery* kann die Hilfe staatlicher Gerichte in Anspruch genommen werden, auch wenn es sich grds. um ein von den Parteien geleitetes Verfahren handelt.

---

184 *Adler*, Patentverletzungsprozess, S. 186.
185 *Eschenfelder*, Beweiserhebung, 66.
186 Vgl. *Junker*, Discovery, 192.
187 *Marcus*, in: Wright/Miller/Kane, FPP, § 2035.

§ 3. Das Beweisverfahren im internationalen Schiedsrecht

Das Beweisverfahren im internationalen Schiedsrecht unterscheidet sich in vielen Punkten von nationalen Beweisverfahren. Mit besonderem Augenmerk auf das deutsche und US-amerikanische Recht sollen im Folgenden einige Unterschiede herausgearbeitet werden. Dazu wird zunächst eine allgemeingültige Grundstruktur für das Beweisverfahren anhand des deutschen Schiedsrechts, welches auf dem UNCITRAL Model Law beruht, dargestellt (A). Danach wird auf die nationalen Vorschriften im US-amerikanischen (B) und deutschen Recht (C) eingegangen. Schließlich werden die IBA Rules of Evidence kurz vorgestellt (D) sowie die internationale Handelsschiedsgerichtsbarkeit mit der Investitionsschutzschiedsgerichtsbarkeit verglichen (E). Beides sind Punkte, die für die weitere Arbeit von Bedeutung sind.

A. Grundstruktur

Während das Verfahren vor staatlichen Gerichten festen Beweisregeln unterliegt,[188] steht es den Parteien nach § 1042 Abs. 3 ZPO frei, das schiedsrichterliche Beweisverfahren selbst zu regeln. Soweit die Parteien hiervon keinen Gebrauch gemacht haben, ist ein Schiedsgericht befugt, die Verfahrensregeln nach freiem Ermessen zu bestimmen, § 1042 Abs. 4 ZPO. Einzig der Sachverständigenbeweis ist speziell in § 1049 ZPO geregelt.

Das schiedsrechtliche Beweisverfahren folgt also grundsätzlich folgender Struktur: Zunächst ist zu prüfen, ob eine Parteivereinbarung vorliegt. Erst mangels einer solchen steht das Verfahren im Ermessen der Schiedsrichter.[189]

I. Parteivereinbarung

Es ist ein Grundprinzip der internationalen Schiedsgerichtsbarkeit, dass nur Parteien der Schiedsvereinbarung an diese gebunden sind.[190] Der Schritt in die Schiedsgerichtsbarkeit muss einvernehmlich erfolgen. Sofern dieser gemacht wurde, sind die Parteien frei, den Ablauf des Verfahrens zu vereinbaren. Das erfasst insbesondere das Beweisverfahren. Vereinbaren die Schiedsparteien etwa die Anwendung der Bestimmungen der ZPO (§§ 355 ff ZPO), so können die Schiedsrichter nicht Common Law-Beweisregeln anwenden, selbst wenn sie dies für sachgerechter halten.[191]

188 Für Verfahren vor den Landgerichten gelten die §§ 355 ff ZPO.

189 Vgl. *Schlosser*, in: Stein/Jonas-ZPO, § 1042 Rn. 13; *Schütze*, SchiedsVZ 2006, 1, 2.

190 Siehe *Born*, Int. Comm. Arb. (2014), 1253 ff.; *Waincymer*, Procedure and Evidence, 129; *Müller/Keilmann*, SchiedsVZ 2007, 113, 114.

191 *Schütze*, SchiedsVZ 2006, 1, 3.

Wenn der Schiedsrichter mit den von den Parteien gewählten Beweisregeln nicht einverstanden ist, ist er darauf beschränkt, das Mandat abzulehnen.[192] Praktische Schwierigkeiten bereitet eine Parteivereinbarung über das Beweisverfahren, nachdem die Schiedsrichter ihr Amt angenommen haben. Sofern die Schiedsrichter mit einer Parteivereinbarung rechnen mussten, sind sie an diese gebunden. Dies gilt selbst dann, wenn die Schiedsrichter das von den Parteien gewählte Beweisverfahren nicht beherrschen. Sofern sie mit einer nachträglichen Parteivereinbarung nicht rechnen mussten, steht ihnen ein Kündigungsrecht zu.[193]

Darüber hinaus ist es guter Stil von Schiedsrichtern, auch den mutmaßlichen Willen der Parteien zu erforschen, wenn keine ausdrückliche Vereinbarung geschlossen wurde.[194] Dazu haben sich die Schiedsrichter zu fragen, was die Parteien vereinbart hätten, wenn sie sich der Frage bewusst gewesen wären. Anhaltspunkte für den mutmaßlichen Parteiwillen sind insbesondere die Wahl der Schiedsrichter in Bezug auf ihre Herkunft, des Schiedsorts, der institutionellen Schiedsregeln und des anwendbaren materiellen Rechts.[195]

II. Ermessen des Schiedsgerichts

An einer Parteivereinbarung fehlt es regelmäßig bzw. der mutmaßliche Parteiwille lässt sich regelmäßig nicht feststellen, wenn eine Partei aus einem Civil Law-Staat und die andere Partei aus einem Common Law-Staat stammt. In diesem Fall sind die den Parteien jeweils bekannten Beweisregeln derart unterschiedlich, dass ihnen eine Einigung schwer fällt. Mangels Parteivereinbarung steht das Beweisverfahren dann im Ermessen des Schiedsgerichts.

Im Rahmen seines Ermessens steht dem Schiedsgericht die ganze Bandbreite der üblichen Beweismittel zur Verfügung.[196] Es kann Zeugen vernehmen, Sachverständigengutachten einholen, Augenschein nehmen, sich Urkunden vorlegen lassen sowie die Parteien befragen. Konkret in Bezug auf die Urkunden- bzw. Dokumentenvorlage haben sich gewisse Grundprinzipien herausgebildet:[197] Schiedsgerichte ordnen grundsätzlich keine umfassende *Disclosure* bzw. *Discovery* an; in näher zu definierendem Umfang ist die Anordnung der Dokumentenvorlage jedoch möglich und schließlich steht diese nähere Definition im Ermessen des Schiedsgerichts.[198]

---

192 *Schütze*, Ausgewählte Probleme, 2006, 34.

193 *Schütze*, SchiedsVZ 2006, 1, 3.

194 *Schlosser*, in: Stein/Jonas-ZPO, § 1042 Rn. 2; *Schütze*, SchiedsVZ 2006, 1, 3 f – ist der Auffassung, Schiedsrichter seien rechtlich an einen mutmaßlichen Parteiwillen gebunden.

195 *Schütze*, SchiedsVZ 2006, 1, 4.

196 *Raeschke-Kessler/Berger*, Recht und Praxis des Schiedsverfahrens, Rz. 673.

197 *Kneisel/Lecking*, SchiedsVZ 2013, 150, 151.

198 *Kneisel/Lecking*, SchiedsVZ 2013, 150, 151; *Meier*, SchiedsVZ 2008, 179, 182; *Burianski*, SchiedsVZ 2010, 101, 104; *Kaufmann-Kohler/Bärtsch*, SchiedsVZ 2004, 13, 17.

Nach *Schütze* ist das Schiedsgericht in seiner Ermessensausübung allerdings nicht völlig frei. Es könne keine Beweisregeln bestimmen, die keinen Bezug zum Schiedsverfahren und den Schiedsparteien haben.[199] Problematisch sei etwa die Anordnung von Common Law-Beweisregeln in einem deutsch-koreanischen Schiedsfall, bei dem Paris Schiedsort ist. Im schlimmsten Fall könne eine Bestimmung solcher Beweisregeln sogar zur Aufhebung des Schiedsspruchs nach § 1059 Abs. 2 Nr. 1 lit. d ZPO führen.[200] Hiergegen wendet sich insbesondere *Lachmann.*[201] Nach ihm haben es die Parteien in der Hand, dem Schiedsgericht gemeinsam Vorgaben zu machen, die die Anwendung des Common Law ausschließen. Sofern sie das nicht tun, bleibt es bei dem uneingeschränkten Ermessen des Schiedsgerichts. Dies überzeugt, insbesondere im Hinblick auf die erwähnte Grundstruktur in internationalen Schiedsverfahren. Wenn die Parteien auf erster Stufe weder eine Vereinbarung getroffen haben, noch ein mutmaßlicher Parteiwille sich feststellen lässt, ist es praktisch sinnwidrig, das Ermessen des Schiedsgerichts einzuschränken. Letztlich läuft die Argumentation *Schützes* darauf hinaus, dass der mutmaßliche Parteiwille auf Ermessensebene ein zweites Mal berücksichtigt wird. Hierfür besteht kein Bedarf.

Im Spannungsfeld zwischen Civil Law und Common Law setzten die IBA Rules on the Taking of Evidence in International Commercial Arbitration an und versuchen einen Kompromiss herzustellen. Für den transatlantischen Bereich der internationalen Schiedsgerichtsbarkeit gelten sie mittlerweile als „Industriestandard".[202]

B. Beweisverfahren nach dem US-amerikanischen Federal Arbitration Act

Das US-amerikanische Schiedsrecht ist im Federal Arbitration Act von 1925 (FAA) niedergeschrieben. Anders als das 10. Buch der deutschen ZPO und viele anderen staatliche Schiedsrechten basiert der FAA nicht auf dem UNCITRAL Model Law on International Commercial Arbitration von 1985. Er steht im 9. Titel des US Codes in den §§ 1–16, 201–208 und 301–307.[203] Die §§ 1–16 regeln das eigentliche Schiedsverfahren; die §§ 201–208 setzen die "Convention On The Recognition And Enforcement Of Foreign Arbitral Awards" von 1958 (New York Convention)[204] um und die §§ 301–307 die "Inter-American Convention On International Commercial Arbitration" von 1975.

In 9 U.S.C. § 7 ist das Beweisverfahren geregelt. Darin heißt es: *"The arbitrators selected either as prescribed in this title or otherwise, or a majority of them, may summon in writing any person to attend before them or any of them as a witness and in*

---

199 *Schütze*, SchiedsVZ 2006, 1, 4.
200 *Schütze*, SchiedsVZ 2006, 1, 5.
201 *Lachmann*, Schiedsgerichtspraxis, Rn. 1390.
202 Siehe zu den IBA Rules of Evidence unten § 3 D und § 9 G.
203 9 U.S.C., 43 Stat. 883, 84 Stat. 692, PLS 669 and 702, PL 101–369.
204 330 U.N.T.S. 38.

a proper case to bring with him or them any book, record, document, or paper which may be deemed material as evidence in the case."[205] Auch 9 U.S.C. § 7 geht von dem oben beschriebenen Grundsatz aus: Parteivereinbarung und hilfsweise Ermessen des Schiedsgerichts. Das ergibt sich zwar nicht eindeutig aus dem Wortlaut der Vorschrift, ist jedoch in der US-amerikanischen Rechtsprechung anerkannt.[206] Die Vorschrift listet die Kompetenzen des Schiedsgerichts detailliert auf. Insbesondere erfasst sie Anordnungen gegenüber Schiedsparteien und Dritten.[207] Voraussetzung ist lediglich, dass das Schiedsgericht die Beweise als „*material as evidence in the case*" ansieht. Mit dieser Formulierung ist 9 U.S.C § 7 enger gefasst als viele institutionelle Schiedsregeln. In der Literatur wird jedoch vertreten, dass die Vorschrift über den Wortlaut hinaus dem Schiedsgericht bereits die Kompetenz gibt, Anordnungen zu erlassen, die es für angemessen erachtet.[208] Nach dieser Auffassung kommt es also nicht darauf an, ob die Beweise „*material*" sind. Dem scheint sich auch die US-amerikanische Rechtsprechung zumindest zum Teil angeschlossen zu haben.[209] Schließlich erlaubt 9 U.S.C. § 7 dem Schiedsgericht, Hilfe bei den staatlichen Gerichten zu beantragen, wenn eine Partei oder ein Dritter seiner Anordnung nicht nachkommt.[210]

Insgesamt handelt es sich bei 9 U.S.C. § 7, wie bei dem gesamten FAA, um eine alte Vorschrift, deren Anwendung in der Praxis durchaus Schwierigkeiten bereitet und als änderungsbedürftig angesehen wird.[211] Die Vorschrift des 9 U.S.C. § 7 wird, wie einführend bereits beschrieben, in dieser Arbeit nicht näher behandelt.

C. Beweisverfahren nach der deutschen ZPO

I. §§ 1042 Abs. 3 und 4, 1050 ZPO

Für das schiedsrechtliche Beweisverfahren im deutschen Recht sind insbesondere die §§ 1042 Abs. 3 und 4, 1050 ZPO relevant. § 1042 Abs. 4 S. 1 ZPO enthält den

205 9 U.S.C. § 7.

206 Vgl. *Chiarella v. Viscount Indus Co.*, 1993 WL 497967, 4 (S.D.N.Y.); *Born*, Int. Comm. Arb. (2014), 2403.

207 Trotz des Wortlauts von 9 U.S.C. § 7 ist dies im US-amerikanischen Recht umstritten. Vgl. *Strader*, Bridging the Gap, 41 Stetson Law Rev. 909, 910 (2012).

208 *Born*, Int. Comm. Arb. (2014), 2326.

209 *Stanton v. Paine Webber Jackson & Curtis, Inc.*, 685 F.Supp. 1241, 1242 (S.D. Fla. 1988).

210 9 U.S.C. § 7: "(...); *if any person or persons so summoned to testify shall refuse or neglect to obey said summons, upon petition the United States district court for the district in which such arbitrators, or a majority of them, are sitting may compel the attendance of such person or persons before said arbitrator or arbitrators, or punish said person or persons for contempt in the same manner provided by law for securing the attendance of witnesses or their punishment for neglect or refusal to attend in the courts of the United States*".

211 Vgl. *Strader*, Bridging the Gap, 41 Stetson Law Rev. 909, 910 (2012).

Grundsatz[212]: *„Soweit eine Vereinbarung der Parteien nicht vorliegt und dieses Buch keine Regelungen enthält, werden die Verfahrensregeln vom Schiedsgericht nach freiem Ermessen bestimmt".* Zunächst sind im Anwendungsbereich der ZPO Parteivereinbarungen über das Beweisverfahren maßgebend. § 1042 Abs. 3 ZPO erlaubt den Parteien, Vereinbarungen zu treffen.[213] Die Vorschrift eröffnet den Parteien weitreichende Möglichkeiten. Die Grenze des Zulässigen stellen erst zwingende verfahrensrechtliche Vorschriften dar.[214] Ein Verstoß gegen diese kann nach § 1059 Abs. 2 Nr. 1 lit. d ZPO zur Aufhebung des Schiedsspruchs führen.

Soweit keine Parteivereinbarung getroffen wurde, steht das Verfahren nach § 1042 Abs. 4 S. 1 ZPO im Ermessen der Schiedsrichter. Diese treffen ihre Entscheidungen per Mehrheitsbeschluss; alle Schiedsrichter besitzen das gleiche Stimmgewicht.[215] Das schiedsrichterliche Ermessen findet seine Grenzen in den zwingenden Vorschriften des 10. Buchs der ZPO. Damit schließt § 1042 Abs. 4 ZPO die Anwendung, auch die analoge, von Vorschriften anderer Bücher der ZPO grundsätzlich aus.[216] Nichtsdestotrotz orientieren sich insbesondere deutsche Schiedsrichter bei ihrer Ermessensausübung häufig inhaltlich an den Beweisvorschriften der ersten beiden Bücher der ZPO. Für die Beweiserhebung durch das Schiedsgericht besagt § 1042 Abs. 4 S. 2 ZPO, dass dieses berechtigt ist, *„über die Zulässigkeit einer Beweiserhebung zu entscheiden, diese durchzuführen und das Ergebnis frei zu würdigen".* Die Vorschrift ist für das deutsche Recht eine Selbstverständlichkeit.[217] Sie stellt klar, dass das Schiedsgericht die Befugnis hat, über die Zulässigkeit von Beweismitteln, die Durchführung der Beweiserhebung und die freie Beweiswürdigung zu entscheiden.[218] Die Kompetenz des Schiedsgerichts geht dabei sehr weit, ist jedoch nicht unbegrenzt. Zum Beispiel kann ein Schiedsgericht keine Zwangsmaßnahmen gegen Zeugen oder Sachverständige erlassen oder Dokumente von kooperationsunwilligen Dritten einholen.[219] Hierzu muss das Schiedsgericht nach § 1050 ZPO vorgehen.

Nach § 1050 ZPO können deutsche Gerichte für die Beweisaufnahme unterstützend zum Schiedsverfahren hinzugezogen werden. Grund für die Existenz dieser Norm ist, dass Schiedsrichter weder Hoheitsbefugnisse noch Zwangsgewalt

---

212 *Schlosser,* in: Stein/Jonas-ZPO, § 1042 Rn. 1.

213 § 1042 Abs. 3 ZPO: *„Im übrigen können die Parteien vorbehaltlich der zwingenden Vorschriften dieses Buches das Verfahren selbst oder durch Bezugnahme auf eine schiedsrichterliche Verfahrensordnung regeln".*

214 *Schwab/Walter,* Schiedsgerichtsbarkeit, Kap. 15 Rn. 29; *Schlosser,* in: Stein/Jonas-ZPO, § 1042 Rn. 13; *Baumbach/Lauterbach/Albers/Hartmann,* ZPO, § 1042 Rn. 7.

215 *Wilske/Markert,* in: BeckOK-ZPO, § 1042 Rn. 23.

216 *Schlosser,* in: Stein/Jonas-ZPO, § 1042 Rn. 1. Eine Ausnahme von diesem Grundsatz können die ZPO-Vorschriften über das selbständige Beweisverfahren sein, siehe sogleich unten.

217 *Schlosser,* in: Stein/Jonas-ZPO, § 1042 Rn. 42.

218 *Wilske/Markert,* in: BeckOK-ZPO, § 1042 Rn. 24.

219 *Sachs/Lörcher,* in: Böckstiegel/Kröll/Nacimiento, § 1042 ZPO Rn. 41; *Wilske/Markert,* in: BeckOK-ZPO, § 1042 Rn. 27.

ausüben dürfen.[220] Es gilt das Subsidiaritätsprinzip, nach dem staatliche Gerichte nur tätig werden, wenn das Schiedsgericht die Handlung tatsächlich nicht selbst vornehmen kann.[221] Bei § 1050 sind das Schiedsgericht und die Parteien antragsbefugt. Für den Antrag einer Partei verlangt die Vorschrift ausdrücklich die Zustimmung des Schiedsgerichts.[222] Sinn und Zweck des Zustimmungserfordernisses ist, dem Schiedsgericht zu ermöglichen, Verzögerungstaktiken zu verhindern.[223] Die antragstellende Partei muss dem Schiedsgericht die Erforderlichkeit der Beweiserhebung glaubhaft darlegen. Das staatliche Gericht darf die Erforderlichkeit der Beweiserhebung sodann nicht erneut prüfen.[224] Lediglich die Zustimmung des Schiedsgerichts wird bei einem Parteiantrag als Zulässigkeitsvoraussetzung geprüft.[225] Das staatliche Gericht wendet selbstredend sein eigenes Verfahrensrecht an.[226] Das hat zur Konsequenz, dass die beantragte Unterstützungsmaßnahme nach deutschem Recht zulässig sein muss. Paradebeispiel einer unzulässigen Maßnahme ist nach der Gesetzesbegründung die Durchführung eines Urkundenbeweises nach US-amerikanischem Vorbild in Form der *Production of Documents*.[227] Schließlich ist das Schiedsgericht bei der Verwertung der gerichtlichen Unterstützungshandlung in seiner Entscheidung frei. Es ist nicht zwingend an das Ergebnis der Maßnahme gebunden. Die nach § 1050 ZPO vorgenommenen gerichtlichen Handlungen sind nicht Teil des Schiedsverfahrens. Ein Aufhebungsantrag nach § 1059 Abs. 2 Nr. 2 lit. d ZPO kann nicht mit Mängeln des Verfahrens nach § 1050 ZPO begründet werden.[228]

II. §§ 485–494 ZPO

Die Vorschriften über das selbständige Beweisverfahren sind für Schiedsgerichte analog anwendbar, sofern bei dem jeweiligen Schiedsgericht auch die Hauptsache anhängig ist.[229] Andernfalls folgt aus § 486 Abs. 2 bzw. 3 ZPO die Zuständigkeit staatlicher Gerichte.[230] Das Verfahren dient der Erhebung von Beweisen. Es verfolgt zwei Ziele: gefährdete Beweise zu sichern und gütliche Einigungen zu fördern, wodurch

---

220 *Münch*, in: MünchKomm-ZPO, § 1050 Rn. 1; *Wilske/Markert*, in: BeckOK-ZPO, § 1050 Rn. 1.

221 *Wilske/Markert*, in: BeckOK-ZPO, § 1050 Rn. 1; *Schlosser*, in: Stein/Jonas-ZPO, 1050 Rn. 11.

222 *Voit*, in: Musielak-ZPO, § 1050 Rn. 3.

223 BT-Drs. 13/5274, S. 51; *Wilske/Markert*, in: BeckOK-ZPO, § 1050 Rn. 7.

224 *Wilske/Markert*, in: BeckOK-ZPO, § 1050 Rn. 9.

225 *Voit*, in: Musielak-ZPO, § 1050 Rn. 3; *Wilske/Markert*, in: BeckOK-ZPO, § 1050 Rn. 9.

226 § 1050 S. 2 ZPO.

227 BT-Drs. 13/5274, S. 51.

228 *Schlosser*, in: Stein/Jonas-ZPO, § 1050 Rn. 21.

229 Vgl. § 486 Abs. 1 ZPO; *Voit* in, Musielak-ZPO, § 1042 Rn. 28.

230 *Voit*, in: Musielak-ZPO, § 1042 Rn. 28; *Baumbach/Lauterbach/Albers/Hartmann*, ZPO, § 486 Rn. 7.

Prozesse vermieden werden sollen.[231] Es handelt sich um ein streitiges Antragsverfahren, dessen Ablauf in den §§ 487 ff ZPO geregelt ist. Entscheidend für die Wirkungen des selbständigen Beweisverfahrens ist, ob der Gegner des Hauptprozesses angemessen beteiligt wurde. Falls er beteiligt wurde, steht die selbständige Beweiserhebung nach § 493 Abs. 1 ZPO einer Beweisaufnahme vor dem Prozessgericht gleich.[232] Ansonsten gilt § 493 Abs. 2 ZPO; die Beweise können im Hauptprozess nur benutzt werden, sofern die prozessualen Rechte des Gegners gewahrt wurden, er also insbesondere rechtzeitig geladen wurde.[233] Aus dem Wortlaut von § 493 ZPO folgt, dass zwischen dem selbständigen Beweisverfahren und dem Hauptprozess Parteiidentität bestehen muss.[234]

III. § 363 ZPO

Die Beweisaufnahme im Ausland ist in § 363 ZPO geregelt. Die Vorschrift ist auf das Schiedsverfahren nicht unmittelbar anwendbar und es bedarf ihrer auch nicht. § 363 ZPO dient der Durchsetzung des Grundsatzes, dass die Beweisaufnahme unmittelbar vor dem Prozessgericht stattfinden soll.[235] Ein internationales Schiedsgericht kann hierbei freier agieren als ein staatliches Gericht. Sofern sich Beweise im Ausland befinden und nicht zum Sitz des Gerichts gebracht werden können, kann das Schiedsgericht anordnen, einen Termin zur Beweisaufnahme am Ort des Beweises durchzuführen. Die fehlende Hoheitsbefugnis von Schiedsgerichten reicht hier zu ihrem Vorteil. Aufgrund völkerrechtlicher Souveränität kann ein staatliches Gericht hingegen nicht ohne weiteres eine Beweisaufnahme im Hoheitsgebiet eines anderen Staates abhalten. § 363 ZPO hilft unter den genannten Voraussetzungen weiter.[236]

Im Zusammenhang mit § 363 ZPO sind ferner stets die sog. Europäische Beweisverordnung (EuBeweisVO)[237] und das Haager Übereinkommen über die Beweisaufnahme im Ausland in Zivil- oder Handelssachen (HBÜ)[238] zu beachten. Nach wohl h.M. sind die EuBeweisVO und das HBÜ fakultativ und aus staatlicher Sicht somit

---

231 *Leipold*, in: Stein/Jonas-ZPO, Vor § 485 Rn. 1; *Schreiber*, in: MünchKomm-ZPO, § 485 Rn. 1; *Rollin*, Ausländische Beweisverfahren, 118.

232 *Rollin*, Ausländische Beweisverfahren, 119.

233 *Leipold*, in: Stein/Jonas-ZPO, § 493 Rn. 12 f.

234 *Leipold*, in: Stein/Jonas-ZPO, § 493 Rn. 8. U.a. hierdurch unterscheidet sich das selbständige Beweisverfahren nach §§ 485 ff ZPO erheblich von dem Rechtshilfeverfahren nach 28 U.S.C. § 1782. Vgl. unten § 4 B VI.

235 *Heinrich*, in: MünchKomm-ZPO, § 363 Rn. 1.

236 Siehe ausführlich zum Verfahren nach § 362 ZPO: *Berger*, in: Stein/Jonas-ZPO, § 363 Rn. 1 ff.

237 Verordnung (EG) Nr. 1206/2001 des Rates vom 28. Mai 2001 über die Zusammenarbeit zwischen den Gerichten der Mitgliedstaaten auf dem Gebiet der Beweisaufnahme in Zivil- oder Handelssachen, L 174/1.

238 Haager Übereinkommen über die Beweisaufnahme im Ausland in Zivil- oder Handelssachen vom 18. März 1970", BGBl. 1977 II S. 1472.

parallel zu § 363 ZPO möglich.[239] Allerdings sind diese Rechtshilfeverfahren für die Schiedsgerichtsbarkeit nicht unmittelbar anwendbar. Schiedsgerichte sind weder im Rahmen der EuBeweisVO noch des HBÜ antragsbefugt.[240] Hier führt der Weg nur mittelbar über die staatlichen Gerichte nach § 1050 ZPO.[241]

IV. Strengere Substantiierungspflicht als im US-amerikanischen Recht

Schließlich soll kurz auf das Spannungsfeld zwischen der Beweisaufnahme im Civil Law und im Common Law eingegangen werden. Im Zivilverfahren der ZPO gilt die Substantiierungspflicht.[242] Parteien haben die für sie vorteilhaften Tatsachen begründet darzulegen und zu beweisen. Das unterscheidet sich wesentlich vom Konzept des *Notice pleadings* im US-amerikanischen Common Law.[243] Denn bei diesem müssen nur die groben Eckpunkte der Klage vorgebracht werden. Erfüllt eine Partei demgegenüber in einem deutschen Prozess ihre Substantiierungsplicht nicht, verliert sie diesen im Zweifel. Treffend formulierte dazu der BGH den Grundsatz: *„[K]eine Partei ist gehalten, dem Gegner für seinen Prozeßsieg das Material zu verschaffen, über das er nicht schon von sich aus verfügt"*.[244] Zwar kennt dieser Grundsatz auch Ausnahmen: So kann der Gegner in bestimmten Fällen zur Dokumentenvorlage bestimmt werden. Eine solche Möglichkeit stellt § 421 ZPO dar. Die Vorschrift lautet: *„Befindet sich eine Urkunde nach der Behauptung des Beweisführers in den Händen des Gegners, so wird der Beweis durch den Antrag angetreten, dem Gegner die Vorlegung der Urkunde aufzugeben."*[245] Die Vorschrift greift jedoch nur ein, wenn der beantragenden Partei ein entsprechender materieller Herausgabeanspruch zusteht (§ 422 ZPO) oder die gegnerische Partei sich selbst bereits auf die Urkunde berufen hat (§ 423 ZPO).

Seit der ZPO-Reform im Jahre 2002 etwas offener gefasst ist dagegen die Ausnahme in § 142 ZPO. Diese lautet: *„Das Gericht kann anordnen, dass eine Partei oder ein Dritter die in ihrem oder seinem Besitz befindlichen Urkunden oder sonstigen*

---

239 Vgl zur Frage der fakultativen oder obligatorischen Anwendbarkeit: *Bach*, in: BeckOK-ZPO, § 363 Rn. 7 f.

240 Für die EuBeweisVO siehe *Rauscher*, in: MünchKomm-ZPO, § 1072 Rn. 1; sowie die Rechtsprechung des EuGH zu Art. 267 AEUV, EuGH NJW 1982, 1207 (*Nordsee Deutsche Hochseefischerei gegen Reederei Mond*); EuGH EuZW 2005, 319 (*Denuit und Cordenier gegen Transorient*); EuGH EuZW 2014, 301 (*Merck Canada Inc. gegen Accord Health Ltd. ua*). Für das HBÜ siehe *Berger*, in: Stein/Jonas-ZPO, Anhang zu § 363 Rn. 21.

241 *Schlosser*, in: Stein/Jonas-ZPO, § 1050 Rn. 24.

242 Vgl. BGH NJW 1962, 1394.

243 Siehe oben § 2 C.

244 BGH NJW 1958, 1491, 1492; 1990, 3151, 351; vgl auch *Kraayvanger/Hilgard*, NJ 2003, 572, 572.

245 § 421 ZPO.

Unterlagen, auf die sich eine Partei bezogen hat, vorlegt".[246] Einschränkende Voraussetzungen wie in §§ 422, 423 ZPO gelten nicht.[247] Dadurch ist die Neuregelung teilweise in Verdacht geraten, eine Art *Discovery*-Verfahren in den deutschen Zivilprozess einzuführen.[248] Nach dem ausdrücklichen Willen des Gesetzgebers ist das Verfahren jedoch nicht mit der US-amerikanischen *Discovery* vergleichbar.[249] § 142 ZPO begründet nämlich nicht automatisch einen Anspruch der Partei, sondern legt die Entscheidung über eine etwaige Vorlagepflicht ins Ermessen des Gerichts. Als Korrektiv für die abgesetzten Voraussetzungen soll das Gericht dieses Ermessen besonders restriktiv ausüben, um insbesondere eine Ausforschung der anderen Partei (wie sie für eine *Discovery* kennzeichnend wäre) zu verhindern.[250] Dementsprechend wird die Regelung seither in der Praxis auch nur äußerst zurückhaltend angewendet.[251]

Insgesamt bestehen wesentliche Unterschiede hinsichtlich der Substatiierungspflicht im deutschen und US-amerikanischen Recht. Das deutsche Recht verlangt die begründete Darlegung aller vorteilhafter Tatsachen, während es im US-amerikanischen Recht genügt, die groben Eckpunkte der Klage vorzutragen.

D. IBA Rules of Evidence

Bei Beweisverfahren in internationalen Rechtsstreitigkeiten werden die unterschiedlichen Ansätze des Civil Law und des Common Law besonders deutlich. Während das Civil Law das Beweisverfahren der Herrschaft des Richters unterstellt, obliegt die Durchführung der *Discovery* im Common Law den Parteien. Vor staatlichen Gerichten wirken sich diese Unterschiede auch bei Auslandsbezug nicht aus, denn das Gericht wendet sein eigenes Beweisverfahrensrecht an. In der internationalen Schiedsgerichtsbarkeit steht es den Parteien jedoch frei, das anwendbare Beweisverfahren selbst zu bestimmen. Treffen sie keine Vereinbarung, steht das Beweisverfahren im Ermessen der Schiedsrichter. Hier wirken sich die Unterschiede aus.

Deswegen hat die International Bar Association, die internationale Rechtsanwaltsvereinigung, bereits 1999 eine erste Rechtsvereinheitlichung auf dem Gebiet entwickelt.[252] Im Jahr 2010 sind die „International Bar Association Rules on the Taking of Evidence in International Arbitration" (IBA Rules of Evidence) überarbeitet worden. Die IBA Rules of Evidence stellen einen Kompromiss zwischen Common Law- und Civil Law-Beweisregeln dar.[253] Es ist allgemein anerkannt, dass sie die in

---

246 § 142 Abs. 1 S. 1 ZPO.

247 BGH NJW 2007, 2989, 2991; *Stadler*, in: Musielak, ZPO, § 142 Rn. 7.

248 Vgl. *Gruber/Kießling*, ZZP 116 (2003), 305, 306.

249 BT-Drucks. 14/6036, S. 120; *Hilgard*, SchiedsVZ 2008, 122, 124.

250 BGH NJW 2007, 2989, 2992; BT-Drucks. 14/6036, S. 120 f.

251 *Triebel/Zons*, IDR 2002 (RIW-Beilage 3 zu Heft 12/2002), 26, 28.

252 IBA Rules on the Taking of Evidence in International Commercial Arbitration, verabschiedet vom IBA Council im Juni 1999; veröffentlicht in: *Schwab/Walter*, Schiedsgerichtsbarkeit, Anhang C.

253 *Kühner*, 27 J. Int.'l Arb. 667, 667 (2010).

internationalen Schiedsverfahren geltenden Beweisgrundsätze wiedergeben.[254] Es handelt sich bei ihnen um ein unverbindliches Regelwerk (*Soft law*), eine Art Empfehlung, wie die Beweisaufnahme in internationalen Schiedsverfahren ablaufen soll. Sie gelten nicht aus sich selbst heraus, sondern nur im Falle eines separaten Anwendungsbefehls. Dieser Anwendungsbefehl kann in einer Vereinbarung der Parteien oder einer einseitigen Anordnung des Schiedsgerichts bestehen.[255] Daneben kommt in Betracht, dass das Schiedsgericht lediglich festlegt, sich bei der Beweisaufnahme an den IBA Rules of Evidence orientieren zu wollen, ohne in allen Einzelfällen daran gebunden zu sein.[256] Dadurch entsteht für das Schiedsgericht zwar Flexibilität, die Parteien sind aber einer größeren Unvorhersehbarkeit ausgesetzt.

Art. 1 und 2 der IBA Rules of Evidence regeln deren Anwendungsbereich sowie die vorbereitende Beratung zur Beweisaufnahme. Das Beweisverfahren selbst wird in den Art. 3–7 der IBA Rules of Evidence behandelt. Art. 3 enthält Regelungen zur Dokumentenvorlage; Art. 4 zum Zeugenbeweis; Art. 5 und 6 zum Sachverständigenbeweis; und Art. 7 zum Augenschein. In Art. 8 und 9 der IBA Rules of Evidence ist schließlich die Beweisverhandlung, die Zulässigkeit von Beweisen sowie die Beweiswürdigung geregelt.

Hervorzuheben, weil später darauf einzugehen sein wird,[257] ist die Dokumentenvorlage.[258] Art. 3 der IBA Rules of Evidence stellt in 14 Unterabschnitten detaillierte Regelungen zur Dokumentenvorlage auf. Darin wird der Kompromissgedanke deutlich. So hat eine Partei nach Unterabsatz 1 „dem Schiedsgericht und der anderen Partei sämtliche Dokumente einzureichen, auf die sie sich stützt und über die sie verfügt" (Common Law-Ansatz). Unterabsatz 2 gibt jeder Partei sogar das Recht von der anderen Partei die Vorlegung von Dokumenten beim Schiedsgericht zu beantragen. Einschränkend muss ein solcher Antrag jedoch den relativ strengen Voraussetzungen des Unterabsatzes 3 genügen (Civil Law-Ansatz). Schließlich besteht nach Unterabsatz 9 sogar die Möglichkeit, mit Unterstützung bzw. Zustimmung des Schiedsgerichts Dokumente von verfahrensunbeteiligten Dritten beizutreiben.[259] Mit dieser Regelung ist im internationalen Schiedsrecht eine Lösung vorhanden, wie sowohl aus Sicht US-amerikanischer Gerichte als auch aus Sicht von Schiedsgerichten mit Parteianträgen nach 28 U.S.C. § 1782 umgegangen werden kann und sollte.[260]

---

254 *Cohen-Kläsener/Dolgorukow*, SchiedsVZ 2010, 302, 302; *Raeschke-Kessler/Berger*, Recht und Praxis des Schiedsverfahrens, Rz. 671.
255 *Schütze*, Schiedsgericht und Schiedsverfahren, Rn. 340.
256 *Sachs*, SchiedsVZ 2003, 193, 196.
257 Siehe unten § 9 G.
258 Für eine ausführliche Darstellung von Art. 3 siehe *O'Malley*, 27 Int. Arb. L. Rev. 186 (2010).
259 *Zuberbühler u.a.*, IBA Rules of Evidence-Commentary, Rn. 206 ff.
260 Siehe unten § 8 C I.

E. Vergleich der internationalen Handelsschiedsgerichtsbarkeit und der Investitionsschutzschiedsgerichtsbarkeit

I. Investitionsschutzschiedsgerichtsbarkeit – Überblick

Wenn auch nicht grundlegend verschieden, so bestehen dennoch Unterschiede im Ablauf der Beweisverfahren in der bisher behandelten Handelsschiedsgerichtsbarkeit und der Investitionsschutzschiedsgerichtsbarkeit. Letztere ist im Vergleich zur Handelsschiedsgerichtsbarkeit ein noch relativ junges Rechtsgebiet. Die Investitionsschutzschiedsgerichtsbarkeit wurzelt als Streitschlichtungsverfahren in bilateralen und multilateralen Investitionsschutzabkommen. Diese gibt es in derzeit bekannter Form seit Ende der 1950er-Jahre.[261] Das erste moderne bilaterale Investitionsschutzabkommen schlossen die Bundesrepublik Deutschland und Pakistan im Jahr 1959 ab.[262] Im November 2014 bestehen 129 solcher Verträge mit Deutschland.[263] Die prominentesten multilaterale Investitionsschutzabkommen sind das „Übereinkommen zur Beilegung von Investitionsstreitigkeiten zwischen Staaten und Angehörigen anderer Staaten" (ICSID-Übereinkommen oder Washington Übereinkommen) vom 18. März 1965,[264] der „Energiecharter-Vertrag (Energy Charter Treaty, ECT) vom 17. Dezember 1994[265] und das „Nordamerikanische Freihandelsabkommen" (North America Free Trade Agreement, NAFTA) vom 01. Januar 1994.[266] Seit dem Vertrag von Lissabon[267] ist die Kompetenz zum Abschluss solcher Verträge

---

261 Vorgänger der der modernen Investitionsschutzabkommen waren sog. „Freundschafts-, Handels-, und Schiffahrtsverträge" *(Treaty of Friendship, Commerce and Navigation)* wie der zwischen der Bundesrepublik Deutschland und den Vereinigten Staaten von Amerika vom 29.10.1954, BGBl. 1956 II S. 487.

262 Vertrag zwischen der Bundesrepublik Deutschland und Pakistan zur Förderung und zum Schutz von Kapitalanlagen vom 25.11.1959, BGBl. 1961 II S. 793.

263 Siehe die Übersicht über die bilateralen Investitionsförderungs- und -schutzverträge (IFV) der Bundesrepublik Deutschland des Bundesministeriums für Wirtschaft und Energie vom 14.05.2014, veröffentlicht unter http://www.bmwi.de/DE/Themen/Aussenwirtschaft/Investitionsschutz/investitionsschutzvertraege.html (zuletzt abgerufen am 24.12.2015).

264 „Übereinkommen zur Beilegung von Investitionsstreitigkeiten zwischen Staaten und Angehörigen anderer Staaten" (ICSID-Übereinkommen oder Washington Übereinkommen) vom 18. März 1965, BGBl. 169 II S. 369.

265 „Vertrag über die Energiecharta" vom 17. Dezember 1994 (BGBl. 1997 II S. 5).

266 „North America Free Trade Agreement" vom 01. Januar 1994, veröffentlicht unter https://www.nafta-sec-alena.org/Default.aspx?tabid=97&language=en-US (zuletzt abgerufen am 24.12.2015).

267 Durch den Vertrag von Lissabon erstreckt sich die gemeinsame Handelspolitik der EU seit dem 01.12.2009 auch auf ausländische Direktinvestitionen, so dass dieses gemäß Art. 3 Abs. 1 lit. e AEUV in die ausschließliche Kompetenz der Union fallen; *Calliess*, in: Calliess/Ruffert, EUV/AEUV, Art. 3 AEUV Rn. 14.

auf die Europäische Union übergegangen. Diese verhandelt gegenwärtig ein Freihandelsabkommen mit Kanada (Comprehensive Economic and Trade Agreement, CETA) und eines mit den Vereinigten Staaten (Transatlantisches Freihandelsabkommen, Transatlantic Trade and Investment Partnership, TTIP).

Investitionsschutzstreitigkeiten stammen aus der Beeinträchtigung oder Vereitelung der Investition eines ausländischen Investors im Gastland. Die Beeinträchtigung kann dabei jede Form haben, wie etwa eine veränderte Gesetzeslage zum Nachteil des Investors oder eine enteignungsgleiche Maßnahme. Charakteristikum ist, dass Investitionen aufgrund einseitiger staatlicher Maßnahmen außerhalb der konkreten Investitionsvereinbarung rechtlich oder tatsächlich erschwert oder zunichte gemacht werden.[268] Die Gefahr solcher Maßnahmen begründet ein erhöhtes Schutzbedürfnis von Investoren, die im Gastland unbekannten Rechtssystemen und politischen Situationen unterworfen sind.

Vor der Investitionsschutzschiedsgerichtsbarkeit wurden Rechtsstreitigkeiten in diesem Bereich auf diplomatischem Wege gelöst.[269] Fühlte sich ein ausländischer Investor in seinem Gastland in seinen Rechten verletzt, wandte er sich an seinen Heimatstaat und bat diesen, zu vermitteln bzw. einzuschreiten. Ob der Heimatstaat dem Rechtshilfegesuch seines Bürgers nachkam oder nicht, war eine politische Entscheidung. Zwar hätte sich der Investor meist auch an die Gerichte seines Gaststaates wenden können. Das war jedoch unter Gesichtspunkten der Rechtsstaatlichkeit insbesondere für Investoren aus Europa und den Vereinigten Staaten eine kaum hinnehmbare Lösung. Die Investoren konnten nicht darauf vertrauen, von den lokalen Gerichten in einem Verfahren, indem sie den Gaststaat verklagen, fair behandelt zu werden. Deswegen enthalten die meisten Investitionsschutzabkommen, bilateral sowie multilateral, heute neben den materiellen Regelungen zum Schutz der Investoren Verfahrensregelungen zu deren Durchsetzung.[270] Meist handelt es sich um Schiedsvereinbarungen.

II. Gemeinsamkeiten

Von den zahlreichen Gemeinsamkeiten der Investitionsschutzschiedsgerichtsbarkeit und der Handelsschiedsgerichtsbarkeit sollen in dieser Arbeit nur wenige aufgegriffen werden. Zunächst haben beide Arten der Schiedsgerichtsbarkeit gemein, dass sie nur aufgrund staatlicher Legitimation existieren können. Für Investitionsschutzschiedsverfahren ergibt sich das unmittelbar aus den Schiedsklauseln in den BIT's. Es kann kein Schiedsverfahren geben, ohne dass ein Staat in einer Schiedsklausel seine Zustimmung erklärt hat. In diesem Sinne sind Investitionsschutzverfahren

268 *Böckstiegel*, Aktuelle Probleme der Investitions-Schiedsgerichtsbarkeit aus der Sicht eines Schiedsrichters, SchiedsVZ 2012, 113, 114 f.

269 *Bishop/Crawford/Reisman*, Foreign Investment Disputes, 1.

270 *Semler*, SchiedsVZ 2003, 97, 98.

„state-sponsored".[271] Ebenso gibt es die internationale Handelsschiedsgerichtsbarkeit nur aufgrund staatlicher Verankerung. Ein Schiedsverfahren kann nur in einem Staat stattfinden, der dies auch erlaubt. Die gesetzliche Grundlage hierzu ist die sog. *lex arbitri.* Es handelt sich um das nationale Recht eines Staates, in Deutschland das 10. Buch der ZPO.

Zweitens erlangen alle Schiedsgerichte ihre Kompetenz, über einen Rechtsstreit zu entscheiden, auf die gleiche Art und Weise: nämlich aus der Parteivereinbarung. Diese kommt nach deutschem Rechtsverständnis klassisch durch Angebot und Annahme zustande. In der Handelsschiedsgerichtsbarkeit schließen die Parteien unstreitig auf diese Art ihre Schiedsvereinbarung ab. Für die Investitionsschutzschiedsgerichtsbarkeit ist die dogmatische Begründung etwas aufwendiger, im Ergebnis kann die Schiedsklausel aber nur auf dieselbe Art und Weise zustande kommen. Bei Abschluss eines BITs stimmen beide Staaten wechselseitig zu, mit einem Investor aus dem jeweils anderen Staat ein Schiedsverfahren zu führen. Sie geben also ihr Angebot ab, indem die Vorschrift zur Streitbeilegung in den BIT aufgenommen wird. Dieses Angebot nimmt ein Investor an, indem er Schiedsklage einreicht.

Schließlich bietet die Investitionsschutzschiedsgerichtsbarkeit wie auch die Handelsschiedsgerichtsbarkeit einen neutralen Boden mit beiderseitig akzeptierten Verfahrensregeln und dient somit im Vorfeld dem Vertrauen des möglichen Investors. In der Handelsschiedsgerichtsbarkeit geht es um das wechselseitige Vertrauen der Parteien in das Gericht, das ihren Rechtsstreit entscheidet.

III. Unterschiede

Ebenso wie bei den Gemeinsamkeiten wird nur auf einige der Unterschiede eingegangen. Hier sei zunächst die Bestimmung des anwendbaren Rechts genannt. In Handelsschiedsverfahren ergibt sich das anwendbare Recht aus der Vereinbarung der Parteien. Dies gilt sowohl für das materielle Recht als auch für das Verfahrensrecht (unmittelbar gewählt oder mittelbar über den Sitz des Schiedsverfahren bestimmt). Im Gegensatz dazu ist das materiell anwendbare Recht in Investitionsschutzstreitigkeiten der BIT. Dieser enthält diverse materiell-rechtliche Garantien, wie zum Beispiel Meistbegünstigungsklauseln *(Most-favored nation clauses)* oder Bestimmungen zur fairen und gerechten Behandlung *(Fair and equitable treamtent).*

Zweitens unterscheidet sich die Vollstreckung von Investitionsschutzschiedssprüchen, die in einem Verfahren unter den ICSID Arbitration Rules stattfinden, grundlegend von der Vollstreckung anderer Schiedssprüche.[272] ICSID-Schiedssprüche sind sofort vollstreckbar wie letztinstanzliche Urteile eines staatlichen Gerichts.[273]

---

271 Vgl. zum im hier verwendeten Sinn durchaus schwierigen Begriff *„state sponsored"* unten § 6 B I.

272 *Born*, Int. Arbitration: Law and Practice (2012), 437.

273 *Happ*, in: Schütze, Institutionelle Schiedsgerichtsbarkeit, ICSID Arbitration Rules, Rule 54, Rn. 1.

Die Vollstreckung kann lediglich nach Art. 54 der ICSID Arbitration Rules einstweilen ausgesetzt werden, solange ein Anschlussverfahren nach Art. 51 oder 52 der ICSID Arbitration Rules geführt wird.[274] Hingegen richtet sich die Anerkennung und Vollstreckung anderer Schiedssprüche nach der *United Nations Convention on the Recognition and Enforcement of Foreigen Arbitral Awards von 1958* (New York Convention).[275] Nach dieser erkennen die Mitgliedsstaaten Schiedsvereinbarungen von Parteien aus anderen Mitgliedsstaaten (Art. II New York Convention) sowie danach ergangenen Schiedssprüche (Art. III New York Convention) wechselseitig an.[276] Die Vollstreckbarerklärung eines Schiedsspruchs kann nur unter einem der abschließenden Gründe in Art. V der New York Convention versagt werden.[277] Bei diesen Gründen handelt es sich um das Fehlen objektiver und subjektiver Schiedsfähigkeit, die Ungültigkeit der Schiedsvereinbarung, die Verletzung rechtlichen Gehörs, die fehlende Deckung des Schiedsspruchs durch die Schiedsvereinbarung, Verfahrensfehler, die Aufhebung im Erlassstaat vor Verbindlichkeit des Schiedsspruchs sowie den Verstoß gegen den ordre pulic.[278] Investitionsschutzschiedssprüche, die nicht nach den ICSID Arbitration Rules ergehen, werden auch nach der New York Convention vollstreckt.

Schließlich ist Transparenz ein wesentliches Unterscheidungsmerkmal. Eng zusammenhängend hiermit sind in diesem Kontext die Begriffe „Nichtöffentlichkeit“ und „Vertraulichkeit“.[279] Der Nichtöffentlichkeitsgrundsatz im Schiedsverfahren besagt zunächst, dass verfahrensfremde Dritte an der Schiedsverhandlung nicht teilnehmen dürfen und auch keinen Zugang zu Verfahrensakten haben.[280] Darüber hinaus bedeutet Vertraulichkeit eines Schiedsverfahrens, dass weder Parteien noch Schiedsrichter Dritten inhaltlich aus dem Schiedsverfahren bzw. ggf. noch nicht einmal von der bloßen Existenz des Schiedsverfahrens berichten dürfen.[281] Nachdem

---

274 Bei den Anschlussverfahren handelt es sich um Verfahren zur Auslegung des Schiedsspruchs, zur Wiederaufnahme und zur Aufhebung.

275 Im deutschen Recht gilt die New York Convention für die Anerkennung und Vollstreckung ausländischer Schiedssprüche ausdrücklich nach § 1061 ZPO.

276 Vgl. insgesamt zur New York Convention: *Kronke/Nacimiento et. al.*, Recognition and Enforcement of Foreign Arbitral Award: A Global Commentary on the New York Convention, 2010; *Lachmann*, Schiedsgerichtspraxis, Rn. 2502–2776.

277 *Lachmann*, Schiedsgerichtspraxis, Rn. 2550.

278 Art. V New York Convention. Insbesondere zum order public vertritt der BGH die Auffassung, dass die Durchführung einer US-amerikanischen *Discovery* im Schiedsverfahren für sich noch keinen Verstoß gegen den deutschen ordre public begründet; BGHZ 118, 312, 323 ff.

279 Siehe zu diesem Thema: *Leisinger*, Vertraulichkeit in internationalen Schiedsverfahren, Nomos 2012; *Sawang*, Geheimhaltung und rechtliches Gehör im Schiedsverfahren nach deutschem Recht, Mohr Siebeck 2010; *Holder*, Vertraulichkeit im Schiedsverfahren nach deutschem Recht, Peter Lang 2009.

280 *Holder*, Vertraulichkeit im Schiedsverfahren nach deutschem Recht, 17.

281 *Leisinger*, Vertraulichkeit in internationalen Schiedsverfahren, 38.

jahrelang die Auffassung herrschte, dass Schiedsverfahren stets vertraulich seien, scheint sich mittlerweile die Auffassung durchzusetzen, dass Schiedsverfahren grds. nur nicht-öffentlich sind.[282] Vertraulichkeit setzt eine explizite Vereinbarung der Parteien voraus. Das Gegenstück zu Nichtöffentlichkeit und Vertraulichkeit ist Transparenz.[283] Allerdings bedeutet Transparenz (noch) nicht Öffentlichkeit. Transparenz meint, dass die einzelnen Verfahrensschritte, wie z.B. die Schriftsätze oder die verfahrensleitenden Verfügungen, öffentlich zugänglich gemacht werden. Das Verfahren selbst findet jedoch regelmäßig weiterhin unter Ausschluss der Öffentlichkeit statt.

Internationale Handelsschiedsverfahren bieten sowohl Nichtöffentlichkeit als auch Vertraulichkeit. Beides gilt weiterhin als wichtiger Grund dafür, die Schiedsgerichtsbarkeit als Konfliktlösungsmethode zu wählen.[284] Für Investitionsschutzschiedsgerichte treffen regelmäßig weder multilaterale Abkommen noch BITs eine Aussage über Vertraulichkeit. In der Praxis sind Investitionsschutzschiedsverfahren transparent. Das wird zum einen daran deutlich, dass die meisten Schiedssprüche aus diesem Bereich veröffentlicht werden.[285] Häufig werden sogar die Schriftsätze der Parteien öffentlich zugänglich gemacht. Es herrscht bereits heute Transparenz im oben beschriebenen Sinne. Zum anderen besteht ein Trend zu noch stärkerer Transparenz, der insbesondere durch die neuen „UNCITRAL-Transparenzregeln" deutlich wird.[286] Diese gelten mangels gegenteiliger Parteivereinbarung für alle auf den Abkommen basierenden Rechtsstreitigkeiten, die seit dem 01.04.2014 geschlossen wurden.[287] Inhaltlich gehen die UNCITRAL-Transparenzregeln noch einen Schritt über die Transparenz im obigen Sinne hinaus und sehen auch die grds. Öffentlichkeit der mündlichen Verhandlung vor.[288] Die Transparenz in Investitionsschutzschiedsverfahren gegenüber der Nichtöffentlichkeit bzw. Vertraulichkeit in Handelsschiedsverfahren ist wahrscheinlich der bemerkenswerteste Unterschied zwischen den beiden Schiedsverfahrensarten.[289]

---

282 Siehe *Lachmann*, Schiedsgerichtspraxis, Rn. 146; *Nacimiento*, BB-Beilage Nr. 6 (zu Heft 31, 2001), 7, 8; *Bulgarian Foreign Trade Bank Ltd. v. A.I. Trade Finance Inc.*, Högsta Domstolen, 27.10.2000, XXVI YCA 291–298 (2001); *Esso Australia Resources Ltd. v. Plowmann*, 7. April 1995, 11 Arbitration International 235–264 (1995).

283 Im deutschen Recht verkörpert durch den Öffentlichkeitsgrundsatz in § 169 GVG.

284 *Böckstiegel*, 28 Arbitration International 577, 585 (2012).

285 Siehe z.B. www.italaw.com (zuletzt abgerufen am 24.12.2015).

286 „UNCITRAL Rules on Transparency in Treaty-based Investor-State Arbitration" vom 01.04.2014, veröffentlicht unter http://www.uncitral.org/uncitral/uncitral_texts/arbitration/2014Transparency.html (zuletzt abgerufen am 24.12.2015).

287 Auf Abkommen, die vor dem 01.04.2014 geschlossen wurden, sind die Transparenzregeln nur bei einer Parteivereinbarung anwendbar.

288 Art. 6 UNCITRAL-Transparenzregeln; *Buntenbroich/Kaul*, SchiedsVZ 2014, 1, 8.

289 So auch *Böckstiegel*, 28 Arbitration International 577, 586 (2012).

F. Zusammenfassung

Das Beweisverfahren im internationalen Schiedsrecht folgt weltweit einer grds. Struktur: Im Ausgangspunkt ist die Parteivereinbarung entscheidend. Die Schiedsparteien können weitgehend frei wählen, wie sie ihr Beweisverfahren gestalten wollen. Nur wenn keine Parteivereinbarung vorliegt, steht das Beweisverfahren im Ermessen des Schiedsgerichts.

Im US-amerikanischen Recht ist das Beweisverfahren in 9 U.S.C. § 7 geregelt, im deutschen Recht sind die Vorschriften der ZPO ausschlaggebend. International von enormer Bedeutung ist die Rechtsvereinheitlichung auf diesem Gebiet in den IBA Rules of Evidence. Diese sehen inbesondere in Art. 3 eine Regelung vor, die im Kontext von 28 U.S.C. § 1782 passend erscheint. Schließlich sind für das Rechtshilfeverfahren Handelsschiedsgerichte und Investitionsschutzschiedsgerichte zu unterscheiden.

§ 4. Das internationale Rechtshilfeverfahren nach 28 U.S.C. § 1782

Das US-amerikanische Recht kennt in 28 U.S.C. § 1782 ein selbständiges Rechtshilfeverfahren in Beweissachen. In der aktuellen Fassung lautet die Norm:

„§ 1782. Assistance to foreign and international *tribunals and to litigants before such tribunals*[290]

(a) The district court of the district in which a person resides or is found may order him to give his testimony or statement or to produce a document or other thing for use in a proceeding in a foreign or international tribunal, including criminal investigations conducted before formal accusations. The order may be made pursuant to a letter rogatory issued, or request made, by a foreign or international tribunal or upon the application of any interested person and may direct that the testimony or statement be given, or the document or other thing be produced, before a person appointed by the court. By virtue of his appointment, the person appointed has power to administer any necessary oath and take the testimony or statement. The order may prescribe the practice and procedure, which may be in whole or part the practice and procedure of the foreign country or the international tribunal, for taking the testimony or statement or producing to document or other thing. To the extent that the order does not prescribe otherwise, the testimony or statement shall be taken, and the document or other thing produced, in accordance with the Federal Rules of Civil Procedure.

A person may not be compelled to give his testimony or statement or to produce a document or other thing in violation of any legally applicable privilege.

(b) This chapter [28 U.S.C.S §§ 1781 et seq.] does not preclude a person within the United States from voluntarily giving his testimony or statement, or producing a document or other thing, for use in the proceeding in a foreign or international tribunal before any person and in any manner acceptable to him".

Auf Deutsch lautet die Vorschrift:

„§ 1782: Hilfeleistung an ausländische und international Gerichte und an Parteien vor solchen Gerichten.

(a) Der District Court des Gerichtsbezirks, in welchem eine Person wohnt oder sich aufhält kann diese Person anordnen, für die Verwendung in einem Verfahren vor einem ausländischen oder internationalen gerichtlichen Verfahren, einschließlich eines strafrechtlichen Ermittlungsverfahrens vor *einer förmlichen Anklage, eine*

290 United States Code (1996), Title 28, Part V, Chapter 117, § 1782.

Zeugenaussage abzugeben oder Urkunden oder andere Gegenstände vorzulegen. Eine solche Anordnung kann aufgrund eines Rechtshilfeersuchens eines ausländischen oder internationalen Gerichts oder auf Antrag jeder interessierten Person ergehen und kann bestimmen, dass das Zeugnis oder die Vorlage einer Urkunde oder einer Sache gegenüber einer vom Gericht zu bestellenden Person zu erfolgen hat. Kraft dieser Bestellung ist die Person dazu befugt, jeden erforderlichen Eid abzunehmen sowie das Zeugnis aufzunehmen. Der Beschluss kann das für das Zeugnis oder die Vorlage von Urkunden oder Sachen anzuwendende Verfahren bestimmen, welches sich ganz oder teilweise nach dem Recht des ausländischen Staates oder des internationalen Gerichts richten kann. Soweit nichts anderes bestimmt ist, erfolgen das Zeugnis oder die Vorlage von Urkunden oder Sachen nach den Vorschriften der Federal Rules of Civil Procedure.

Soweit dies gegen irgendein anwendbares Zeugnisverweigerungsrecht verstoßen würde, kann niemand zum Zeugnis oder zur Vorlage einer Urkunde oder Sache gezwungen werden.

(b) Dieses Kapitel [28 U.S.C.S §§ 1781 ff.] hindert keine Person daran, die sich in den Vereinigten Staaten aufhält, freiwillig ihre Zeugenaussage abzugeben oder Urkunden oder andere Gegenstände vorzulegen, für die Verwendung in einem Verfahren vor einem ausländischen oder internationalen Gericht, vor jeder Person und in jeder für sie akzeptablen Art und Weise.“

Mit dieser Norm kennt das US-amerikanische internationale Prozessrecht eine der weltweit großzügigsten Regelungen bezüglich grenzüberschreitender Beweishilfe.[291] Die Vorschrift bringt die hohe Wertschätzung zum Ausdruck, die das US-amerikanische Rechtssystem seinem eigenen Prozessrecht, insbesondere der *Discovery*, entgegenbringt.[292] Hierfür spricht bereits die offizielle Gesetzesbegründung, nach der es Ziel der Norm ist, andere Staaten anzuhalten, ihre Beweisvorschriften den US-amerikanischen Vorschriften anzupassen.[293] Man kann aber auch sagen: Die Vorschrift verkörpert US-amerikanischen Rechtsimperialismus.

Im Folgenden soll das Rechtshilfeverfahren nach 28 U.S.C. § 1782 vorgestellt werden. Dazu wird zunächst auf die Entstehungsgeschichte der Norm eingegangen (A). Daran anschließend werden die einzelnen Tatbestandsmerkmale von 28 U.S.C. § 1782 (B) sowie dessen Rechtsfolge (C) beschrieben. Außerdem werden mögliche Rechtsbehelfe dargestellt (D). Schließlich sollen die Kosten eines Rechtshilfeantrags behandelt werden (E).

291 Vgl. *Steinbrück*, IPrax 2008, 448, 448. Zur Rechtshilfe bezüglich Verfahren in Deutschland siehe *Schaner/Scarbrough*, AnwBl 2012, 320.

292 Vgl. *Martinez-Fraga*, SchiedsVZ 2010, 85 – der 28 U.S.C. § 1782 als den „wohl herausragendsten, wesentlichsten und spezifisch US-amerikanischen Beitrag zum internationalen Verfahrensrecht“ beschreibt.

293 Vgl. *Smit*, 35 S. Tex. L. Rev. 215, 229 (1994).

A. Entstehungsgeschichte von 28 U.S.C. § 1782

Die Entstehungsgeschichte von 28 U.S.C. 1782 wird bei der Diskussion zur Anwendbarkeit der Rechtshilfevorschrift auf internationale Schiedsverfahren relevant. Vor allem früh ergangene Urteile begründen ihre Nichtanwendbarkeit auf Schiedsverfahren mit der Historie der Norm.[294] Der *Supreme Court* hat in seiner *Intel*-Entscheidung ausführlich zur Gesetzgebungsgeschichte Stellung bezogen.[295] *Justice Ginsburg* hat im Mehrheitsvotum des Gerichts auf einen Aufsatz von *Hans Smit* verwiesen,[296] der – wie noch zu zeigen sein wird – eine bedeutende Rolle im Gesetzgebungsprozess spielte. In diesem Aufsatz werden internationale Schiedsgerichte ausdrücklich in den Anwendungsbereich der Norm einbezogen.[297] Allerdings hat die Richterin dies nur in einem *Obiter dictum* getan.[298] Dieser Umstand zusammen mit der eher geringen Bedeutung von Literaturmeinungen im US-amerikanischen Common Law führt dazu, dass auch in den *post-Intel*-Urteilen die Gesetzgebungsgeschichte als Argumentationsgrundlage gegen die Anwendbarkeit des 28 U.S.C. § 1782 auf Schiedsverfahren verwendet wird.[299] Nach Ansicht des Autors geschieht das zu Unrecht, wie die folgende Analyse der Gesetzgebungsgeschichte zeigt.

I. Ursprünge im 19. Jahrhundert

Die Ursprünge der internationalen Rechtshilfe im US-amerikanischen Recht gehen bis in die Mitte des 19. Jahrhunderts zurück. Die erste Vorläufervorschrift des heutigen 28 U.S.C. § 1782 stammt aus dem Jahr 1855. Der *Act of March 2, 1855*[300] stellt die Geburtsstunde kodifizierter internationaler Rechtshilfe in den Vereinigten Staaten dar. Nach diesem Gesetz waren US-amerikanische Gerichte berechtigt, ausländische Gerichte in der Beweiserhebung zu unterstützen.[301] Grund für die Kodifizierung war ein diplomatischer Konflikt zwischen den Vereinigten Staaten und Frankreich

294 *National Broadcasting Company v. Bear Stearns*, 165 F.3d 184, 189 (2nd Cir. 1999); *The Republic of Kazakhstan v. Biedermann International*, 168 F.3d 880, 881 (5th Cir. 1999).

295 *Intel v. AMD*, 542 U.S. 241, 247.

296 542 U.S. 241, 258; mit Verweis auf *Smit*, 65 Colum. L. Rev. 1015, 1026–1027, n 71, 73 (1965).

297 *Smit*, 65 Colum. L. Rev. 1015, 1026–1027 n 71, 73 (1965).

298 *Intel v. AMD*, 542 U.S. 241, 258.

299 Siehe *El Paso I*, 617 F.Supp.2d 481 (S.D. Texas 2008); *In Re Application of Operadora*, 2009 U.S. Dist. LEXIS 68091.

300 Act of March 2, 1855, ch. 140, § 2, 10 Stat. 630 (1855): *"And be it further enacted, That where letters rogatory shall have Be (been) addressed, from any court of a foreign country to any circuit court of the United States, and a United States commissioner designated by said circuit court to make the examination of witnesses in said letters mentioned, said commissioner shall be empowered to compel the witnesses to appear and depose in the same manner as to appear and testify in court".*

301 *Rollin*, Ausländische Beweisverfahren, 39.

im Jahr 1854. Das US-amerikanische Außenministerium lehnte ein Rechtshilfeersuchen der französischen Regierung ab, wonach ein Zeuge im Bundesstaat New York vernommen werden sollte. Als Begründung führte das Ministerium an, dass eine gesetzliche Regelung von Nöten sei, um einem solchen Rechtshilfeersuchen nachkommen zu können.[302] Um solche Schwierigkeiten in Zukunft zu vermeiden, wurde der *Act of March 2, 1855* vom Kongress erlassen.[303]

Wie von *Jones* beschrieben geriet der *Act of March 2, 1855* auf Grund von Fehlern in der Betitelung weitestgehend in Vergessenheit.[304] Bereits acht Jahre später erließ der Kongress, möglicherweise ohne sich der Existenz des Gesetzes von 1855 bewusst zu sein,[305] ein neues Gesetz zur Regelung der internationalen Rechtshilfe. Der *Act of March 3, 1863* sah eine deutlich restriktivere Handhabung der internationalen Rechtshilfe als die Vorgängernorm vor.[306] Erstens war der Anwendungsbereich auf Geld- bzw. Eigentumsrückerstattungsverfahren beschränkt.[307] Zweitens wurde Rechtshilfe auf Staaten beschränkt, mit denen sich die Vereinigten Staaten

---

302 Vgl. *Jones*, 62 Yale L.J. 515, 540 (1953).

303 7 Op. Att'y Gen. 56 (1855).

304 *Jones*, 62 Yale L.J. 515, 540 (1953). Das Gesetz wurde im offiziellen Gesetzblatt (*Statutes at large*) systematisch unter die Überschrift „*Mistrials*" gefasst. Weil es jedoch nichts mit fehlerhaft geführten Prozessen zu tun hatte, wurde das Gesetz praktisch vergessen. Es ist bildlich gesprochen „verlegt" worden.

305 Vgl. Chukwumerije, 37 Geo. Wash. Int'l L. Rev. 649, 655 (2005).

306 Act of March 3, 1863, ch. 95, § 1, 12. Stat. 769 (1863): "*Sec. 1. Be it enacted by the Senate and House of Representatives of the United States of America in Congress assembled, That the testimony of any witness residing within the United States, to be used in any suit for the recovery of money or property depending in any court in any foreign country with which the United States are at peace, and in which the government of such foreign country shall be a party or shall have an interest, may be obtained, to be used in such suit. If a commission or letters rogatory to take such testimony shall have been issued from the court in which said suit is pending, on producing the same before the district judge of any district where said witness resides or shall be found, and on due proof being made to such judge that the testimony of any witness is material to the party desiring the same, such judge shall issue a summons to such witness requiring him to appear before the officer or commissioner named in such commission or letters rogatory, to testify in such suit. Such summons shall specify the time and place at which such witness is required to attend, which place shall be within one hundred miles of the place where said witness resides or shall be served with said summons. Sec. 2. And be it further enacted, That if any person shall refuse or neglect to appear at the time and place mentioned in the summons issued, in accordance with this act, or if, upon his appearance, he shall refuse to testify, he shall be liable to the same penalties as would be incurred for a like offense on the trial of a suit in the district court of the United States. (...)*".

307 Act of March 3, 1863: „*to be used in any suit for the recovery of money or property*"; *Beale/Lugar/Schwarz*, 47 Stan.J.Int'l.L. 51, 56 (2011).

in Friedenszeiten befanden.[308] Drittens musste die Regierung des Rechtshilfe ersuchenden Staates zumindest ein eigenes Interesse an dem zu unterstützenden Verfahren haben[309] und viertens musste das Rechtshilfeersuchen unmittelbar von dem ausländischen Gericht gestellt worden sein.[310] Vor allem die Voraussetzung, dass zur Gewährung der Rechtshilfe der ausländische Staat ein Interesse an dem Verfahren haben muss, hat den Anwendungsbereich enorm eingeschränkt. Privaten Handelsstreitigkeiten wurde auf dieser Basis Rechtshilfe generell verwehrt.[311]

Alles in allem blieb die internationale Rechtshilfe der Vereinigten Staaten auf Bundesebene im 19. Jahrhundert ein gesetzlicher Misserfolg.[312]

II. Kodifizierung als 28 U.S.C. § 1782

Erst nach Ende des zweiten Weltkrieges wurde die internationale Rechtshilfe erneut überarbeitet. Grund hierfür waren die gewachsene Bedeutung der Vereinigten Staaten als Weltmacht sowie eine gesteigerte Anzahl grenzüberschreitender Bezüge.[313] Die Vereinigten Staaten hatten mit ihrem Verhalten in der ersten Hälfte des 20. Jahrhunderts eindeutig ihre Politik der Isolation aus dem 19. Jahrhundert aufgeben. Im Zuge dieser Reform ist die internationale Rechtshilfe als 28 U.S.C. § 1782 kodifiziert worden. Allerdings bezieht sich die Fassung von 1948 nur auf *„foreign courts"*. Die Rechtshilfe für *„international tribunals"* fiel nicht darunter, sondern war seit 1933, allerdings als Einzelfallgesetz, in 22 U.S.C. §§ 270–270g geregelt.[314]

Der *Act of June 25, 1948* bildet die Grundlage für die moderne Rechtshilfe im US-amerikanischen Recht.[315] Im Vergleich zur Gesetzeslage von 1863 fallen zwei Änderungen besonders ins Auge: Die erste und relevanteste Änderung ist die Aufhebung der Voraussetzung, dass die Regierung des Rechtshilfe ersuchenden Staates ein eigenes Interesse an dem zu unterstützenden Verfahren haben muss. Die Rechtshilfe

---

308 Act of March 3, 1863: *"in any court in any foreign country with which the United States are at peace"*; *Beale/Lugar/Schwarz*, 47 Stan.J.Int'l.L. 51, 57 (2011).

309 Act of March 3, 1863: *"in which the government of such foreign country shall be a party or shall have an interest"*; *Beale/Lugar/Schwarz*, 47 Stan.J.Int'l.L. 51, 57 (2011).

310 Act of March 3, 1863: *"If a commission or letters rogatory to take such testimony shall have been issued from the court in which said suit is pending"*; *Beale/Lugar/Schwarz*, 47 Stan.J.Int'l.L. 51, 57 (2011).

311 Vgl. *Chukwumerije*, 37 Geo. Wash. Int'l L. Rev. 649, 655 (2005).

312 So auch *Jones*, 62 Yale L.J. 515, 540 (1953).

313 *Rollin*, Ausländische Beweisverfahren, 39; *Smit*, 65 Colum. L. Rev. 1015, 1015 (1965).

314 22 U.S.C. §§ 270–70c, 46 Stat. 1005 (1930); 22 U.S.C. §§ 270d-70, 48 Stat. 117 (1933).

315 Act of June 25, 1948, Pub. L. No. 80–773, ch. 646, § 1782, 62 Stat. 869, 949 (1948): *"The deposition of any witness residing within the United States to be used in any civil action pending in any court in a foreign country with which the United States is at peace may be taken before a person authorized to administer oaths designated by the district court of any district where the witness resides or may be found. The practice and procedure in taking such depositions shall conform generally to the practice and procedure for taking depositions to be used in courts of the United States"*.

sollte auch privaten Handelsstreitigkeiten zugänglich gemacht werden. Zweitens wurde der Anwendungsbereich der Rechtshilfe erweitert, indem sie für jedes Zivilverfahren zugelassen wurde. Neben diesen zwei hauptsächlichen Änderungen ist erwähnenswert, dass die Fassung von 1948 einerseits ausdrücklich die Anwendung der Federal Rules of Civil Procedure einführt, der Gesetzgeber es jedoch andererseits unterließ, zu regeln, wer Antragsteller sein konnte. Auf Grund dieser und anderer Ungereimtheiten[316] wurde 28 U.S.C. § 1782 bereits nach elf Monaten mit dem *Act of May 24, 1949* erneut reformiert.[317] Auch wenn die angesprochenen Ungereimtheiten schon damals bekannt waren, wurden sie durch die Reform von 1949 nicht gelöst. Die Reform erweiterte lediglich den Anwendungsbereich der Rechtshilfe in zweierlei Hinsicht: Zum einen genügte es nun, dass sich der zu befragende Zeuge in den Vereinigten Staaten aufhielt; er musste dort nicht mehr wohnhaft sein. Zum anderen sollte das Rechtshilfeverfahren nicht mehr nur für Zivilverfahren, sondern für jegliche, gerichtliche Verfahren offen stehen.

Neben der Kodifizierung der Rechtshilfe in 28 U.S.C. § 1782 sind die Verfahren nach 22 U.S.C. §§ 270–270c und 22 U.S.C. §§ 270d-270g zu berücksichtigen. Während sich 22 U.S.C. §§ 270–270c an *„international tribunals"* richtete, stand 22 U.S.C. §§ 270d-270g den Klägern vor internationalen Gerichten zur Verfügung.[318] Die Verfahren sind für die vorliegende Arbeit von Interesse, weil sie in den Jahren 1930 und 1933 aus Anlass eines bestimmten Schiedsverfahrens erlassen wurden.[319] Allerdings haben beide Verfahren in der Gerichtspraxis nie Beachtung gefunden, weil sie als Einzelfallgesetze auf das bestimmte Schiedsverfahren zugeschnitten waren. Das Interesse dieser Arbeit betrifft deswegen auch nicht die Verfahren selbst. Vielmehr ist der Umgang mit diesen Verfahren im Rahmen der Reform von 1964 interessant.[320] Wie von *Smit* in einem Aufsatz aus dem Jahr 1962 vorgeschlagen, sind die Verfahren nach 22 U.S.C. §§ 270–270g in das allgemeine Rechtshilfeverfahren nach 28 U.S.C. § 1782 integriert worden.[321] Das ist ein Umstand, der dafür spricht, internationale Schiedsgerichte in den Anwendungsbereich des aktuellen 28 U.S.C. § 1782 einzubeziehen.

---

316 Siehe zu den weiteren Ungereimtheiten ausführlich: *Jones*, 62 Yale L.J. 515, 541 f (1953).

317 Act of May 24, 1949, Pub. L. No. 81–72, ch. 139, § 93, 63 Stat. 89 (1949): *"Sec. 93. Section 1782 of title 28, United States Code, is amended by striking out "residing", which appears as the sixth word in the first paragraph, and by striking out from the same paragraph the words "civil action" and in lieu thereof inserting "judicial proceeding""*.

318 Ausführlich zu beiden Verfahren: *Smit*, 62 Colum. L. Rev. 1264 (1962).

319 Das Schiedsverfahren fand zwischen den Vereinigten Staaten und Kanada zur Aufarbeitung des Untergangs der *S.S. I'm Alone* statt. Ausfühlich: *Hackworth*, Digest of International Law, Vol II, 703–708 (1941).

320 Siehe sogleich unten § 4 A III.

321 *Smit*, 62 Colum. L. Rev. 1264 (1962).

Insgesamt haben die Rechtshilfereformen von 1948 und 1949 die Gesetzeslage auf einen modernen Stand gebracht. Allerdings war schnell klar, dass die internationale Rechtshilfe aufgrund der Beschränkungen und Ungereimtheiten in ihrem Anwendungsbereich nicht mit der rasant voranschreitenden Internationalisierung des Handels würden mithalten können.

III. Reform von 1964

Die wichtigste und tiefgreifendste Reform der internationalen Rechtshilfe erfolgte sodann im Jahr 1964. Zwar hatten die Reformen von 1948/1949 die Rechtslage modernisiert, jedoch galt diese weiterhin als unbefriedigend.[322] Deswegen wurde im September 1958 eine Kommission ins Leben gerufen, deren Aufgabe darin bestand, *„to investigate and study existing practices of judicial assistance and cooperation between the United States and foreign countries with a view to achieving improvements"*.[323] Es ging darum, eine Gesetzesreform vorzubereiten. Mitglied des *Commission and Advisory Committee on International Rules of Judicial Procedure*[324] war *Professor Hans Smit* von der Columbia Law School in New York. Die Kommission arbeitete ab dem Jahr 1960 eng mit dem *Project on International Procedure* an der Columbia Law School zusammen. Direktor dieses Projekts war wiederum *Professor Smit.* Diese intensive Verstrickung von *Smit* in die vorbereitenden Arbeiten zur späteren Reform von 1964 macht seine herausgehobene Stellung bei der Entstehung von 28 U.S.C. § 1782 deutlich.[325] Diese Einschätzung wird dadurch untermauert, dass die Empfehlungen der Kommission, mithin die Empfehlungen von *Smit*, vom Kongress ohne nennenswerte Änderungen 1964 verabschiedet und vom Präsidenten unterzeichnet wurden.[326] *Smit* kann folglich als Vater von 28 U.S.C. § 1782 bezeichnet werden.[327]

Die erste Aufgabe der Kommission war, zu entscheiden, ob lediglich das nationale US-amerikanische Recht reformiert werden sollte oder ob eine internationale Vereinheitlichung der Rechtshilfe durch bilaterale bzw. multilaterale Abkommen angestrebt werden soll.[328] Die Entscheidung ging dahin, das nationale Recht zu ändern. Dafür gab es zwei Gründe: Erstens bestand die Sorge, mit einem internationalen Vorstoß auf diesem Gebiet Kompetenzen der föderalen Bundesstaaten zu tangieren. Zweitens sollte abgewartet werden, ob durch die Änderung des nationalen Rechts die erhofften Ziele erreicht würden und somit internationale Abkommen

322 *Rollin*, Ausländische Beweisverfahren, 40; *Smit*, Colum. L. Rev. 1015, 1015 (1965).
323 *Smit*, 65 Colum. L. Rev. 1015, 1015 (1965); zitiert: den Act of September 2, 1958, § 2, 72 Stat. 1743.
324 Senate Report, U.S. Code Congressional & Administrative News (U.S.C.C.A.N.) 5201 (1958).
325 *Hasbrouck*, 67 Wash. & Lee L. Rev. 1659, 1685 (2010).
326 Vgl. *Rollin*, Ausländische Beweisverfahren, 40.
327 So auch *Newman/Zaslowsky*, N.Y.L.J., Vol. 251, Issue 21, p. 3 (2014); *Malament*, 67 Van. L. R. 1213, 1223 (2014).
328 *Smit*, Colum. L. Rev. 1015, 1015 (1965); *Amram*, 32 J. Bar Ass'n D.C. 24, 25 (1965).

obsolet würden.[329] Letzteres hat sich auf interessante Art und Weise einerseits nicht bewahrheitet und andererseits wiederum doch. Nicht bewahrheitet hat es sich insofern, als im Jahr 1970 mit dem *Haager Übereinkommen über die Beweisaufnahme im Ausland in Zivil- und Handelssachen (HBÜ)*[330] ein multilateraler Vertrag auf Ebene der Rechtshilfe geschaffen wurde. Bewahrheitet hat es sich andererseits doch, weil die US-amerikanische Rechtsprechung das HBÜ für nicht abschließend hält und daneben Rechtshilfe über das nationale US-amerikanische Recht möglich ist.[331]

Die Kommission hatte in Section 9 ihres Gesetzesvorschlags[332] einen gänzlich neuen Wortlaut für 28 U.S.C. § 1782 vorgesehen.[333] Dabei war eine der wichtigsten inhaltlichen Änderungen die Eingliederung von 22 U.S.C. §§ 270–270g in den Anwendungsbereich von 28 U.S.C. § 1782. Bis 1964 hatte 28 U.S.C. § 1782 lediglich die Rechtshilfe für *„foreign courts"* geregelt, während 22 U.S.C. §§ 270–270g *„international tribunals"* erfasste. Diese Situation wurde dahingehend geändert, dass 28 U.S.C. § 1782 nun Rechtshilfe *„for use in a proceeding in a foreign or international tribunal"* gewährt. 22 U.S.C. §§ 270–270g wurde entsprechend Section 3 des Gesetzesvorschlags der Kommission aufgehoben.[334]

Die wichtigste Grenze der neuen Rechtshilfevorschrift besteht nach *Smit* darin, dass die erlangten Beweise in einem Verfahren vor einem ausländischen oder internationalen Gericht (*foreign or international tribunal*) verwendet werden sollen. In einer Fußnote seines grundlegenden Aufsatzes von 1965 führt *Smit* hierzu aus: *"The term "tribunal" embraces all bodies exercising adjudicatory powers, and includes investigating magistrates, administrative and arbitral tribunals, and quasi- judicial agencies, as well as conventional civil, commercial, criminal, and administrative courts"*.[335] Noch deutlicher wird *Smit*, wenn er konkret auf internationale Gerichte eingeht. *"The increasing number and importance of international tribunals make this liberal provision of assistance in aid of litigation in international tribunals of great significance. New Section 1782 ensures that an important international court, such as the Court of Justice of the European Economic Community, and litigants before such a court can be given any reasonable assistance they may require. It further permits the rendition of proper aid in proceedings before the EEC Commission in which the Commission exercises quasi-judicial powers, including proceedings under Article 19 of Regulation 17. (...). The new legislation also authorizes assistance in aid of international arbitral tribunals"*.[336] Genau diese zwei Stellen zitiert *Justice Ginsburg* 39 Jahre später

329 *Smit*, Colum. L. Rev. 1015, 1016 (1965).
330 BGBl 1977 II, S. 1472; abgedruckt bei Jayme/Hausmann, Internationales Privat- und Verfahrensrecht, 16. Auflage, 2012, Nr. 212.
331 Vgl. *Société Nationale Industrielle Aérospatiale v. U.S. District Court for the Southern District of Iowa*, 482 U.S. 522 (1987).
332 Public Law 88–619, 28 U.S.C.A. § 1782 (Supp. 1964).
333 *Smit*, 65 Colum. L. Rev. 1015, 1026 (1965).
334 Vgl. *Smit*, 65 Colum. L. Rev. 1015, 1027 (1965).
335 *Smit*, 65 Colum. L. Rev. 1015, 1026 n 71 (1965).
336 *Smit*, 65 Colum. L. Rev. 1015, 1027 n 73 (1965).

im *Intel*-Urteil des *Supreme Courts*, um die Europäische Kommission als *tribunal* im Sinne von 28 U.S.C. § 1782 anzuerkennen.[337]

Weitere Änderungen der Reform von 1964 sind die Abkopplung des Anwendungsbereichs der Vorschrift von der Art des Beweises, die Aufhebung der sog. *„at Peace"*-Voraussetzung, die Neuregelung der anwendbaren Weigerungsrechte sowie die Lockerung der zugrundeliegenden Zivilprozessregeln. Während in der Fassung von 1949 die Rechtshilfe auf Befragungen (*Depositions*) beschränkt war, können nach der reformierten Version sowohl *Testimony* und *Statement* als auch *Documents or other tangible evidence* erlangt werden.[338] Ferner konnte nach der Fassung von 1949 Rechtshilfe nur gewährt werden, wenn die Beweise in einem Staat verwendet werden sollten, mit dem sich die Vereinigten Staaten im Frieden befanden.[339] Diese Voraussetzung wurde aus dem Wortlaut gestrichen, weil sie aufgrund anderweitiger gesetzlicher Regelungen entbehrlich erschien.[340] Weiterhin hat die Formulierung *"A person may not be compelled (...) in violation of any legally applicable privilege"* in der reformierten Fassung von 28 U.S.C. § 1782 die vorherige Vorschrift aus 28 U.S.C. § 1785 ersetzt. Dadurch wurden verschiedene Probleme beseitigt, die sich aus der alten Norm ergaben. In der aktuellen Fassung umfassen die Weigerungsrechte *"any and all privileges that the witness may invoke under the applicable law, including not only privileges recognized by American rules of evidence, but also privileges recognized by foreign law that, under the applicable American conflict of laws rule, the witness may properly invoke"*.[341] Letztlich ist die Frage nach den für ein Verfahren nach 28 U.S.C. § 1782 anwendbaren Zivilprozessregeln gelockert worden. Während ein Rechtshilfeverfahren unter der 1949er Fassung der Norm streng nach den Federal Rules of Civil Procedure stattzufinden hatte, ist dies in der reformierten Fassung nur noch der Auffangtatbestand.[342] Die aktuelle Fassung von 28 U.S.C. § 1782 sieht vor, dass die Federal Rules of Civil Procedure anwendbar sind, soweit ein *District Court* nichts anderes anweist.[343] Die Gerichte haben mithin die Möglichkeit, einem Antrag einer Partei stattzugeben, die Beweisbeschaffung jedoch nach anderen Regeln abzuhalten. Die Reform hat also auch an dieser Stelle Flexibilität geschaffen.

---

337 *Intel v. AMD*, 542 U.S. 241, 258.

338 *Smit*, 65 Colum. L. Rev. 1015, 1026 (1965).

339 *Smit*, 65 Colum. L. Rev. 1015, 1028 (1965).

340 Vgl. *Smit*, 65 Colum. L. Rev. 1015, 1028 (1965) – der auf den *„Trading with the Enemy Act"* verweist (Act of Oct. 6, 1917, ch. 106, 40 Stat. 411, as amended, 50 U.S.C. App. §§ 1–40 (1959), as amended, 50 U.S.C. App. §§ 6–44 (Supp. V. 1964).

341 *Smit*, 65 Colum. L. Rev. 1015, 1033 (1965).

342 Der Wortlaut der Fassung von 1949 (*"the practice and procedure for taking depositions to be used in courts of the United States"*) wurde von der h.M. so ausgelegt, dass nur die Federal Rules of Civil Procedure gemein gewesen seien. Vgl. *Smit*, Colum. L. Rev. 1015, 1027–1028, n 76 (1965).

343 28. U.S.C. § 1782: *„To the extent that the order does not prescribe otherwise, (...)"*.

IV. National Defense Authorization Act for the Fiscal Year 1996

Nach der Reform von 1964 hat es lediglich eine einzige weitere Änderung von 28 U.S.C. § 1782 gegeben. Durch den *National Defense Authorization Act for the Fiscal Year 1996* wurden strafrechtliche Ermittlungsverfahren ausdrücklich in den Anwendungsbereich aufgenommen.[344] Für die in dieser Arbeit zu untersuchende Anwendung der Rechtshilfevorschrift auf internationale Schiedsverfahren hat diese Änderung jedoch keine Bedeutung. Relevant hierfür ist die Fassung der Vorschrift, die sie 1964 erhielt.

V. Zwischenergebnis

Die internationale Rechtshilfe im Recht der Vereinigten Staaten ist seit ihrer Kodifizierung im Jahre 1855 insgesamt fünfmal reformiert worden. Dabei ist ihr Anwendungsbereich stetig erweitert worden. Das spiegelt die wesentlichen Ziele des Rechtshilferechts wieder. Ausländischen Gerichten soll ein effektives Verfahren bereitgestellt werden, damit diese den US-amerikanischen Gerichten reziprok und effektiv Rechtshilfe gewähren.[345] Insgesamt war die Reform von 1964 die wichtigste und umfassendste Gesetzesänderung. Die Vorbereitungsarbeiten betrugen sechs Jahre und wurden durch die Wissenschaft unterstützt. Zentrale Rolle bei der Reform von 1964 spielt *Smit*, der in den Vorbereitungsarbeiten sowohl auf Seite des Gesetzgebers als Mitglieder der Regierungskommission, als auch auf Seite der Wissenschaft als Leiter des *Project on International Procedure* an der Columbia Law School tätig wurde.

Die Auswertung der zur Entstehungsgesichte der internationalen Rechtshilfe vorhandenen Materialien offenbart ein entscheidendes Merkmal: das Streben nach Flexibilität. Jede Änderung des Rechts hat zu einer Erweiterung des Anwendungsbereichs geführt.[346] Es sollte für jedes Verfahren individuell und flexibel festgestellt werden können, ob Rechtshilfe sinnvollerweise zu gewähren ist, ohne bestimmte Verfahren kategorisch aus dem Anwendungsbereich auszuschließen. Als Beispiel sei die Anforderung an das zu unterstützende Verfahren genannt: Nach der Fassung von 1863 konnten nur Verfahren *„for the recovery of money or property"* unterstützt werden. Die Fassung von 1948 stand bereits für *„any civil action"* zur Verfügung und wurde 1949 auf *„any judicial proceeding"* erweitert. Schließlich ist durch die Reform von 1964 noch das Wort *judicial* gestrichen worden, sodass in der aktuellen Fassung das zu unterstützende Verfahren (*„for use in a proceeding"*) keinerlei besondere Qualität mehr besitzen muss.[347]

---

344 National Defense Authorization Act for the Fiscal Year 1996, Pub.L.No. 104–106, § 1342(b), 110 Stat. 186, 486 (1996).

345 Vgl. *Chukwumerije*, 37 Geo. Wash. Int'l L. Rev. 649, 650 (2005).

346 Mit Ausnahme der Änderung im Jahr 1863.

347 Eine Einschränkung erfolgt über das Tatbestandsmerkmal *„foreign or international tribunal"*.

In dieses Verständnis lassen sich die wissenschaftlichen Beiträge von *Smit* bestens einfügen. *Smit* hat im Wesentlichen in vier Beiträgen stets wiederholt, dass die aktuelle Fassung von 28 U.S.C. § 1782 möglichst weit zu verstehen und flexibel zu handhaben ist.[348] Dabei hat er immer vertreten, dass internationale Schiedsgerichte vom Anwendungsbereich der Norm erfasst sind. Nach Ansicht des Autors wird aus der Gesetzgebungsgeschichte deutlich, dass *Smit* damit richtig liegt. Das ergibt sich insbesondere aus dem Umstand, dass die Verfahren nach 22 U.S.C. §§ 270–270g, welche auf Grund eines Schiedsverfahrens erlassen wurden, in 28 U.S.C. § 1782 eingefügt wurden.

B. Tatbestand von 28 U.S.C. § 1782

I. Anwendungsbereich

Der Anwendungsbereich des Rechtshilfeverfahrens setzt voraus, dass es sich bei dem ausländischen Verfahren um ein *proceeding* handelt. Dabei liegt 28 U.S.C. § 1782 ein denkbar weites Verständnis zu Grunde. Ausländische Verfahren sollen liberal unterstützt werden. Hintergrund ist, dass die *Discovery* in den Vereinigten Staaten konzeptionell eine private Angelegenheit ist.[349] Unter Souveränitätsgesichtspunkten haben die US-Amerikaner wenig gegen eine Beweisaufnahme auf ihrem Hoheitsgebiet einzuwenden.[350] Dabei spielt es aus US-amerikanischer Sicht kaum eine Rolle, ob die Beweisaufnahme für ein nationales Verfahren oder ein internationales Verfahren erfolgt. Wenn allerdings im Wege der Rechtshilfe durch Einschaltung der US-amerikanischen Gerichte die Beweisaufnahme erzwungen werden soll, sind gewisse Anforderungen zu erfüllen.

1. Verfahren – Verfahrensstadium im Ausland

Es stellt sich die Frage, welche Anforderungen an das ausländische Verfahren zu stellen sind. Konkret: Wie weit muss bzw. darf das ausländische Verfahren nach US-amerikanischem Verständnis fortgeschritten sein, um als rechtshilfeberechtigt angesehen werden zu können?[351]

Im Wortlaut von 28 U.S.C. § 1782 heißt es schlicht *„for use in a proceeding"*.[352] Ab wann und bis wann jedoch genau ein *proceeding* im Sinne der Vorschrift anzunehmen ist, lässt sich dem Wortlaut nicht entnehmen.

---

348 *Smit*, 62 Colum. L. Rev. 1264 (1962); *Smit*, Colum. L. Rev. 1015 (1965); *Smit*, 35 S. Tex. L. Rev. 215 (1994); *Smit*, 25 Syracuse J.Int'l.L. & Com. 1 (1998).
349 *Schack*, US-amerikanisches Zivilprozessrecht, Rn. 131.
350 *Schack*, US-amerikanisches Zivilprozessrecht, Rn. 131.
351 Unter dem Gesichtspunkt der Anforderungen an das ausländische Verfahren könnte bereits auch die Frage nach der Gerichtsqualität – *foreign or international tribunal* – gestellt werden. Siehe hierzu jedoch unten § 4 B IV.
352 United States Code (1996), Title 28, Part V, Chapter 117, § 1782(a).

a. Verfahrensbeginn

Zur Bestimmung der Verfahrensqualität könnte auf die „Anhängigkeit“ oder die „Rechtshängigkeit“ abgestellt werden. Anhängigkeit tritt – nach deutschem Verständnis[353] – ein, sobald ein Rechtsschutzgesuch bei Gericht eingereicht, diesem somit zugeordnet wird.[354] Zeitlich nachrangig beginnt die Rechtshängigkeit. Sie tritt ein, sobald die Zustellung der Klage an den Beklagten erfolgt ist. Sie begründet die „Existenz eines Rechtsstreits über einen prozessualen Anspruch in einem gerichtlichen Urteilsverfahren zwischen zwei Parteien“.[355] Wollte man also zur Bestimmung der Verfahrensqualität auf einen dieser beiden Begriffe abstellen, so ist nach beiden erforderlich, dass der Rechtsstreit einem bestimmten Gericht zugeordnet werden kann. Dieselbe Schlussfolgerung könnte auch im US-amerikanischen Bundesprozessrecht gezogen werden. Nach Rule 3 beginnt eine *Civil action* durch Einreichen einer Klageschrift (*Complaint)* im Sinne von Rule 7(a)(1). Zwar sind an die Klageschrift inhaltlich deutlich geringere Anforderungen als im deutschen Recht zu stellen,[356] prozessual sind die Folgen aber vergleichbar.

Die US-amerikanische Rechtsprechung hat diese Schlussfolgerung jedoch nicht gezogen. Nach der *Intel*-Entscheidung des *Supreme Courts* gilt, dass zur Erfüllung der *proceeding*-Voraussetzung in 28 U.S.C. § 1782 das ausländische Verfahren lediglich *„within reasonable contemplation“* ist.[357] Es genügt also, wenn die Einleitung eines Verfahrens unter angemessener Betrachtung zu erwarten ist.[358] Der Antragssteller muss einen US-amerikanischen *District Court* argumentativ von seinen Absichten zu einer Klageerhebung überzeugen. Dieser sehr weiten Verfahrensdefinition liegt ein Streit zwischen Bundesberufungsgerichten zu Grunde, den der *Supreme Court* im Jahr 2004 in der hier beschriebenen Art und Weise gelöst hat. Der *Circuit Court* des *Eleventh Circuit* ist 1988 noch davon ausgegangen, dass Voraussetzung sei, dass ein ausländisches Verfahren bereits existieren oder jedenfalls *„very likely to occur“* sein muss.[359] Fast diametral entschied der *Circuit*

353 Selbstverständlich spielt bei der Auslegung des Begriffs *proceeding* im US-amerikanischen Recht das deutsche Verständnis keine Rolle. Es soll an dieser Stelle jedoch dargestellt werden, um die extrem weite Auslegung der US-amerikanischen Rechtsprechung zu verdeutlichen.

354 *Schilken*, Zivilprozessrecht, Rn. 235.

355 *Schilken*, Zivilprozessrecht, Rn. 235; vgl. *Bacher*, in: BeckOK-ZPO, § 261 Rn. 1; §§ 253 Abs. 1, 261 Abs. 1 ZPO.

356 Vgl. zum Konzept des *Notice pleading* oben § 2 C.

357 *Intel v. AMD*, 542 U.S. 241, 259.

358 *Rollin*, Ausländische Beweisverfahren, 50.

359 *In re Request for Assistance from Ministry of Legal Affairs of Trinidad and Tobago*, 848 F. 2d 1151, 1155–1156 (11th Cir. 1988): *“This decision demonstrates that the determination to grant assistance turns not on whether the proceeding is pending but on whether the requested evidence will likely be of use in a judicial proceeding”.*

Court des *D.C. Circuits* im Jahr 1989, dass ein ausländisches Verfahren nur *„in reasonable contemplation"* sein muss.[360] 1991 schloss sich der *Circuit Court* des *Second Circuits* wiederum der *„very likely to occur"*-Definition an.[361] Um an dieser Stelle Rechtsklarheit zu schaffen, entschied der *Supreme Court* im Jahr 2004.[362] Wie bereits festgestellt folgte das Gericht der *„within reasonbale contemplation"*-Definition des *D.C. Circuits.*

Interessanterweise gibt es auch im deutschen Schiedsrecht der ZPO an einer Stelle ein ähnlich weites Verfahrensverständnis. Für die Schiedsgerichtsbarkeit bestimmt § 1044 ZPO den Beginn des schiedsgerichtlichen Verfahrens. Es beginnt „mit dem Tag an dem der Beklagte den Antrag, die Streitigkeit einem Schiedsgericht vorzulegen, empfangen hat".[363] Damit ist der sog. Vorlageantrag gemeint.[364] Durch diesen wird das Verfahren eingeleitet. Er ist von der Klageübermittlung an den Gegner und an das Schiedsgericht zu unterscheiden.[365] Für einen wirksamen Vorlageantrag ist es nicht erforderlich, dass die strengeren Voraussetzungen des § 1046 ZPO erfüllt sind.[366] Allerdings steht § 1044 ZPO zur Disposition der Parteien. Diese können gemeinsam eine abweichende Vereinbarung über den Beginn des Schiedsverfahrens treffen. Häufig werden sie das konkludent durch die Wahl institutioneller Schiedsregeln tun.[367] Die wichtigste prozessuale Wirkung von § 1044 ZPO ist der Eintritt der sog. Schiedshängigkeit.[368] Die Schiedshängigkeit hindert eine Schiedspartei, denselben Streitgegenstand einseitig vor ein weiteres Schiedsgericht zu bringen. Allerdings bedeutet Schiedshängigkeit nicht gleich Rechtshängigkeit.[369] Wie sich aus der Gesetzessystematik ergibt, kann eine

---

360 *In re Letter of Request from Crown Prosecution Service of the United Kingdom*, 870 F.2d 686, 691–692.

361 *In re Request for International Judicial Assistance (Letter Rogatory) for the Federative Republic of Brazil*, 936 F.2d 702, 706 (2nd Cir. 1991); *Rollin*, Ausländische Beweisverfahren, 50.

362 Im Wesentlichen ging es in der *Intel*-Entscheidung allerdings um die *Foreign-discoverability rule*. Siehe unten § 5 B V 1.

363 § 1044 S. 1 ZPO.

364 *Münch*, in: MünchKomm-ZPO, § 1044 Rn. 5.

365 *Wilske/Markert*, in: BeckOK-ZPO, § 1044 Rn. 1.

366 Vgl. *Wilske/Markert*, in: BeckOK-ZPO, § 1044 Rn. 2.

367 *Wilske/Markert*, in: BeckOK-ZPO, § 1044 Rn. 1.

368 *Wilske/Markert*, in: BeckOK-ZPO, § 1044 Rn. 6; a.A. *Münch*, in: MünchKomm-ZPO, § 1044 Rn. 30, der davon ausgeht, dass alleine durch den Vorlageantrag nach § 1044 ZPO keine Schiedshängigkeit eintritt. Diese erfordere unabdingbar ein Prozessrechtsverhältnis, welches jedoch erst entstehen könne, wenn das Schiedsgericht konstituiert sei. Theoretisch ist dies für einen zulässigen Vorlageantrag nach § 1044 ZPO nicht erforderlich. Praktisch jedoch regelmäßig gegeben, jedenfalls wenn ein institutionalisiertes Schiedsgericht angerufen wird.

369 H.M. BGH NJW 1964, 1129, 1130; *Wilske/Markert*, in: BeckOK-ZPO, § 1044 Rn. 6 m.w.N.

schiedsrechtliche Rechtshängigkeit erst eintreten, wenn vor einem staatlichen Gericht die Einrede aus § 1032 ZPO erhoben wurde. Die Anrufung eines staatlichen Gerichts ist bis dahin möglich. Deswegen ist die Schiedshängigkeit als Vorstufe zur eigentlichen Rechtshängigkeit eher mit der Anhängigkeit im oben beschriebenen Sinne vergleichbar. Tatsächlich geht § 1044 ZPO sogar noch weiter. Während ein wesentliches Merkmal der gerichtlichen Anhängigkeit die Zuordnung zu einem Gericht ist, so genügt es nach dem Wortlaut von § 1044 ZPO, dass „der Beklagte den Antrag, die Streitigkeit *einem Schiedsgericht* vorzulegen, empfangen hat" (eigene Hervorhebung).[370] Das konkrete Schiedsgericht muss zu diesem Zeitpunkt noch nicht konstituiert sein.[371] Dennoch wird bereits dadurch der Beginn und damit die Existenz eines Verfahrens angenommen.

Auch hierbei handelt es sich um ein sehr weites Verfahrensverständnis. Zwar wird durch die Formulierung „einem Schiedsgericht" in § 1044 ZPO deutlich, dass es im Gegensatz zum US-amerikanischen Recht nahezu zwingend zu einem Verfahren kommen wird.[372] Im US-amerikanischen Recht bedeutet *„within reasonable contemplation"* hingegen lediglich, dass ernsthafte Absichten bestehen. Dennoch ist das Verfahrensverständnis des deutschen Schiedsrechts in der ZPO weitergehend als das Verfahrensverständnis, das nach den allgemeinen Grundsätzen der ZPO besteht. Damit kann wenigstens für die Schiedsgerichtsbarkeit festgestellt werden: das Verfahrensverständnis im 10. Buch der ZPO entspricht der US-amerikanischen Rechtsprechung zum Begriff *proceeding* im Sinne von 28 U.S.C. § 1782 zumindest in Teilen.

b. Verfahrensende

Eine weitere Frage ist, bis wann ein ausländisches Verfahren unterstützt werden kann und sollte. Ist es eine zwingende Voraussetzung, dass sich das zu unterstützende Verfahren noch in einer Tatsacheninstanz befindet? Oder genügt für das Vorliegen eines *proceedings* im Sinne der Rechtshilfevorschrift auch ein Revisionsverfahren? Dieser Fragestellung ist in der Rechtsprechung und Literatur bislang nahezu keine Aufmerksamkeit geschenkt worden. Lediglich ein Urteil aus dem Jahr 2013 hat sich mit dieser Frage auseinandergesetzt. Ein *District Court* im Bundesstaat Washington entschied, dass ein Verfahren noch so lange andauere, bis bewiesen sei, *„[it] has been definitely ended"*.[373]

Hintergrund dieser Entscheidung ist folgender: Ein argentinischer Geschäftsmann (P) behauptet, von seinen zwei Geschäftspartnern, einem argentinischen Unternehmen (B) und einem US-amerikanischen Unternehmen, betrogen worden

370 § 1044 S. 1 ZPO.

371 *Münch*, in: MünchKomm-ZPO, § 1044 Rn. 4.

372 Dies entspricht wahrscheinlich eher der oben beschriebenen Definition *„very likely to occur"*.

373 *Pott v. Icicle Seafoods Inc.*, 2013 WL 1855771, 2 (W.D.Wash. 2013).

zu sein. Er leitet deswegen ein Strafverfahren gegen beide Geschäftspartner in Argentinien ein.[374] Die argentinischen Gerichte weisen die Vorwürfe in erster, zweiter und dritter Instanz zurück. Erst dann wendet sich P mit dem Rechtshilfeantrag an das Gericht in Seattle. P beantragt *Discovery* von einer verfahrensunbeteiligten US-amerikanischen Partei (I), weil sie möglicherweise Beweise besitze. Um die Erlangung dieser Beweise zu unterbinden, interveniert B in dem Rechtshilfeverfahren mit dem Argument, P habe die ihm im argentinischen Strafverfahren zustehenden Berufungen erschöpft. Deswegen könne er keine neuen Beweise vorbringen und es handele sich bei dem argentinischen Verfahren nicht mehr um ein Verfahren im Sinne von 28 U.S.C. § 1782.[375] P argumentiert daraufhin, es stimme zwar, dass er in seinen Möglichkeiten neue Beweise vorzubringen beschränkt sei, er habe jedoch noch die Möglichkeit, sich an den argentinischen Supreme Court zu wenden.

Das Gericht in Seattle entscheidet, dass diese Möglichkeit ausreiche, um von einem Verfahren im Sinne von 28 U.S.C. § 1782 auszugehen. Dabei ist es für das US-amerikanische Gericht unerheblich, dass der argentinische Supreme Court ein erneutes Verfahren höchst wahrscheinlich gar nicht zulassen würde, und dass es selbst in diesem Fall unsicher wäre, ob das Gericht neue Beweise zulassen würde.[376] Am Ende kann die Entscheidung des *District Courts* dahingehend zusammen gefasst werden, dass Wahrscheinlichkeit nicht ausreicht, um zu beweisen, dass ein Verfahren zu Ende ist.[377]

Nach Ansicht des Autors sollte auf den Zeitpunkt der formellen Rechtskraft eines Urteils als Verfahrensende abgestellt werden. Dadurch wird Rechtssicherheit geschaffen. Wiederaufnahmegründe sind dabei nur in absoluten Ausnahmefällen zu berücksichtigen. Allerdings ist es aufgrund der bislang kaum vorhandenen Rechtsprechung und Literatur unmöglich, ein abschließendes Ergebnis zu dieser Frage festzustellen. Wie fast immer im US-amerikanischen Common Law wird es darauf ankommen, im konkreten Fall den US-amerikanischen Richter argumentativ davon zu überzeugen, dass ein Verfahren vorliegt bzw. Verfahrensende eingetreten ist. Nach der Entscheidung des *District Courts* kann es sogar dann noch ratsam sein, gründlich zu argumentieren, wenn sich das ausländische Verfahren bereits in der Revision befindet. Das ergibt vor dem Hintergrund folgender Überlegung auch Sinn: Zwar sind vor dem Revisionsgericht keine neuen Beweise mehr zulässig. Jedoch

---

374 2013 WL 1855771, 1 (W.D.Wash. 2013); Der argentinische Geschäftsmann leitet, zusätzlich zum Strafverfahren, ein ICC-Schiedsverfahren mit Sitz in Argentinien ein. Allerdings hat sich das Gericht ausdrücklich geweigert zu der Frage Stellung zu nehmen, ob das Schiedsverfahren ein *foreign proceeding* ist.

375 2013 WL 1855771, 2 (W.D.Wash. 2013).

376 2013 WL 1855771, 2 (W.D.Wash. 2013).

377 So auch: *Folkman*, Case of the Day: In re Application of Pott; https://lettersblogatory.com/2013/05/24/case-of-the-day-in-re-application-of-pott/ (zuletzt abgerufen am 24.12.2015).

kann es dazu kommen, dass das Revisionsgericht an eine untere Instanz zurückverweist. Vor diesem Gericht könnten nachträglich erlangte Beweise relevant werden und Beachtung finden. Deswegen kann es auch im Revisionsstadium sinnvoll sein, von einem *proceeding* auszugehen und Rechtshilfe nicht mangels Verfahrensqualität abzulehnen.

2. Zwischenergebnis

Zur Gewährung der Rechtshilfe muss es sich bei dem ausländischen Verfahren um ein *proceeding* im Sinne von 28 U.S.C. § 1782 handeln. Dabei können sich je nach Fallgestaltung Schwierigkeiten bei der Frage ergeben, ob ein Verfahren bereits vorliegt oder ein solches schon abgeschlossen ist. Auf die Frage, ob bereits ein Verfahren vorliegt, hat der *Supreme Court* in der *Intel*-Entscheidung eine Antwort gegeben. Das US-amerikanische Recht geht von einem weiten Verfahrensverständnis aus und verlangt lediglich, dass das ausländische Verfahren *within reasonable contemplation* ist.[378] Hiervon hat die rechtshilfebeantragende Partei den *District Court* argumentativ zu überzeugen. Zur Beantwortung der Frage, ob ein Verfahren bereits abgeschlossen ist, ist bislang keine endgültige Antwort gefunden. Das einzige Urteil, dass sich mit dieser Frage beschäftigt, geht auch hier von einem rechtshilfefreundlichen Verständnis aus. Es handelt sich so lange noch um ein Verfahren im Sinne von 28 U.S.C. § 1782 bis jede auch noch so unwahrscheinliche Möglichkeit des Fortgangs ausgeschlossen ist.

II. Anwendbares Recht

1. Federal Rules of Civil Procedure

In einem Rechtshilfeverfahren nach 28 U.S.C. § 1782 sind grundsätzlich die Federal Rules of Civil Procedure anwendbar. Das folgt aus dem Wortlaut der Vorschrift.[379] Zwar lässt die Norm abweichende Anträge zu,[380] jedoch wird es regelmäßig das Bestreben jedes US-amerikanischen Richters sein, die Beweisaufnahme nach ihm bekannten Regeln anzuordnen.[381] Diese Regeln sind ihm geläufig und der Richter kann bei der *Discovery* weitestgehend den Parteien die konkrete Ausgestaltung überlassen.[382] Die Federal Rules of Civil Procedure und ihr *Discovery*-Verfahren sind auch primärer Grund für eine Verfahrenspartei, einen Rechtshilfeantrag an einen *District Court* zu richten.[383] Über 28 U.S.C. § 1782 kann eine Partei in den

---

378 *Intel v. AMD*, 542 U.S. 241, 259.

379 28 U.S.C. § 1782: *„the testimony or statement shall be taken, and the document or other thing produced, in accordance with the Federal Rules of Civil Procedure"*.

380 Hierzu sogleich unten § 4 B II 2.

381 So auch *Eschenfelder*, Beweiserhebung, 251.

382 *Roggenbruck*, IPRax 1997, 76, 78.

383 *Eschenfelder*, Beweiserhebung, 251.

Genuss der weitreichenden Beweisbeschaffung gelangen. Vergleichbares wird dem Antragssteller nach dem Verfahrensrecht des Hauptsachegerichts häufig nicht möglich sein.

2. Ausnahmsweise ausländisches Recht

Die Anwendung eines anderen Verfahrensrechts ist praktisch nur anzunehmen, sofern es sich um einen Rechtshilfeantrag des Hauptsachegerichts selbst handelt. In diesem Fall kommt die eigentliche Systematik der Vorschrift zum Tragen. Die Federal Rules of Civil Procedure sind nur subsidiär anwendbares Verfahrensrecht („*[to] the extent that the order does not prescribe otherwise*").[384] Das Hauptsachegericht kann in einen Rechtshilfeantrag vorsehen, dass die Beweisaufnahme mit Hilfe des US-amerikanischen *District Courts* nach dem Verfahrensrecht des Hauptsachegerichts stattfindet.[385] Hieran ist der US-amerikanische *District Court* gebunden. Auf diese Art und Weise kann es zur Anwendung ausländischen Rechts im Rahmen von 28 U.S.C. § 1782 kommen. Selbstverständlich kann auch eine antragstellende Partei für ihren Rechtshilfeantrag ein anderes Verfahrensrecht vorsehen. Das wird, wie gesagt, jedoch äußerst selten der Fall sein, weil es regelmäßig gerade um die Anwendung der *Discovery* nach den Federal Rules of Civil Procedure geht.

3. Konkrete Reichweite

Ausgehend von dem weitaus häufigeren Fall der Anwendung der Federal Rules of Civil Procedure stellt sich die Frage nach den anwendbaren *Discovery*-Mitteln. Nach dem Wortlaut von 28 U.S.C. § 1782 sind nicht alle *Discovery*-Mittel im Rechtshilfeverfahren anwendbar. Darin heißt es: „*may order him to give his testimony or statement or to produce a document or other thing*". Unumstritten erfasst sind *Depositions* nach Rule 30 und Rule 31 sowie die *Production of Documents* nach Rule 34. Bei Letzteren wird es sich auch regelmäßig um die relevantesten *Discovery*-Mittel handeln.

Interrogatories nach Rule 33 und *Requests for admission* nach Rule 36 sind vom Wortlaut von 28 U.S.C. § 1782 erfasst. Für die in der vorliegenden Arbeit zu untersuchende Frage – das Verhältnis von 28 U.S.C. § 1782 und der internationalen Schiedsgerichtsbarkeit – spielen beide jedoch keine Rolle, weil sowohl *Interrogatories* als auch *Admissions* nicht gegenüber verfahrensunbeteiligten Dritten eingesetzt werden können. Für internationale Schiedsverfahren sind aber nur die Mittel praktisch

384 United States Code (1996), Title 28, Part V, Chapter 117, § 1782(a). So auch *Eschenfelder*, Beweiserhebung, 251.

385 28 U.S.C. § 1782: „*The order may prescribe the pratice and procedure*". Es muss sich nicht zwingend um das Verfahrensrecht des Hauptsachegerichts handeln, sondern es kann theoretisch jedes denkbare Recht sein. Praktisch handelt es sich jedoch stets entweder um das Verfahrensrecht des Hauptsachegerichts oder die Federal Rules of Civil Procedure.

relevant, die gegenüber Dritten verwendet werden können. Außerdem ergeht im selbständigen Rechtshilfeverfahren keine Sachentscheidung. Ein das Hauptsachegericht bindendes Geständnis nach Rule 36 kann nur vor diesem abgegeben werden.

Nicht von 28 U.S.C. § 1782 erfasst sind Ortsbesichtigungen nach Rule 34(a)(2) und *Physical or mental examination* nach Rule 35.[386]

III. Zuständigkeit der District Courts

1. *Personal Jurisdiction*

Ursprung der *Personal Jurisdiction* im US-amerikanischen Recht ist das Territorialitätsprinzip.[387] Nur anwesenden Personen kann die Gerichtsgewalt drohen. „*The foundation of jurisdiction is physical power*".[388] Der Begriff *Personal Jurisdicition* ist ein weiter Begriff und nur in Abgrenzung zur *Federal Subject Matter Jurisdiction* richtig zu verstehen. Bei Letzterer geht es um die Abgrenzung des US-amerikanischen Föderalismus, mithin darum, ob ausnahmsweise ein Bundesgericht zuständig ist oder ob es bei der generellen Zuständigkeit der einzelstaatlichen Gerichte bleibt. Alle weiteren Zuständigkeitsfragen lassen sich unter dem weiten Oberbegriff der *Personal Jurisdiction* zusammenfassen. Die Fragen nach der internationalen und örtlichen Zuständigkeit sind hier als Unterpunkte einzuordnen.

a. *Territorial Jurisdiction/Internationale Zuständigkeit*

Die *Territorial Jurisdiction* soll an dieser Stelle als Synonym für die internationale Zuständigkeit verwendet werden. Der Begriff erfasst kumulativ die internationale Zuständigkeit sowie die allgemeine Gerichtsgewalt. Er verkörpert das ursprüngliche Territorialitätsprinzip, in dem es um die Frage geht, ob ein Beklagter den US-amerikanischen Gerichten unterworfen ist.[389]

Dabei unterscheidet das US-amerikanische Recht zwischen *General, Specific* und *Transient Jurisdiction.* Die Begriffe sind weitestgehend selbsterklärend: *General Jurisdiction*[390] ist die allgemeine Zuständigkeit US-amerikanischer Gerichte über eine Person; *Specific Jurisdiction*[391] üben die US-amerikanischen Gerichte nur

---

386 Zur gegenteiligen Auslegung siehe *Rollin*, Ausländische Beweisverfahren, 44.

387 *Hay*, US-Amerikanisches Recht, Rn. 130; *Schack*, US-amerikanisches Zivilprozessrecht, Rn. 66.

388 *McDonald v. Mabee*, 243 U.S. 90, 91 (1917).

389 *Rollin*, Ausländische Beweisverfahren, 55 f.

390 Vgl. *Helicopteros v. Hall*, 466 U.S. 408 (1984); *Kenerson v. Stevenson*, 604 F.Supp. 792 (D. Maine 1985); *Schack*, US-amerikanisches Zivilprozessrecht, Rn. 38–87; *Hay*, US-Amerikanisches Recht, Rn. 110–148.

391 Vgl. *Pennoyer v. Neff*, 95 U.S. 714 (1878); *International Shoe Co. v. State of Washington*, 326 U.S. 310 (1945); *Burger King v. Rudzewicz*, 471 U.S. 462 (1985); *World Wide Volkswagen v. Woodson*, 444 U.S. 286 (1980); *Hay*, US-Amerikanisches Recht, Rn. 110–148.

für einen konkreten Rechtsstreit aus. Lediglich die *Transient Jurisdiction* – oder auch *Tag Jurisdiction* genannt – stellt eine Besonderheit des US-amerikanischen Zuständigkeitsrechts dar. Auch die vorrübergehende – bis weilen kurzzeitige – Präsenz genügt, um der Gerichtsgewalt zu unterfallen.[392] Bekanntester Fall dieser Zuständigkeitsregelung ist der Fall *Grace v. MacArthur.*[393] Nach diesem kann es ausreichen, sich in einem Passagierflugzeug auf Reiseflughöhe zu befinden, um als in den territorialen Grenzen des jeweiligen Staates präsent angesehen zu werden.

Im Allgemeinen haben die Gerichte nur zwei Voraussetzungen zu beachten, um eine der drei Zuständigkeiten bejahen zu können. Der Beklagte muss einen hinreichenden Kontakt zum Gerichtsstaat haben (*Minimum contacts*), sodass die Annahme der Zuständigkeit nicht traditionellen Gerechtigkeitsvorstellungen widerspricht (*Traditional notions of fair play and substantial justice*).[394] Die Gewichtung des Kontakts obliegt dabei dem entscheidenden Gericht, je nachdem welche Zuständigkeitsart begründet werden soll. Z.B. ergeben sich bei der *Transient Jurisdiction* die verlangten *Minimum contacts* bereits aus dem Territorialitätsprinzip. Der Beklagte ist – wenn auch nur kurz – anwesend. Zur Begründung der *General Jurisdiction* hingegen ist ein *Continuous and systematic contact* erforderlich,[395] wobei die konkrete Angelegenheit ihren Ursprung nicht in diesem Kontakt haben muss. Anders ist dies bei der Annahme der *Specific Jurisdiction.* Bei dieser muss der Kläger zuständigkeitsbegründend nachweisen, dass die konkrete Klage einen Bezug zum Kontakt des Beklagten mit dem Gerichtsstaat hat. Hierbei ist besonders relevant, dass der Kläger die *Minimum contacts* darlegen kann.

Im Rahmen von 28 U.S.C. § 1782 ist zur Bestimmung der *Territorial Jurisdiction* streng auf das Territorialitätsprinzip abzustellen. Das folgt aus dem Wortlaut der Vorschrift: *„the district in which a person resides or is found“.* Danach kann Zuständigkeit nur begründet werden, wenn eine Person im Gerichtsbezirk angetroffen werden kann.[396] Aus dem Wortlaut der Vorschrift ergibt sich auch, dass auf den Grundsatz der Doppelfunktionalität zurückzugreifen ist.[397] Danach sind die internationale Zuständigkeit und die örtliche Zuständigkeit miteinander verknüpft.[398]

---

392 Vgl. *Grace v. MacArthur,* 170 F.Supp. 442 (E.D.Ark. 1959); *Burnham v. Superior Court of California,* 495 U.S. 604 (1990); *Schack,* US-amerikanisches Zivilprozessrecht, Rn. 38–87.

393 *Grace v. MacArthur,* 170 F.Supp. 442 (E.D.Ark. 1959).

394 *International Shoe Co. v. State of Washington,* 326 U.S. 310, 316 (1945).

395 *Helicopteros v. Hall,* 466 U.S. 408, 416 (1984).

396 United States Code (1996), Title 28, Part V, Chapter 117, § 1782(a): *„a person resides or is found“.*

397 So auch *Rollin,* Ausländische Beweisverfahren, 55.

398 *Schack,* Internationales Zivilverfahrensrecht, Rn. 266.

b. Venue (örtliche Zuständigkeit)

Ausweislich des Wortlauts von 28 U.S.C. § 1782 ist *„The district court of the district in which a person resides or is found"* für das Rechtshilfeverfahren zuständig. Aus dem Wortlaut ergibt sich also unmittelbar der Ort, an dem ein Rechtshilfeverfahren zu beantragen ist. Nach deutscher Terminologie beschreibt der Begriff *Venue* in diesem Zusammenhang am ehesten die örtliche Zuständigkeit.[399]

Venue im Sinne von 28 U.S.C. § 1782 ist an jedem Ort begründet, an dem eine Person ihre *Residence* hat oder sich schlicht aufhält (*is found*). Praktisch ist das sinnvoll, weil sich die Beweise regelmäßig an diesem Ort befinden werden bzw. eine Person an diesem Ort unproblematisch vernommen werden kann. Dieser Grundsatz der Beweisnähe ist bei der Zuständigkeitsfeststellung im Rahmen von 28 U.S.C. § 1782 stets zu berücksichtigen.

Allerdings ist beachtenswert, dass nach 28 U.S.C. § 1782 der Antragsgegner im Gerichtsbezirk anwesend sein muss, nicht aber die zu erlangenden Beweise.[400] Der Wortlaut der Vorschrift ist an dieser Stelle eindeutig.[401] Zur Begründung der örtlichen Zuständigkeit ist es mithin irrelevant, ob sich die ersuchten Beweise tatsächlich in diesem Bezirk befinden. Zwar wird das auf Grund der erstrebten Beweisnähe praktisch häufig der Fall sein. Die örtliche Zuständigkeit betrifft es jedoch nicht.

aa. Residence

Residence ist der tatsächliche, gewöhnliche Aufenthalt.[402] Das US-amerikanische Recht stellt hierzu eine generelle Regelung in 28 U.S.C. 1391 auf.[403] Diese wird

---

399 Vgl. *Schack*, US-amerikanisches Zivilprozessrecht, Rn. 81 ff.

400 Zur extraterritorialen Anwendung von 28 U.S.C. § 1782 siehe unten § 4 B V 2.

401 *„The district court of the district in which a person resides or is found".*

402 Vgl. *Schack*, Internationales Zivilverfahrensrecht, Rn. 223.

403 28 U.S.C. § 1391: *"(a) Applicability of Section.— Except as otherwise provided by law— (1) this section shall govern the venue of all civil actions brought in district courts of the United States; and (2) the proper venue for a civil action shall be determined without regard to whether the action is local or transitory in nature. (b) Venue in General.— A civil action may be brought in — (1) a judicial district in which any defendant resides, if all defendants are residents of the State in which the district is located; (2) a judicial district in which a substantial part of the events or omissions giving rise to the claim occurred, or a substantial part of property that is the subject of the action is situated; or (3) if there is no district in which an action may otherwise be brought as provided in this section, any judicial district in which any defendant is subject to the court's personal jurisdiction with respect to such action. (c) Residency.— For all venue purposes — (1) a natural person, including an alien lawfully admitted for permanent Residence in the United States, shall be deemed to reside in the judicial district in which that person is domiciled; (2) an entity with the capacity to sue and be sued in its common name under applicable law, whether or not incorporated, shall be deemed to reside, if a defendant, in any judicial district in which such defendant is subject to the court's personal jurisdiction with respect to the civil action in question*

durch die speziellere Regelung in 28 U.S.C. § 1782 zum Teil verdrängt und zum Teil bestätigt. Verdrängt wird die allgemeine Regelung der örtlichen Zuständigkeit in 28 U.S.C. § 1391(b). Hingegen wird die allgemeine Definition von *Residence* in 28 U.S.C. § 1391(c) bestätigt.

Nach 28 U.S.C § 1391(c)(1) besteht die *Residence* einer natürlichen Person[404] am Ort ihres *Domicile*. Der Begriff *Domicile* dient als Anknüpfungspunkt für das Personalstatut und meint den persönlichen Lebensmittelpunkt eines Menschen.[405] Bestandteile des *Domicile* sind objektiv die tatsächliche Anwesenheit an einem Ort und subjektiv der Wille, dort für eine gewisse Zeit zu verweilen. Der Wille, einen Lebensmittelpunkt für einen unbegrenzten Zeitraum zu begründen, ist im US-amerikanischen Recht nicht erforderlich.[406] Dies führt dazu, dass nach US-amerikanischem Verständnis jeder Mensch stets ein *Domicile* hat.

Allerdings legt die Rechtsprechung zu 28 U.S.C. § 1782 der *Residency*-Voraussetzung ein noch weitergehendes Verständnis zu Grunde. Danach kann *Residence* an mehr als einem Ort bestehen, denn die strengeren Voraussetzungen zur Begründung eines *Domicile* sind nicht anwendbar. Beispielhaft ist eine Entscheidung des *District Courts of New Jersey*, welche sich detailliert mit der Frage der *Residence* auseinandersetzt.[407] Das Gericht entscheidet, dass der Wohnort von Angehörigen oder Kindern, Grundstückseigentum, der Ort des Einreichens der Steuererklärung, die in den Vereinigten Staaten verbrachte Zeit und der Arbeitsort relevante Faktoren sein können.[408] Jedoch ist diese Liste nicht abschließend. Im konkreten Fall lebt und arbeitet der Antragsgegner in Moskau, Russland. Gleichwohl hat er diverse Kontakte zum Staat New Jersey: er besitzt dort eine Mietswohnung, ist im Wählerverzeichnis registriert, ist in ärztlicher Behandlung und hält sich für mindestens zwei Monate im

---

and, if a plaintiff, only in the judicial district in which it maintains its principal place of business; and (3) a defendant not resident in the United States may be sued in any judicial district, and the joinder of such a defendant shall be disregarded in determining where the action may be brought with respect to other defendants. (d) Residency of Corporations in States With Multiple Districts — For purposes of venue under this chapter, in a State which has more than one judicial district and in which a defendant that is a corporation is subject to personal jurisdiction at the time an action is commenced, such corporation shall be deemed to reside in any district in that State within which its contacts would be sufficient to subject it to personal jurisdiction if that district were a separate State, and, if there is no such district, the corporation shall be deemed to reside in the district within which it has the most significant contacts. (e) (…) (f) (…)(g)(…)".

404 Ausweislich des Wortlauts sind nur US-amerikanische Staatsbürger und Ausländer mit dauerhafter Aufenthaltsgenehmigung erfasst.

405 *Rollin*, Ausländische Beweisverfahren, 58.

406 *Rollin*, Ausländische Beweisverfahren, 58.

407 *In re in the matter of the application of Oxus Gold*, 2006 U.S. Dist. LEXIS 74118.

408 2006 U.S. Dist. LEXIS 74118, 12–13.

Jahr zu Urlaubszwecken dort auf.[409] Aufgrund all dieser Faktoren sieht das Gericht den Antragsgegner als *Resident* von New Jersey an.

Ebenso beispielhaft wie diese Herangehensweise ist auch das Ergebnis des Gerichts. Es lässt die Antwort auf die Frage der *Residency* offen, weil mit der zweiten, die örtliche Zuständigkeit begründenden Alternative in 28 U.S.C. § 1782 eine einfachere Möglichkeit besteht. Dort wo jemand seine *Residence* hat, wird er stets auch *(is) found* sein. Umgekehrt kann jemand *(is) found* sein, ohne zwingend *Resident* zu sein. Um rechtliche Fehler auszuschließen, vermeiden es die Gerichte im Zweifel, sich bei der Frage der *Residence* festzulegen und stellen auf den schlichten Aufenthalt ab.[410] Für das weitere Verfahren nach 28 U.S.C. § 1782 hat das keine Auswirkungen.

Für die Frage der *Residence* von juristischen Personen ist 28 U.S.C § 1391(c)(2) zur Hilfe zu ziehen. Danach kann eine juristische Person, mit der Fähigkeit in eigenem Namen zu klagen und verklagt zu werden, ihre *Residence* in jedem District haben, in dem *Personal Jurisdiction* über sie besteht.[411] Ausweislich der Vorschrift kann eine juristische Person also *Residence* an mehreren Orten haben. Zur Feststellung der *Personal Jurisdiction* sind die *Minimum contacts* und die *Traditional notions of fair play and substantial justice* ausschlaggebend.[412] Für Unternehmen manifestieren sich diese durch die sog. *Doing business*-Voraussetzung. Ein Unternehmen, welches für sich die Vorteile des Handeltreibens (*Doing business)* an einem Ort in Anspruch nimmt, muss damit rechnen, an diesem Ort vor Gericht gebracht zu werden.[413] Damit bestehen *Minimum contacts* und die *Traditional notions of fair play and substantial justice* sind eingehalten.

Schlussfolgernd hat eine juristische Person ihre *Residence* an ihrem satzungsmäßigen Sitz.[414] Der satzungsmäßige Sitz ist zentrales Anknüpfungsmoment im US-amerikanischen Recht. Es folgt der Gründungstheorie.[415] Am Gründungsort besteht *Personal Jurisdiction* in Form der *General Jurisdiction*, sodass die Voraussetzungen von 28 U.S.C. § 1391(c)(2) erfüllt sind. Ferner wird auch an einem oder mehreren tatsächlichen Sitzen einer juristischen Person, sollte dieser vom satzungsmäßigen Sitz abweichen, davon auszugehen sein, dass die *Residency*-Voraussetzung von 28 U.S.C. § 1782 erfüllt ist. Denn an dieser Stelle greift die beschriebene *Doing business*-Voraussetzung. Dort treibt ein Unternehmen Handel.[416]

---

409 2006 U.S. Dist. LEXIS 74118, 13.

410 Dazu sogleich unten.

411 28 U.S.C. § 1391(c)(2).

412 Siehe oben § 4 B III 1.

413 Siehe das grundlegende Urteil: *International Shoe Co. v. Washington*, 326 U.S. 310, 316 (1945).

414 So auch *Rollin*, Ausländische Beweisverfahren, 59.

415 *Leible*, in: Michalski-GmbHG, Systematische Darstellung – Internationales Gesellschaftsrecht, Rn. 7.

416 *Rollin*, Ausländische Beweisverfahren, 59.

Insgesamt haben juristische Personen ihre *Residence* sowohl an ihrem satzungsmäßigen Sitz, als auch an ihrem tatsächlichen Sitz. An beiden Orten ist die örtliche Zuständigkeit nach 28 U.S.C. § 1782 gegeben.

bb. Is found-Zuständigkeit

Die zweite Alternative zur Begründung der örtlichen Zuständigkeit eines *District Courts* ist der schlichte Aufenthalt. Hierbei handelt es sich um eine derart weite Zuständigkeitsnorm, dass der *Residence*-Variante in der Praxis daneben kaum eine Bedeutung zukommt.

Die *is found*-Variante manifestiert bei natürlichen Personen die Zuständigkeitsbegründung auf Grund der *Transient presence rule.* Danach genügt auch der kurzzeitige schlichte Aufenthalt, um die örtliche Zuständigkeit entstehen zu lassen.[417] Denn „wenn die schlichte Anwesenheit einer Person sie im Wege der *Transient presence rule* bereits der Gefahr aussetzt verklagt zu werden, dann muss dies erst recht für die weniger belastende Pflicht gelten, eine Beweisaufnahme über sich ergehen zu lassen".[418] Entscheidend ist, dass dem Antragsgegner während seinem Aufenthalt der Antrag mittels *Subpoena* zugestellt werden kann.[419] Die *is found*-Voraussetzung ist mithin als rein örtliches Kriterium zu verstehen.

Bei juristischen Personen ist die Begründung der örtlichen Zuständigkeit ähnlich weit. Das ergibt sich bereits aus den Parallelen zu den allgemeinen Regeln der *Minimum contacts* und des *Doing business.*[420] Wie beschrieben erfüllen juristische Personen sowohl an ihrem satzungsmäßigen als auch an ihrem tatsächlichen Sitz die *Residency*-Voraussetzung. Damit werden sich die meisten 28 U.S.C. § 1782-Anträge abdecken lassen. Denn gegenüber Unternehmen wird es regelmäßig der Fall sein, dass der Antragssteller gewisse Dokumente oder Aussagen von Angestellten erlangen möchte. Die Dokumente befinden sich an einem der Sitze. Ein Angestellter wird dem Grundsatz der Beweisnähe entsprechend am besten die Aussage für das Unternehmen an seinem Arbeitsplatz abgeben können. Auch wenn also theoretisch zusätzlich anwendbar, ist für juristische Personen mit Sitz[421] in den Vereinigten Staaten die *is found*-Voraussetzung nicht ausschlaggebend.

Interessant wird diese Tatbestandsalternative bei juristischen Personen jedoch in Bezug auf folgende Situation:[422] ein europäisches Unternehmen ist in den Vereinigten Staaten nicht unmittelbar selbst, sondern durch eine Tochtergesellschaft präsent, wie beispielhaft für viele andere die Mercedes Benz USA, LLC mit Sitz

---

417 *Grace v. MacArthur,* 170 F.Supp. 442 (E.D. Ark. 1959).
418 *Rollin,* Ausländische Beweisverfahren, 61 (zitiert *Edelman v. Taittinger,* 295 F.3d 171, 179 (2nd Cir. 2002)).
419 Dies ist im Ergebnis die mittlerweile ganz h.M. in Rechtsprechung und Literatur.
420 *Rollin,* Ausländische Beweisverfahren, 62.
421 Egal ob satzungsmäßiger und/oder tatsächlicher Sitz.
422 Vgl. die Darstellung bei *Rollin,* Ausländische Beweisverfahren, 62–65.

in New Jersey[423], die BASF Corporation mit Sitz in New York[424] und die Heraeus Incorporated mit Sitz in New York.[425] Unternehmen minimieren damit ihr Prozessrisiko.[426] Das Haftungsrisiko wird auf das Vermögen der Tochter reduziert, das Unternehmensvermögen in Deutschland ist ungefährdet. Allerdings kennt das US-amerikanische Recht – ähnlich dem deutschen Recht[427] – unter dem Schlagwort *Piercing the corporate veil* die Rechtsfigur des gesellschaftsrechtlichen Durchgriffs. Danach ist ein Durchgriff möglich, wenn zwischen der Mutter und der Tochter faktisch eine Unternehmenseinheit besteht, die Tochter wirtschaftlich betrachtet lediglich als *Alter ego* der Mutter agiert.[428]

Diese Rechtsfigur ist nach herrschender Ansicht auf einen Antrag nach 28 U.S.C. § 1782 übertragbar.[429] In den Worten von 28 U.S.C. § 1782 bedeutet das: Eine deutsche Muttergesellschaft, die sich nur durch eine Tochter in den Vereinigten Staaten aufhält (*is found*), kann unmittelbar Adressat eines Beweisverfahrens nach dieser Vorschrift werden. Das führt zu einem außerordentlich weiten Anwendungsbereich der Rechtshilfevorschrift. Es wird kaum ein weltweit agierendes Unternehmen geben, das sich mit absoluter Sicherheit als vor einem Verfahren nach 28 U.S.C. § 1782 geschützt betrachten kann.[430] Insgesamt kann es also dazu kommen, dass über die weite örtliche Zuständigkeit *(is found)* in Verbindung mit den Durchgriffsprinzipien des *Piercing the corporate veil* die Zuständigkeit eines US-amerikanischen *District Courts* über ein zum Beispiel in Deutschland ansässiges Mutterunternehmen entsteht. Um es dabei noch einmal deutlich zu machen: Es handelt sich nicht um einen reinen gesellschaftsrechtlichen Durchgriff, bei dem das Tochterunternehmen Adressat des Rechtshilfeantrags wäre und das Gericht einen Durchgriff auf das Mutterunternehmen erlaubt. Es handelt sich vielmehr darum, dass das Mutterunternehmen sich für die Zwecke von 28 U.S.C. § 1782 – bildlich gesprochen – durch die Tochter in den Vereinigten Staaten aufhält *(is found)*. Rechtlich kann dieses Ergebnis über die weite *is found*-Vorschrift in Verbindung mit der Theorie des *Piercing the corporate veil* erreicht werden.

Nach *Rollin* wird dieser weiten Zuständigkeitsbegründung allerdings wieder der Zahn gezogen, indem über 28 U.S.C. § 1782 nur Beweise erhoben werden können, die sich in den Vereinigten Staaten befinden.[431] Hierbei handelt es sich um das Problem der extraterritorialen Anwendung von 28 U.S.C. § 1782.[432] Dieses Problem ist

423 www.mbusa.com (zuletzt abgerufen am 24.12.2015).
424 www.basf.us (zuletzt abgerufen am 24.12.2015).
425 www.heraeus.com (zuletzt abgerufen am 24.12.2015).
426 *Rollin*, Ausländische Beweisverfahren, 62.
427 Siehe zumd deutschen Recht: *Michalski/Funke*, in: Michalski-GmbHG, § 13 Rn. 305–452.
428 *Thompson*, 76 Cornell L. Rev. 1036–1074 (1991).
429 *Kestrel Coal v. Joy Global, Inc.*, 362 F.3d 401, 404 (7th Cir. 2004).
430 *Rollin*, Ausländische Beweisverfahren, 64.
431 *Rollin*, Ausländische Beweisverfahren, 65–69.
432 Siehe hierzu ausführlich unten § 4 B V 2.

bis heute nicht endgültig geklärt. Vor dem Hintergrund aktueller Rechtsprechung kann jedoch das Ergebnis von *Rollin* nicht mehr mit Sicherheit vertreten werden. Neuere Rechtsprechung in den Vereinigten Staaten deutet ein anderes Ergebnis zumindest an.[433] Basierend auf dieser Rechtsprechung lässt sich argumentieren, dass 28 U.S.C. § 1782 auch auf Beweise, die außerhalb der Vereinigten Staaten belegen sind, anwendbar ist. Eine solche Entwicklung in der Rechtsprechung kann für international tätige Unternehmen ein Risiko darstellen.

Alles in allem liegt mit der *is found*-Variante von 28 U.S.C. § 1782 eine weite örtliche – und damit letztlich auch internationale – Zuständigkeitsnorm vor. Eine Betrachtung der ergangenen Urteile zeigt, dass es sich die Gerichte im Rahmen der örtlichen Zuständigkeit häufig einfach machen und sich nicht auf eine konkrete *Residence* festlegen, weil die *is found*-Variante definitiv erfüllt ist. Einen eigenständigen Anwendungsbereich hat die *is found*-Variante nur bei der Begründung der Zuständigkeit des *District Courts* über ein nicht in Vereinigten Staaten ansässiges Mutterunternehmen.

c. *Forum non conveniens*

Im Rahmen der Zuständigkeitsfeststellung US-amerikanischer Gerichte ist stets das Rechtsinstitut des *Forum non conveniens* zu berücksichtigen. Nach dieser aus Schottland stammenden Lehre ist es Gerichten erlaubt, eine gegebene Zuständigkeit nicht auszuüben, wenn sie der Meinung sind, die Streitsache sei vor einem anderen Gericht besser aufgehoben.[434] Die *Forum non conveniens*-Lehre wirkt als Korrektiv, um den Zufluss unerwünschter Rechtsstreitigkeiten zu begrenzen. Je geringer die gestellten Anforderungen an die internationale Zuständigkeit sind, desto größer sind die potentiell gegebenen Zuständigkeiten. Die geringen Anforderungen im US-amerikanischen Recht zeigt bereits die Existenz der *Transient Jurisdiction*,[435] welche auch im Rahmen von 28 U.S.C. § 1782 ausreicht.

Deswegen könnte man auf die Idee kommen, dass die Zuständigkeit nach 28 U.S.C. § 1782 des Korrektivs der *Forum non conveniens* bedürfe. Das wird jedoch nur in absoluten Ausnahmefällen in Betracht kommen.[436] Entscheidender Umstand bei der Zuständigkeit ist hier nämlich die Beweisnähe des angerufenen Gerichts. Dem Antragsteller eines Rechtshilfeverfahrens nach 28 U.S.C. § 1782 geht es nicht darum, ein Verfahren in den Vereinigten Staaten zu führen. Das für ihn relevante Verfahren führt er bereits anderswo. Es geht dem Antragssteller nur darum, Beweise für dieses Verfahren zu bekommen. Deswegen wird ein Antragssteller selten bis nie einen Antrag bei einem Gericht einreichen, das keine Beweisnähe aufweist. Sobald jedoch Beweisnähe des Gerichts besteht, wäre es widersinnig zu behaupten, das

---

433 Vgl. *In re application of HydroDrive Nigeria,* US District Court for the Southern District of Texas Houston Division, Misc. No. 13-MC-0477, 29 May 2013.

434 *Schack*, Internationales Zivilverfahrensrecht, Rn. 560.

435 *Schack*, Internationales Zivilverfahrensrecht, Rn. 561.

436 *Adler*, Patentverletzungsprozess, S. 244.

Gericht sei *inconvenient*. Vor diesem Hintergrund überrascht es nicht, dass es bisher keine Rechtsprechung zur Frage der Anwendbarkeit der *Forum non conveniens*-Lehre bei 28 U.S.C. § 1782 gibt und diese auch in der Literatur bisher kaum diskutiert wurde.[437] Zusammenfassend lässt sich sagen, dass die Lehre theoretisch zwar wohl anwendbar ist,[438] praktisch jedoch noch nie angewendet wurde.

2. *Subject Matter Jurisdiction/Sachliche Zuständigkeit*

Bei der *Subject Matter Jurisdiction* geht es um die Abgrenzung des US-amerikanischen Föderalismus. Im Rahmen des dualen Gerichtssystems in den Vereinigten Staaten sind grundsätzlich die einzelstaatlichen Gerichte zuständig und nur ausnahmsweise die Bundesgerichte. Bundeszuständigkeiten können ausschließlicher Natur oder konkurrierender Natur sein. Die ausschließlichen Bundeszuständigkeiten sind auf wenige Fälle beschränkt, wie z.B. das Seerecht (28 U.S.C. § 1333), das Insolvenzrecht (28 U.S.C. § 1334), und das Patent- und Urheberrecht (28 U.S.C.§ 1338).[439] Für Fragen der internationalen Rechtshilfe oder Beweisbeschaffung ist keine ausschließliche Bundeszuständigkeit vorhanden, sodass nur eine konkurrierende Bundeszuständigkeit verbleibt. Den Rahmen für diese Zuständigkeit bietet Art. III (2) der Verfassung der Vereinigten Staaten in Verbindung mit 28 U.S.C. §§ 1331, 1332. *"The district courts shall have original jurisdiction of all civil actions arising under the Constitution, laws, or treaties of the United States"*.[440] Bei dem Rechtshilfeverfahren nach 28 U.S.C. § 1782 handelt es sich um ein Gesetz der Vereinigten Staaten, sodass die konkurrierende Bundeszuständigkeit gegeben ist.

Es bleibt den einzelnen Bundesstaaten bei einer konkurrierenden Zuständigkeit weiterhin möglich, eigene Gesetze zu erlassen. Die Bundeszuständigkeit ist in diesem Fall nur eine zusätzliche Rechtsschutzmöglichkeit. Viele Einzelstaaten haben hiervon Gebrauch gemacht. In den Regelungen zur Rechtshilfe zwischen den einzelnen Bundesstaaten, den sog. *Interstate Assistance in Discovery Procedures*, ist regelmäßig auch die internationale Rechtshilfe mitgeregelt.[441]

3. *Instanzielle Zuständigkeit*

Instanziell sind zunächst die *District Courts* zuständig. Sie agieren als erstinstanzliche Prozessgerichte. Sowohl der Wortlaut von 28 U.S.C. § 1782 als auch die Anwendung der Rechtshilfevorschrift durch die Gerichte in der Praxis sehen hiervon keine Ausnahme vor. Die Möglichkeit, sich direkt an einen *Circuit Court* zu richten, besteht nicht. Beachtet werden sollte lediglich, ob ein Rechtshilfeantrag vom

---

437 Vgl. *Rollin*, Ausländische Beweisverfahren, 70.

438 Anders *Eschenfelder*, IPRax 2006, 89, 95 – der davon ausgeht, dass die *Forum non conveniens*-Lehre auf 28 U.S.C. § 1782 nicht anwendbar ist.

439 *Schack*, US-amerikanisches Zivilprozessrecht, Rn. 39.

440 28 U.S.C. § 1331.

441 Siehe sogleich unten.

zuständigen *District Judge* einem *Magistrate Judge* zugewiesen wird. Das kann zu einer Art zusätzlicher Instanz führen, weil eine Entscheidung eines *Magistrate Judge* vom zuständigen *District Judge* auf Antrag einer Partei überprüft wird, bevor der Weg zum *Circuit Court* eröffnet ist. Allerdings handelt es sich hierbei genau genommen nicht um eine Frage der instanziell Zuständigkeit. Auch der *Magistrate Judge* repräsentiert den *District Court.*

4. Exkurs: Interstate Assistance in Discovery Procedures

Im Bereich der *Interstate Assistance in Discovery Procedueres* ist das Recht der einzelnen Bundesstaaten anwendbar. D.h., es gibt theoretisch 50 verschiedene Vorschriften zu dieser Frage, mithin eine enorme Rechtszersplitterung. Zur Vereinheitlichung des Rechts der einzelnen Bundesstaaten ist deswegen bereits im Jahr 1892 die *National Conference of Commissioners on Uniform State Laws* (auch bekannt als *Uniform Law Commission, ULC*) gegründet worden. Diese hat die Aufgabe und das Ziel, rechtsvereinheitlichende Gesetzesentwürfe auszuarbeiten, die von den Einzelstaaten in ihr eigenes Recht umgesetzt werden können. Im Bereich der *Interstate Assistance in Discovery Procedures* hat die ULC insgesamt drei auch heute noch relevante Rechtsvereinheitlichungen hervorgebracht: den *Uniform Foreign Depositions Act (UFDA)* von 1920, den *Uniform Interstate and International Procedure Act (UIIPA)* von 1962, sowie den *Uniform Interstate Depositions and Discovery Act (UIDDA)* von 2007.

Der UFDA ist ursprünglich von 13 Staaten umgesetzt worden und gilt heute noch in sechs Staaten.[442] Der UIIPA ist von sechs Staaten umgesetzt worden und gilt heute noch in drei Staaten.[443] Der UIDDA ist seit 2007 von etwa 30 Staaten umgesetzt worden.[444]

Dies zeigt, dass in diesem Bereich der Rechtshilfe letztlich keine Rechtszersplitterung gegeben ist. Immerhin haben sich etwa 80 % der Einzelstaaten einer Rechtsvereinheitlichung angeschlossen.[445]

IV. Antragsberechtigung

Nach dem Wortlaut von 28 U.S.C. § 1782 kommen zwei Antragsberechtigte in Betracht: das internationale Hauptsachegericht und jede sonstige Person, die ein Interesse am Ausgang des Hauptsacheverfahrens hat. Vor allem die zweite Alternative weitet den Anwendungsbereich von 28 U.S.C. § 1782 enorm aus.

---

442 Diese sind: Florida, Maryland, New Hampshire, Ohio, Oklahoma und Wyoming.

443 Diese sind: Arkansas, Louisiana und Massachusetts.

444 Vgl. http://www.uniformlaws.org/Act.aspx?title=Interstate%20Depositions%20and%20Discovery%20Act (zuletzt abgerufen am 24.12.2015).

445 Eine detailliertere Auseinandersetzung mit dem Thema würde den Rahmen dieser Arbeit sprengen. Bei Interesse daran siehe: *Smit,* 11 Am. J. Comp. L. 415–517 (1962).

1. *Tribunal*

Die erste Alternative der Antragsberechtigung spiegelt die klassische Vorstellung der internationalen Rechtshilfe wider. Antragsbefugt ist das Hauptsachegericht. Dieses kann sich im Wege der Rechtshilfe an ihr Pendant in den Vereinigten Staaten wenden. Ein Hauptsachegericht ist jede Einrichtung, die unter den Begriff des *tribunals* fällt.[446] Die Zuständigkeit für die Auslegung des Begriffs *tribunal* liegt bei den einzelnen US- amerikanischen Gerichten. Daraus resultiert die Divergenz in der Rechtsprechung der verschiedenen *District Courts* und *Circuit Courts*. Als *tribunal* anerkannt sind alle Gerichte im traditionellen Sinne. So fallen alle deutschen Gerichte unter den Begriff des *tribunals*.[447] Darüber hinaus können jedoch auch Verwaltungs- und gerichtsähnliche Behörden ein *tribunal* im Sinne der Vorschrift sein.[448] Grundlegend für die Frage der Eigenschaft als *tribunal* im Sinne von 28 U.S.C. 1782 ist, dass eine Einrichtung als *first-instance decisionmaker* entscheidet.[449] Dazu ist erforderlich, dass das Verfahren förmlich abläuft, den Beteiligten klar definierte Rechte zustehen und die Entscheidung eine streitbeendende Funktion hat.[450] In der Rechtsprechung sind zum Beispiel folgende behördliche Verfahren als *tribunal* anerkannt worden:[451] das Kartellverfahren vor der europäischen Kommission,[452] das französische Ermittlungsverfahren des „*juge d'instruction*",[453] das chilenische Entmündigungsverfahren,[454] das italienische Insolvenzverfahren[455] sowie das japanische Patenteinspruchsverfahren.[456] Aus deutscher Sicht ist davon auszugehen, dass das Bundeskartellamt, die Bundesanstalt für Finanzdienstleistungsaufsicht und die Bundesnetzagentur für Elektrizität Gas, Telekommunikation, Post und Eisenbahnen die Voraussetzungen des Begriffs *tribunal* in 28 U.S.C. § 1782 erfüllen.[457]

Ob ein internationales Schiedsgericht als *tribunal* antragsberechtigt ist, ist bislang nicht abschließend geklärt. Sollte sich in der Praxis die hier vertretene positive

---

446 *Rollin*, Ausländische Beweisverfahren, 53.
447 *Rollin*, Ausländische Beweisverfahren, 45.
448 Senate Report, 1964 U.S. Code Congressional & Administrative News (U.S.C.C.A.N.) 3782, 3788; *Rollin*, Ausländische Beweisverfahren, 45.
449 *Intel v. AMD*, 542 U.S. 241, 258.
450 Vgl. *Rollin*, Ausländische Beweisverfahren, 47.
451 Die folgenden Beispiele aus der Rechtsprechung sind von *Rollin*, Ausländische Beweisverfahren, 46 übernommen.
452 *Intel v. AMD*, 542 U.S. 241.
453 *In the Matter of Letters Rogatory issued by the Director of Inspection of the Government of India*, 385 F.2d 1017, 1020 (2nd Cir. 1967).
454 *In re Application of Aldunate*, 3 F.3d 54 (2nd Cir. 1993).
455 *Lancaster Factoring Co., Ltd. v. Mangone*, 90 F.3d 38 (2nd Cir. 1996).
456 *In re the Application of Ishihara Chemical Co.*, 121 F.Supp.2d 209, 218 (E.D.N.Y. 2000).
457 *Rollin*, Ausländische Beweisverfahren, 47.

Antwort durchsetzten, sind auch internationale Schiedsgerichte als *tribunal* antragsberechtigt. Der Begriff *tribunal* in 28 U.S.C. § 1782 ist einheitlich auszulegen.[458]

2. Any interested person

Neben der klassischen Antragsberechtigung im Rechtshilfeverfahren zeichnet es 28 U.S.C. § 1782 aus, dass auch *any interested person* antragsberechtigt ist. Jede Person, die ein Interesse am Ausgang des ausländischen Hauptverfahrens hat, kann die Einleitung des Rechtshilfeverfahrens beantragen. Das sind zunächst die Parteien des ausländischen Verfahrens, wie sich bereits aus der Überschrift von 28 U.S.C. § 1782 ergibt.[459] Ferner wurden „die Staatsanwaltschaft im Ermittlungsverfahren vor Erhebung der Anklage, (…), Angehörige des Adressaten eines Entmündigungsverfahrens sowie der Verwalter im Insolvenzverfahren“[460] als *Interested person* angesehen. Beispielhaft für den Aspekt des Interesses am Hauptverfahren ist die *Intel*-Entscheidung des *Supreme Courts*. Darin erkennt das Gericht AMD als *Interested person* an. AMD habe ein Interesse am Ausgang des Kartellverfahrens der Europäischen Kommission gegen Intel, weil AMD dieses Verfahren durch seine Beschwerde eingeleitet habe und bei Einstellung des Verfahrens durch die Kommission den Rechtsweg zu den europäischen Gerichten würde beschreiten können.[461]

Relevant im Bereich der Investitionsschutzschiedsverfahren und bislang ungeklärt ist die Frage, ob ein ausländischer Staat eine *Person* im Sinne der Rechtshilfevorschrift ist.[462] Im Rahmen der Antragsberechtigung gibt es hierzu wenige Orientierungspunkte. Gerichte haben sich bisher lediglich mit der Frage beschäftigen müssen, ob ein Staat Rechtshilfeantragsadressat sein kann.[463] Das wird insgesamt verneint.[464] Der Wortlaut erfasst keine Staaten.[465] Zum einen würden hiergegen

458 Der Begriff *tribunal* wird an zwei Stellen in der Vorschrift verwendet. Einerseits muss das zu unterstützende Hauptverfahren ein *„proceeding in a foreign or international tribunal“* sein. Um diesen Teil des Wortlauts dreht sich die Frage der Anwendbarkeit der Vorschrift auf internationale Schiedsverfahren. Andererseits ist das Rechtshilfeverfahren nur *„persuant to a letter rogatory, or request made, by a foreign or international tribunal“* zu gewähren. Dieser Teil des Wortlauts betrifft die Antragsberechtigung.

459 Diese lautet: *Assistance to foreign and international tribunals and to litigants before such tribunals.*

460 *Rollin*, Ausländische Beweisverfahren, 54; *In re Letters Rogatory from the Tokyo District Prosecutor's Office,* 16 F.3d 1016, 1019 (9th Cir. 1994); *In re Letter of Request from the Crown Prosecution Service of the United Kingdom,* 870 F.2d 686 (D.C. Cir. 1989); *In re Application of Aldunate,* 3 F.3d 54 (2nd. Cir. 1993); *Lancaster Factoring Co., Ltd. v. Mangone,* 90 F. 3d 38 (2nd Cir. 1996).

461 *Intel v. AMD*, 542 U.S. 241, 256.

462 *Adler*, Patentverletzungsprozess, S. 220.

463 So auch *Adler*, Patentverletzungsprozess, S. 221 f.

464 *Al Fayed v. C.I.A.*, 229 F.3d 272 (D.C. Cir. 2000).

465 *„in which a person resides or is found may order him“*, 28 U.S.C. § 1782.

völkerrechtliche Souveränitätsgesichtspunkte sprechen. Zum anderen dient der Wortlaut an dieser Stelle der Feststellung der Zuständigkeit US-amerikanischer Gerichte. Eine Anwendung der Regeln zur *Personal Jurisdiction* auf Staaten erscheint unpassend. Allerdings bedeutet dieses Ergebnis nicht zwingend, dass ein Staat nicht antragsberechtigt ist. Für die Frage der Antragsberechtigung ist nämlich auf einen anderen Teil der Vorschrift abzustellen, nämlich „*upon the application of any interested person*". Dieser Teil der Vorschrift hat nichts mit der Begründung der Zuständigkeit des Gerichts zu tun. Eine Übertragung der Regeln zur *Personal Jurisdiction* ist nicht erforderlich. Jedoch ist zu beachten, dass ein positives Ergebnis bedeuten würde, dass derselbe Begriff innerhalb der Vorschrift unterschiedliche Bedeutungen hätte. Für die Adressateneigenschaft wäre ein Staat keine *Person* im Sinne von 28 U.S.C. § 1782, bei der Antragsberechtigung hingegen schon. Dieses Ergebnis ist nicht wünschenswert. Deswegen ist es sinnvoll, auch bei der Antragsberechtigung davon auszugehen, dass ein ausländischer Staat nicht unmittelbar antragsberechtigt ist. Vielmehr hat sich ein Staat, wenn er ein Rechtshilfeverfahren nach 28 U.S.C. § 1782 anstreben will, seiner Institutionen zu bedienen, so wie zum Beispiel ja auch die Staatsanwaltschaft für einen Staat tätig wird.

V. Antragsgegenstand

1. Territoriale Anwendung

Grundsätzlich dient das Rechtshilfeverfahren dazu, Beweise in Form von Aussagen und Dokumenten zu erheben, die sich geographisch betrachtet in den Vereinigten Staaten befinden. Dies wird auf den ersten Blick daraus deutlich, dass die örtliche Zuständigkeit eines *District Courts* an das Kriterium der *Residence* bzw. des schlichten Aufenthalts geknüpft ist. Außerdem entspricht dies dem Sinn und Zweck des Rechtshilfeverfahrens. Ein ausländisches Hauptsachegericht wird Rechtshilfe nur für solche Beweise benötigen, an die es selbst nicht herankommt. Das können z.B. Unterlagen sein, die sich nicht im geographischen Machtbereich des Hauptsachegerichts befinden. Um den Zugang zu solchen Unterlagen zu ermöglichen, gibt es 28 U.S.C. § 1782.

2. Extraterritoriale Anwendung

Problematisch ist, ob sich das Verfahren nach 28 U.S.C. § 1782 auch auf Beweise erstreckt, die nicht in den Vereinigten Staaten belegen sind. Dabei dreht es sich um die Frage der extraterritorialen Anwendung von 28 U.S.C. § 1782. Hier ist anhand der Art der Beweise, die erhoben werden sollen, zu unterscheiden.

a. Testimony or Statements

Sofern es sich um Aussagen einer natürlichen Person handelt, ist die Rechtslage geklärt. 28 U.S.C. § 1782 ist extraterritorial anwendbar; Aussagende werden jedoch über die Federal Rules of Civil Procedure geschützt. Mit dieser Situation hat sich der *Circuit Court* des *Second Circuit* in der Entscheidung *Edelmann v. Taittinger* beschäftigt und ist zum genannten Ergebnis gekommen.[466] Der Sachverhalt kann folgendermaßen zusammengefasst werden: Der Rechtshilfeantragsteller Edelmann will zur Unterstützung eines Hauptsacheverfahrens in Frankreich Aussagen eines Herrn Claude Taittinger, eines Champagnerherstellers aus Frankreich, beschaffen. Taittinger ist nicht unmittelbar an dem Verfahren in Frankreich beteiligt. Er weigert sich, die Aussagen zu machen. Daraufhin beantragt Edelmann einen *Subpoena*, welcher Taittinger drei Tage nach Erlass zugestellt wird. Zu diesem Zeitpunkt hält sich Taittinger vorübergehend in New York City auf. Er wehrt sich vor Gericht gegen den *Subpoena*.

Zwei tatsächliche Umstände sind rechtlich entscheidend. Taittinger hielt sich unbestritten nur vorübergehend in New York City auf. Er lebte in Frankreich. Das bedeutet, die Zuständigkeit des District Courts für das Rechtshilfeverfahren konnte nur über die *is found*-Voraussetzung begründet werden. Außerdem sind die drei Tage zwischen Erlass des *Subpoena* und der Zustellung ein entscheidender Aspekt des Falls. Taittinger argumentiert nämlich, dass die *is found*-Voraussetzung in 28 U.S.C. § 1782 mehr verlange als die allgemeine *Transient presence rule*. In zeitlicher Hinsicht müsse sich der Rechtshilfeantragsadressat am Tag der Ausstellung des *Subpoena* am entsprechenden Ort in den Vereinigten Staaten aufhalten. 28 U.S.C. § 1782 enthalte also ein zeitliches Element, welches dem Schutz der mit der *Discovery* belasteten Personen diene.

Dieser Argumentation ist der *Circuit Court* nicht gefolgt. Zwar lasse der offene Wortlaut von 28 U.S.C. § 1782 Taittinger's Argumentation zu. Jedoch sei der Wortlaut genauso für ein gegenteiliges Ergebnis offen. Dafür spreche sowohl ein systematischer Vergleich mit den Federal Rules of Civil Procedure als auch die Gesetzgebungsgeschichte.[467] Insbesondere kann nach Rule 45 (c)(1)(A) ein Hauptverfahrensunbeteiligter nur zu einer Aussage innerhalb von 100 Meilen um seinen Wohnort bzw. seine Arbeitsstätte gezwungen werden. Der Wortlaut von Rule 45 (c)(1)(A) ist nämlich *„resides"* und nicht die weitere Formulierung *„is found"*. Damit würden von einer *Discovery* betroffene Personen hinreichend geschützt.[468]

Insgesamt lässt sich die Entscheidung des *Circuit Courts* wie folgt zusammenfassen: Die *is found*-Voraussetzung in 28 U.S.C. § 1782 unterliegt den allgemeinen Prinzipien der *Transient presence rule*. Ein *District Court* kann sich im Rechtshilfeverfahren für zuständig erklären, auch wenn der Rechtshilfeantragsadressat nicht in den Vereinigten Staaten lebt. Der Adressat muss lediglich zum Zeitpunkt der Zustellung des *Subpoena* in den Vereinigten Staaten anwesend sein. Auf den Zeitpunkt der Ausstellung des *Subpoena* kommt es nicht an. Jedoch wird der Adressat über die im Regelfall anwendbaren Federal Rules of Civil Procedure geschützt.

466 *Edelmann v. Taittinger*, 295 F.3d 171 (2nd Cir. 2002).
467 Mit ausführlicher Argumentation: 295 F.3d 171, 178–182.
468 295 F.3d 171, 178.

Insbesondere Rule 45(c)(1)(A) stellt auf die strengere *Residence* Voraussetzung ab und statuiert, dass es nicht möglich ist, mittels *Subpoena* zu einer Aussage gezwungen zu werden, wenn diese mehr als 100 Meilen von der *Residence* entfernt gemacht werden soll. Praktisch wird die extraterritoriale Anwendung von 28 U.S.C. § 1782 also eingeschränkt.

b. Production of documents

Anders stellt sich die Rechtslage dar, wenn der Antragsteller im Rechtshilfeverfahren mittels 28 U.S.C. § 1782 Dokumente erlangen möchte. Diesbezüglich ist die Rechtsprechung nach aktuellem Stand uneinheitlich. Ähnlich wie bei der Diskussion darüber, ob ein internationales Schiedsgericht ein *tribunal* im Sinne der Vorschrift ist, ist der Ausgangspunkt des Streits auch an dieser Stelle der Wortlaut der Norm. In 28 U.S.C. § 1782 heißt es: *„The district court of the district in which a person (...) is found may order him (...) to produce a document"*. Das örtliche Kriterium des Aufenthalts (*is found*) bezieht sich lediglich auf den Rechtshilfeantragsadressaten. Nach einhelliger Meinung kann dem Wortlaut unmittelbar keine Begrenzung auf Dokumente, die sich in den Vereinigten Staaten befinden, entnommen werden.[469] Deswegen ist ein Ergebnis im Wege der Auslegung zu ermitteln.

aa. Pro extraterritoriale Anwendung

Für eine extraterritoriale Anwendung spricht zunächst der erwähnte Wortlaut der Vorschrift. Die im Rechtshilfeverfahren beantragten Dokumente unterliegen keiner geographischen Einschränkung. Eine solche müsste über den Wortlaut der Vorschrift hinaus für die Rechtshilfevorschrift interpretiert werden. Hiergegen spricht jedoch die *Intel*-Entscheidung des *Supreme Courts*, in der das Gericht feststellt, dass keine zusätzlichen Tatbestandvoraussetzungen in die Vorschrift hineingelesen werden können, die nicht ausdrücklich im Wortlaut von 28 U.S.C. § 1782 enthalten sind.[470] Außerdem nehmen US-amerikanische Gerichte seit jeher die Möglichkeit in Anspruch, bei Vorliegen ihrer eigenen Zuständigkeit, ihre *Discovery* auf im Ausland befindliche Beweismittel auszudehnen.[471]

---

469 Vgl. *In re Sarrio S.A.*, 1995 WL 598988, 2 (S.D.N.Y.); *Chase Manhattan Corporation v. Sarrio S.A.*, 119 F.3d 143, 147 (2nd Cir. 1997); *Four Pillars Enterprises Co. v. Avery Dennison Corporation*, 308 F.3d 1075, 1079–1080 (9th Cir. 2002); *Kestrel Coal Pty v. Joy Global Inc.*, 362 F.3d 401, 405 (7th Cir. 2004); *Norex Petroleum Ltd. v. Chubb Insurance Company of Canada*, 384 F.Supp.2d 45; *In re Gemeinschaftspraxis Dr. Med. Schottdorf*, 2006 WL 3844464, 5 (S.D.N.Y.); *HydroDive Nigeria. v. Cal Dive International*, Misc. No. 13-MC-0477 (S.D. Tex).

470 *Intel v. AMD*, 542 U.S. 241, 260; *In re Gemeinschaftspraxis Dr. Med. Schottdorf*, 2006 WL 3844464, 5 (S.D.N.Y.).

471 *Rollin*, Ausländische Beweisverfahren, 66.

bb. Contra extraterritoriale Anwendung

Gegen eine extraterritoriale Anwendung sprechen eine historische Auslegung, die Literatur sowie der überwiegende Teil der Rechtsprechung. Historisch betrachtet war Sinn und Zweck der Reform des Rechtshilfeverfahrens im Jahre 1964, *„to clarify and liberalize existing U.S. procedures for assisting foreign and international Tribunals and litigants in obtaining oral and documentary evidence in the United States"*.[472] Der Gesetzgeber selbst ging anscheinend davon aus, dass 28 U.S.C. § 1782 keine extraterritoriale Anwendung finden würde. Ebenso spricht sich *Smit* gegen eine extraterritoriale Anwendung aus. Eine solche sei vom Gesetzgeber nie gewollt gewesen und würde US-amerikanische Gerichte zu einer Art weltweiter Abwicklungsstelle (*Clearing house)* der Dokumentenbeschaffung werden lassen.[473] Letztlich spricht auch eine Analyse der vorhandenen Rechtsprechung zu dieser Frage gegen die extraterritoriale Anwendung. Lediglich zwei Urteile haben sich im Rahmen der Dokumentenbeschaffung für eine extraterritoriale Anwendung ausgesprochen.[474] Hingegen haben mindestens fünf Gerichte diese abgelehnt.[475]

cc. Stellungnahme

Es ist sinnvoll, bei der Frage der extraterritorialen Anwendung von 28 U.S.C. § 1782 eine einheitliche Herangehensweise zu verfolgen. Dabei überzeugt die zweistufige Lösung bei der Beschaffung von Aussagen. Sie sollte entsprechend auf die Dokumentenbeschaffung übertragen werden. Der *Intel*-Entscheidung ist deutlich zu entnehmen, dass keine zusätzlichen Tatbestandsrestriktionen in die Vorschrift hineingelesen werden sollen. Vielmehr ist der Tatbestand möglichst weit zu halten und etwaige Probleme sind im Rahmen des Ermessens zu berücksichtigen. Das sollte so auch für die Frage der extraterritorialen Anwendung zur Dokumentenbeschaffung gelten.

Die vorgeschlagene zweistufige Herangehensweise sieht dann wie folgt aus: Im Rahmen der Zuständigkeit ist es für einen *District Court* irrelevant, wo sich die Dokumente befinden. Solange der Rechtshilfeantragsadressat die örtlichen Zuständigkeitsvoraussetzungen erfüllt, ist der *District Court* zuständig. Dies entspricht dem weiten Wortlaut der Vorschrift. Im Rahmen des Antragsgegenstands sollte sodann

---

472 S.Rep.No. 88–1580 (1964), reprinted in 1964 U.S.C.C.A.N. 3782, 3788; *In re Sarrio S.A.*, 1995 WL 598988, 2 (S.D.N.Y.).

473 *Chase Manhattan Corporation v. Sarrio S.A.*, 119 F.3d 143, 147 (2nd Cir. 1997); *Smit,* 25 Syracuse J.Int'l.L. & Com. 1, 11 (1998).

474 *In re Gemeinschaftspraxis Dr. Med. Schottdorf*, 2006 WL 3844464, 5 (S.D.N.Y.); *HydroDive Nigeria v. Cal Dive International*, Misc. No. 13-MC-0477 (S.D. Tex).

475 *In re Sarrio S.A.*, 1995 WL 598988, 2 (S.D.N.Y.); *Chase Manhattan Corporation v. Sarrio S.A.*, 119 F.3d 143, 147 (2nd Cir. 1997); *Four Pillars Enterprises Co. v. Avery Dennison Corporation,* 308 F.3d 1075, 1079–1080 (9th Cir. 2002); *Kestrel Coal Pty v. Joy Global Inc.*, 362 F.3d 401, 405 (7th Cir. 2004); *Norex Petroleum Ltd. v. Chubb Insurance Company of Canada,* 384 F.Supp.2d 45.

jedoch – vergleichbar Rule 45(c)(1)(A) bei Aussagen – Rule 45(a)(1)(A)(iii) berücksichtigt werden. Die ersuchten Dokumente müssen sich nach dieser Vorschrift in der *„possession, custody or control"* des Rechtshilfeantragsadressaten befinden. Der *District Judge* kann im Rahmen seines Ermessens berücksichtigen, wie sich der Umstand, dass die ersuchten Dokumente nicht in den Vereinigten Staaten sind, auf die *possession, custody or control* des Rechtshilfeantragsadressaten über diese Dokumente auswirkt.[476] Damit wird die extraterritoriale Reichweite der Vorschrift abgeschwächt und im Einzelfall kontrolliert.

Letztlich sei noch kurz erwähnt, dass die hier vertretene Lösung der extraterritorialen Dokumentenerhebung durch einen *District Court* nicht bedeutet, dass die Dokumente niemals in die Vereinigten Staaten gelangen. Der Rechtshilfeantragsadressat hat in diesem Fall die Dokumente, die sich im Ausland in seiner *possession, custody or control* befinden, in die Vereinigten Staaten zu holen und dort dem Rechtshilfeantrag entsprechend zu übergeben.[477] Rechtlich wird hiermit der nötige Bezug zur örtlichen Zuständigkeit der US-amerikanischen *District Courts* sichergestellt.

dd. Zwischenergebnis

Alles in allem ist die Frage der extraterritorialen Anwendung von 28 U.S.C. § 1782 nicht endgültig gelöst. Bei der Beschaffung von Aussagen des Rechtshilfeantragsadressaten scheint einer extraterritorialen Anwendung auf Ebene der Rechtshilfevorschrift selbst nichts im Wege zu stehen. Das gleiche sollte auch für die Beschaffung von Dokumenten gelten. Der Rechtshilfeantragsadressat wird jedoch nicht schutzlos gestellt. Seine Interessen können von einem *District Judge* hinreichend auf Ermessensebene berücksichtigt werden, z.B. mit Hilfe von Rule 45.

VI. Rechtshilfeantragsadressat

Adressat eines Antrags nach 28 U.S.C. § 1782 kann jede Person sein.[478] Damit sind sowohl natürliche als auch juristische Personen gemeint.[479] Öffentliche staatliche Stellen, wie etwa der US-amerikanische Nachrichtendienst Central Intelligence Agency, sind hingegen nicht erfasst.[480]

---

476 So in etwa: *Norex Petroleum Ltd. v. Chubb Insurance Company of Canada*, 384 F.Supp.2d 45, 55.

477 *In re Gemeinschaftspraxis Dr. Med. Schottdorf*, 2006 WL 3844464, 8 (S.D.N.Y.).

478 United States Code (1996), Title 28, Part V, Chapter 117, § 1782(a): *„district in which a person resides or is found may order him to give testimony or statement or (...)"*.

479 Vgl. 1 U.S.C. § 1: *"In determining the meaning of any Act of Congress, unless the context indicates otherwise (...) the words "person" and "whoever" include corporations, companies, associations, firms, partnerships, societies, and joint stock companies, as well as individuals"*.

480 Vgl. hierzu *Rollin*, Ausländische Beweisverfahren, 52.

Die meisten Rechtshilfeanträge werden in sog. *Ex parte*-Verfahren entschieden. Das Gericht entscheidet ohne Anhörung des Adressaten.[481] Regelmäßig führt das dazu, dass der Adressat in die aktive Prozessrolle gedrängt wird, weil er sich gegen eine gestattete *Discovery* wehren muss. Dem entspricht die Charakterisierung von *Ex parte*-Maßnahmen als *„quick and dirty"*.[482]

Ferner ist bei der Frage des Rechtshilfeantragsadressaten die Rechtsprechung des *Supreme Courts* in *Intel* zu beachten. Der *Supreme Court* hat entschieden, dass Rechtshilfegerichte auf Ermessensebene zu berücksichtigen haben, ob ein Adressat Partei des ausländischen Hauptverfahrens ist.[483] Dies spreche gegen die Anwendbarkeit des Rechtshilfeverfahrens. Strikt genommen handelt es sich zwar um einen Umstand, der nicht auf Tatbestandsebene, sondern im Ermessen zu berücksichtigen ist. Praktisch ergibt eine Auswertung der vorhandenen Rechtsprechung jedoch, dass Rechtshilfeanträge, in denen der Adressat Partei des ausländischen Hauptverfahrens ist, fast ausschließlich abgelehnt werden. Grund hierfür ist, dass das Hauptsachegericht die Parteien des Hauptsacheverfahrens regelmäßig zwingen kann, Beweise beizubringen, die es für relevant erachtet. Bei verfahrensunbeteiligten Dritten, die sich auch noch in den Vereinigten Staaten befinden, ist das nicht der Fall.

Für einen aussichtsreichen Rechtshilfeantrag nach 28 U.S.C. § 1782 kommt also praktisch nur eine Person in Betracht, die am Hauptverfahren nicht beteiligt ist. Zum Schutz der anderen Partei des Hauptverfahrens, steht dieser ein Widerspruchsrecht gegen den Rechtshilfeantrag zu.[484]

VII. Keine Weigerungsrechte

Eine Beweisaufnahme nach 28 U.S.C. § 1782 kann nur angeordnet werden, sofern nicht *„any legally applicable priviliges"* entgegenstehen.[485] Die Vorschrift erfasst alle Weigerungsrechte des US-amerikanischen Rechts, insbesondere die Rechte aus dem *Fifth Amendement* und den Federal Rules of Civil Procedure. Das in der Praxis wichtigste Weigerungsrecht stellt das *Attorney-Client-Privilege* dar. Auf die darüber hinausgehenden Fragen zu den Weigerungsrechten, u.a. ob auch Weigerungsrechte der *lex fori* des Hauptsacheverfahrens oder eines anderen Rechts zu berücksichtigen sind, soll in dieser Arbeit nicht eingegangen werden.[486]

VIII. Form und Frist

Für den Rechtshilfeantrag nach 28 U.S.C. § 1782 bestehen keine besonderen Formvoraussetzungen. Die allgemeinen Formvorschriften der Federal Rules of Civil

481 Vgl. *Hoebeck/Weyhreter*, SchiedsVZ 2005, 238.
482 *Hoebeck/Weyhreter*, SchiedsVZ 2005, 238.
483 *Intel v. AMD*, 542 U.S. 241, 264; ausführlich unten § 5 B.
484 Vgl. *Rollin*, Ausländische Beweisverfahren, 83.
485 *Rollin*, Ausländische Beweisverfahren, 70 ff.
486 Siehe hierzu: *Rollin*, Ausländische Beweisverfahren, 70 ff.

Procedure sind anwendbar. Nach Rule 7 und Rule 10 hat ein Antrag schriftlich zu erfolgen. Offensichtlich muss der Antrag in Englisch gestellt werden.

Lediglich bei dem Antrag des Hauptsachegerichts hat es sich um einen *Letter rogatory* oder einen *Request made* zu handeln.[487] Der *Letter rogatory* ist ein förmliches Rechtshilfeersuchen eines Gerichts eines Staates an ein Gericht eines anderen Staates. Der *Letter rogatory* ist direkt an den zuständigen *District Court* zu richten, wie sich aus 28 U.S.C. § 1782 ergibt. Ansonsten findet die Zustellung nach 28 U.S.C. § 1781 über das Außenministerium der Vereinigten Staaten statt.

Die zweite Variante ist ein unförmlicher *Request*. Damit diese Variante einen eigenständigen Anwendungsbereich bekommt, muss sie weiter als der förmliche *Letter rogatory* interpretiert werden. Das wird erreicht indem man davon ausgeht, dass internationale Schiedsgerichte mangels staatlicher Zuordnung einen *Request* einreichen können, jedoch keinen *Letter rogatory*. Zwingend ist diese Unterscheidung jedoch nicht und in der Praxis der US-amerikanischen Gerichte ist es nur schwer vorstellbar, dass eine solche Unterscheidung jemals relevant werden könnte, weil sie im Ergebnis keine praktischen Auswirkungen hat. Staatliche Gerichte stellen einen *Letter rogatory* aus, internationale Schiedsgerichte reichen einen *Request* ein.

Eine Frist zur Einreichung eines Rechthilfeantrags nach 28 U.S.C. § 1782 gibt es nicht.

IX. Klarstellungsfunktion von 28 U.S.C. § 1782(b)

28 U.S.C. § 1782(b) erfüllt lediglich eine Klarstellungsfunktion, indem der Absatz die Aussage trifft, dass keine Person durch die Vorschriften in 28 U.S.C. Chapter 117 (§§ 1781–1785) darin gehindert ist, freiwillig Informationen und Dokumente in ihrem Besitz herauszugeben. Klargestellt werden soll, dass die Vereinigten Staaten keinen Souveränitätsanspruch bei der Beweiserhebung auf ihrem Staatsgebiet geltend machen.[488] Jedoch sind auch bei der freiwilligen und kooperativen Beweiserhebung die Grenzen des anwendbaren Rechts, regelmäßig die Federal Rules of Civil Procedure, zu beachten. Das bedeutet, dass eine Person auch freiwillig nicht solche Dokumente herausgeben darf, welche die anfragende Partei nach dem anwendbaren Recht nicht erlangen soll, z.B. weil die Herausgabe der Dokumente ein *Privilege* eines Dritten verletzt.[489] Eine darüber hinausgehende Funktion hat 28 U.S.C. § 1782(b) nicht.

487 Vgl. *Adler*, Patentverletzungsprozess, S. 226 f.

488 So auch *Smit*, 25 Syracuse J.Int'l.L. & Com. 1, 18 (1998).

489 *Smit*, 25 Syracuse J.Int'l.L. & Com. 1, 19 (1998).

C. Rechtsfolge von 28 U.S.C. § 1782

Die Rechtsfolge von 28 U.S.C. § 1782 ist vollumfängliches Ermessen der *District Courts*.[490] Auch wenn alle Tatbestandsvoraussetzungen der Rechtshilfevorschrift erfüllt sind, steht es einem *District Court* frei, einen Antrag im konkreten Fall abzulehnen. Dabei haben die Gerichte stets die doppelte Zielsetzung der Norm zu beachten: Internationale Verfahren sollen effizienter werden und andere Staaten sollen angehalten werden, ihre Beweisvorschriften den US-amerikanischen anzupassen. Darin, wie sie ihr Ermessen ausüben, sind die *District Courts* grundsätzlich frei. Ihnen sollen keine zu engen Vorgaben gemacht werden, die kreativen Lösungen im Einzelfall im Wege stehen.[491]

Das weite Ermessen folgt aus dem Wortlaut der Vorschrift (*may*). In der Rechtsprechung wurde es konkretisiert. Absolut wegweisend ist dazu das Urteil des *Supreme Courts* in *Intel*.[492] Dort hat der *Supreme Court* hervorgehoben, dass dem Ermessen eines District Courts als Korrektiv zur weiten Auslegung der Tatbestandvoraussetzungen von 28 U.S.C. § 1782 eine besondere Bedeutung zukommt. Das Ermessen betrifft nämlich nicht nur das Ob, sondern vor allem auch das Wie der Beweisaufnahme.[493]

Kernstück der *Intel*-Entscheidung ist die Aufstellung der sog. *Intel*-Kriterien.[494] Hierbei handelt es sich um eine nicht abschließende Liste von Kriterien, die unterinstanzliche Gerichte bei einem Antrag nach 28 U.S.C. § 1782 zu berücksichtigen haben.[495] Bei ihnen geht es um die Anerkennungsbereitschaft des Hauptsachegerichts hinsichtlich Beweisen, um die Parteistellung des Rechtshilfeantragsadressaten im Hauptsacheverfahren, um den prozessualen Charakter des Hauptsacheverfahrens, um die Grenzen der Beweisbeschaffung im Hauptsacheverfahren, und darum, ob ein konkreter Rechtshilfeantrag unbillig ist.[496]

D. Rechtsbehelfe

Für die Frage der möglichen Rechtsbehelfe ist zu unterscheiden, welche Partei einen solchen erwägt. Handelt es sich um den Antragssteller, steht diesem der allgemeine Instanzenzug offen. Er kann die Entscheidung des *District Courts*, den Rechtshilfeantrag abzulehnen, vom zuständigen *Circuit Court* überprüfen lassen. Zwar passt das allgemeine „Recht auf Beschwerde" für alle Endurteile nach der sog. *Final*

---

490 *Adler*, Patentverletzungsprozess, S. 298.
491 *Euromepa S.A. v. R. Esmerian, Inc.*, 51 F.3d 1095, 1102 (2nd Cir. 1995).
492 *Intel v. AMD*, 542 U.S. 241 (2004).
493 *Rollin*, Ausländische Beweisverfahren, 80.
494 *Intel v. AMD*, 542 U.S. 241, 264.
495 Dass die *Intel*-Kriterien nicht abschließend gemeint sind, lässt sich etwa daran erkennen, dass *Justice Ginsburg* in einer Fußnote auf weitere Umstände verweist, die der District Court berücksichtigen könnte. Vgl. 542 U.S. 241, 266 n 19.
496 542 U.S. 241, 264 f.; *Adler*, Patentverletzungsprozess, S. 300 f.

judgement rule[497] dogmatisch bei Entscheidungen zu 28 U.S.C. § 1782 nicht, weil eine ablehnende Entscheidung des Rechtshilfeantrags keine streitbeilegende Wirkung hat.[498] Jedoch behandelt die Rechtsprechung der *Circuit Courts* Entscheidungen zu 28 U.S.C. § 1782 praktisch wie *Final judgments.*[499] Nennenswert ist die Auseinandersetzung des *Circuit Courts* des *Tenth Circuit* in der Entscheidung *Republic of Ecuador v. Bjorkman.* Dort heißt es:

> *"Absent certain exceptions, "federal appellate courts have jurisdiction solely over appeals from final decisions of the district courts of the United States."(...) A decision is final if it "ends the litigation on the merits and leaves nothing for the court to do but execute the judgment."(...) Initially we note that in a § 1782 proceeding, there is nothing to be done "on the merits." Section 1782 empowers a district court to order a person residing within its district to "give his testimony or statement or to produce a document or other thing for use in a proceeding in a foreign or international tribunal." (...) The only issue before the district court is discovery; the underlying litigation rests before a foreign tribunal." (...) (T)he Seventh Circuit stated in Heraeus Kulzer, GmbH v. Biomet, Inc., that, in the context of a § 1782 application, "when no further proceedings are contemplated, the court's last order, even if it is a discovery order, is an appealable final order".*[500]

Mithin wird eine Beschwerde in den allermeisten Fällen möglich sein. Die Zuständigkeit des *Circuit Courts* folgt aus 28 U.S.C. § 1291.

Die dann folgende Instanz ist der *Supreme Court.* Als letztes Rechtsmittel ist der sog. *Writ of certiorari* statthaft. Dieser wird auf Grund der Seltenheit, mit welcher der *Supreme Court* Fälle zur Entscheidung annimmt, zum Teil als außerordentlicher Rechtsbehelf bezeichnet.[501] Im Allgemeinen ist dieser Aussage zuzustimmen. Für die konkrete Fragestellung dieser Arbeit, die Anwendbarkeit von 28 U.S.C. § 1782 für internationale Schiedsverfahren, ist eine Entscheidung des *Supreme Courts* jedoch zu erwarten.

Handelt es sich um den Rechtshilfeantragsadressaten, der einen Rechtsbehelf einlegen möchte, stehen diesem verschiedene zur Verfügung. Erstens kann er sich mit einer *Motion for protective order* nach Rule 26 (c) an den *District Court* wenden. Hierbei handelt es sich um eine gerichtliche Schutzmaßnahme zu Gunsten der Beweisperson.[502] Den Inhalt der Schutzmaßnahme bestimmt das Gericht nach freiem Ermessen. Regelmäßig werden hiermit Geschäftsgeheimnisse geschützt. Zweitens

---

497 *Burnham*, Law and Legal System of the US, 175.

498 So auch *Rollin*, Ausländische Beweisverfahren, 85.

499 *In the Matter of Letters Rogatory issued by the Director of Inspection of the Government of India,* 385 F.2d 1017, 1018 (2nd Cir. 1967); *Kestrel Coal Pty v. Joy Global Inc,* 362 F.3d 401, 403 (7th Cir. 2004), *In re Application of Aldunate,* 3 F.3d 54, 57 (2nd Cir. 1993).

500 *In re Application of the Republic of Ecuador v. Bjorkman,* 2013 WL 5995697, 3 (10th Cir. 2013).

501 *Rollin*, Ausländische Beweisverfahren, 86.

502 *Schack*, US-amerikanisches Zivilprozessrecht, Rn. 123.

kann der Rechtshilfeantragsadressat mit einer *Motion to quash* gegen den *Subpoena* vorgehen. Hierzu hat er die Rechtmäßigkeit der Maßnahme als solche und nicht bloß die Art und Weise der Durchführung in Frage zu stellen.[503] Zu beachten ist, dass eine *Motion to quash* des Rechtshilfeantragsadressaten die Vollstreckbarkeit einer Beweisanordnung des *District Courts* nicht hemmt. Dafür muss der Rechtshilfeantragsadressat eine einstweilige Aufhebung des Beschlusses, sog. *Stay*, erwirken.[504] Dieser richtet sich nach Rule 62 der Federal Rules of Civil Procedure für den *District Court* bzw. Rule 8 der Federal Rules of Appellate Procedure für den *Circuit Court*. Falls kein *Stay* ergangen ist und die Beweisaufnahme während der Anhängigkeit der Berufung stattfindet, erledigt sich die Berufung, indem sie *Moot* wird.

Außerdem ist eine Entscheidung zu 28 U.S.C. § 1782, sofern sie von einem *Magistrate Judge* erlassen wurde, von einem *Art. III-Judge* des *District Courts* auf Antrag zu überprüfen.[505]

Letztlich ist auch die Gegenpartei aus dem zu unterstützenden Hauptsacheverfahren gegen eine Anordnung nach 28 U.S.C. § 1782 beschwerdebefugt. Sie ist zwar nicht unmittelbar Adressat, wohl aber durch die spätere Verwertung im Hauptsacheverfahren beschwert.[506] Dies gilt sowohl für eine *Motion* beim *District Court* als auch beim *Circuit Court*.[507]

E. Kosten

Bei der Entscheidung über das Ob der Einleitung eines Verfahrens nach 28 U.S.C. § 1782 sind finanzielle Aspekte nicht auszublenden. Sofern das Rechtshilfeverfahren formal durch das Hauptsachegericht in Anspruch genommen wird, sind die Kosten als Kosten des Hauptsacheverfahrens zu berücksichtigen. Die Verteilung der Kosten richtet sich vorrangig nach der Vereinbarung der Parteien, ansonsten nach den anwendbaren Prozessregeln.

Anders ist die Situation, wenn eine Partei einen Rechtshilfeantrag stellt. Der Antragsteller hat nach der grundsätzlichen *American rule of costs* sämtliche Kosten eigenständig zu tragen. Das umfasst die Gerichtskosten des *District Courts*, die Kosten des *Subpoena* nach Rule 45 (b)(1) sowie alle Kosten der *Discovery* selbst, einschließlich der Anwaltskosten. Dabei ist unbedingt zu beachten: *Discovery* ist kostspielig. Einerseits kosten Anwälte in den Vereinigten Staaten viel Geld. Die Abrechnung nach Stundensätzen ist üblich, auch weil es keine festen Gebührentabellen

503 *Rollin*, Ausländische Beweisverfahren, 85.
504 *Rollin*, Ausländische Beweisverfahren, 86.
505 Siehe hierzu bereits oben § 2 B I.
506 *Chase Manhatten Corporation v. Sarrio S.A.*, 119 F.3d 143, 148 (2nd Cir. 1997), *In re Letter of Request from the Crown Prosecution Service of the United Kingdom*, 870 F.2d 686, 689 (D.C.Cir. 1989); *In re Request for Assistance from the Seoul District Criminal Court*, 555 F.2d 720, 723 (9th Cir. 1977); *In Re Letter Rogatory from the Justice Court, District of Montreal*, 523 F.2d 562, 563 f. (6th Cir. 1975).
507 *Rollin*, Ausländische Beweisverfahren, 86.

gibt, denn der *Supreme Court* sieht in Mindestgebühren eine verbotene Kartellabsprache.[508] Das wiederum setzt für Anwälte den Leistungsanreiz, eine *Discovery* in die Länge zu ziehen.[509] Andererseits ist es nicht ratsam, ein Rechtshilfeverfahren nach 28 U.S.C. § 1782 ohne einen erfahrenen US-amerikanischen Prozessanwalt durchzuführen. Verfahrensregeln und Formalitäten machen es unerlässlich, einen mit ihnen vertrauten Anwalt zu konsultieren.[510]

Die Möglichkeit, mit dem beauftragten Anwalt ein Erfolgshonorar zu vereinbaren, besteht hier praktisch nicht. Eine solche Vereinbarung funktioniert nämlich nur dann, wenn bei Prozessgewinn am Ende eine Geldsumme steht, von der sich der Anwalt, regelmäßig mit etwa 30 %, bedienen darf. Dieses Szenario tritt bei einem Antrag nach 28 U.S.C. § 1782 jedoch nicht ein. Selbst im Falle eines vollumfänglich erfolgreichen Antrags stehen am Ende nur Beweise. Mit diesen kann der Anwalt seine Rechnungen nicht bezahlen. Sollte man auf die Idee kommen, den beauftragen Anwalt an einem potentiellen Erfolg im Hauptsacheverfahren beteiligen zu wollen, so ergeben sich ganz neue Probleme, auf die in dieser Arbeit nicht in der angemessenen Tiefe eingegangen werden kann. Zum einen muss eine solche Erfolgshonorarvereinbarung an dem im Hauptsacheverfahren anwendbaren Recht bezüglich ihrer Zulässigkeit gemessen werden. Zum anderen erscheint es in einer solchen Konstellation naheliegend, den US-amerikanischen Anwalt als Prozessfinanzierer (*Third Party Funder*) des Hauptsacheverfahrens, mit all den sich daraus ergebenden Schwierigkeiten, zu qualifizieren.[511]

Sollte sich der Rechtshilfeantragsadressat anwaltlich vertreten lassen, so hat er seine Anwaltskosten selbst zu tragen.[512] Alles in allem sind die Kosten eines Rechtshilfeverfahrens nach 28 U.S.C. § 1782 stets im Blick zu behalten und gegen die erhofften Vorteile abzuwiegen.

F. Zusammenfassung

Das internationale Rechtshilferecht in den Vereinigten Staaten reicht bis ins 19. Jahrhundert zurück. Bereits 1855 wurde die erste Norm hierzu erlassen. Der aktuelle Wortlaut von 28 U.S.C. § 1782 stammt im Wesentlichen aus dem Jahr 1964. Er sieht die Rechtshilfe in Beweissachen für internationale Rechtsstreitigkeiten vor. Federführend an der Reform von 1964 war *Smit* beteiligt, der u.a. aufgrund eines Zitates des *Supreme Courts* in *Intel* eine zentrale Rolle für die Diskussion über das Thema dieser Arbeit spielt.

508 *Schack*, US-amerikanisches Zivilprozessrecht, Rn. 20.

509 *Rollin*, Ausländische Beweisverfahren, 37.

510 *Rollin*, Ausländische Beweisverfahren, 86.

511 Vgl. zum Thema *Third Party Funding*: *Bench-Niewveld/Shannon*, Third-Party Funding in International Arbitration, Kluwer Law International 2012.

512 *Rollin*, Ausländische Beweisverfahren, 87.

Der Tatbestand von 28 U.S.C. § 1782 ist davon geprägt, dass die Merkmale im Worlaut weit gefasst sind und auch von der Rechtsprechung weit ausgelegt werden. Z.B. ist es bezüglich des Anwendungsbereichs des Rechtshilfeverfahrens möglich, Rechtshilfe für Rechtsstreitigkeiten zu gewähren, die lediglich *within reasonable contemplation* sind. Ebenso ist die Zuständigkeit US-amerikanischer Gerichte nach der *Transient presence rule* ein äußerst weites Kriterium.

Als Rechtsfolge von 28 U.S.C. § 1782 steht den *District Courts* Ermessen zur Verfügung. Sie können entscheiden, ob Rechtshilfe im Einzelfall zu gewähren ist oder nicht. Gleichlaufend mit dem weiten Tatbestand wird auch das Ermessen kaum durch Vorgaben der Rechtsprechung eingeschränkt. Lediglich die gleich näher zu erörternden *Intel*-Kriterien des *Supreme Courts* sind hier zu brücksichtigen.

§ 5. Die US-amerikanische Rechtsprechung zu 28 U.S.C. § 1782 und der internationalen Schiedsgerichtsbarkeit

Die Frage der Anwendbarkeit von 28 U.S.C. § 1782 auf internationale Schiedsgerichte entzündet sich am Wortlaut der Vorschrift. Darin heißt es *„proceeding in a foreign or international tribunal"*.[513] Ob und unter welchen Voraussetzungen auch internationale Schiedsgerichte ein *foreign or international tribunal* sind, ist seit Langem umstritten. Die aktuelle Rechtsprechung schafft hier keine Rechtssicherheit. Bis zu einem Urteil des *Supreme Courts* wird die Frage umstritten und ungeklärt bleiben.

Die US-amerikanische Rechtsprechung zur Anwendbarkeit von 28 U.S.C. § 1782 auf internationale Schiedsverfahren ist von einschneidenden Änderungen geprägt. Die Entscheidungen der *District Courts* und *Circuit Courts* lassen sich in verschiedene Abschnitte einteilen. Zunächst haben erstinstanzliche Gerichte die Anwendbarkeit bejaht,[514] bevor im Jahr 1999 die erste Änderung erfolgte. Die *Circuit Courts* des *Second* und *Fifth Circuit* entschieden sich gegen die Anwendbarkeit der Vorschrift auf internationale Schiedsgerichte.[515] Nur fünf Jahre später erfolgte eine erneute Kehrtwende. Der *Supreme Court* fällte im Jahr 2004 in der Rechtssache *Intel v. AMD* sein erstes und bisher einziges Urteil zu 28 U.S.C. § 1782.[516] Zwar betraf diese Entscheidung kein Schiedsgericht. Vielmehr ging es generell um eine Neuorientierung bei der Auslegung des Begriffs *tribunal*. Der *Supreme Court* sah die Europäische Kommission als *tribunal* an.[517] Im Anschluss an diese höchstrichterliche Entscheidung trauten sich erneut einige Untergerichte, 28 U.S.C. § 1782 auf internationale Schiedsverfahren anzuwenden.[518] Wenn auch noch vorsichtig und zurückhaltend, schien sich doch eine schiedsfreundliche Auslegung zu etablieren. Gleichzeitig entschieden jedoch auch einige Gerichte, dass 28 U.S.C. § 1782 auf internationale Schiedsgerichte nicht anwendbar sei. Das Urteil des *Supreme Courts* habe an der Rechtslage zu 28 U.S.C. § 1782 in Bezug

---

513 United States Code (1996), Title 28, Part V, Chapter 117, § 1782(a).

514 *In re application of Technostroyexport*, 853 F.Supp. 659 (S.D.N.Y. 1994); *In re application of the Republic of Kazakhstan*, 33 F.Supp.2d 567 (S.D.Tex. 1998); *In re Trygg-Hansa Ins. Co.*, 896 F.Supp. 624 (E.D.La. 1995).

515 *National Broadcasting Company v. Bear Stearns*, 165 F.3d 184 (2nd Cir. 1999); *The Republic of Kazakhstan v. Biedermann*, 168 F.3d 880 (5th Cir. 1999).

516 *Intel v. AMD*, 542 U.S. 241 (2004).

517 542 U.S. 241 (2004).

518 *In re application of Oxus Gold*, 2006 U.S. Dist. LEXIS 74118; *In re application of Roz Trading*, 469 F.Supp.2d 1221 (N.D. Georgia 2006); *In re application of Hallmark*, 534 F.Supp.2d 981 (D. Minnesota 2008).

auf internationale Schiedsgerichte nichts geändert. Vor diesem Hintergrund entwickelte sich unter einigen *District Courts* ab 2006 als vermittelnder Ansatz die Überlegung, 28 U.S.C. § 1782 auf Investitionsschutzschiedsverfahren anzuwenden, auf Handelsschiedsverfahren aber nicht.

Den bisherigen Höhepunkt dieser diffusen Rechtslage bildet das Urteil des *Circuit Courts* aus dem *Eleventh Circuit* im Rechtsstreit zwischen CONECEL und JAS.[519] Das Gericht bezog im Juni 2012 zunächst eindeutig Stellung, um sein Urteil dann aber im Januar 2014 wieder zurückzunehmen.

Die Entwicklung der Rechtsprechung wird im Folgenden näher dargestellt. Dazu wird zunächst auf die Rechtsprechung vor der Entscheidung des *Supreme Courts* eingegangen (A). Sodann wird die *Intel*-Entscheidung selbst betrachtet (B), denn an dieser Entscheidung wird die Frage, ob 28 U.S.C. § 1782 zur Unterstützung von internationalen Schiedsverfahren zur Verfügung steht, zu messen sein. Anschließend werden die wesentlichen Urteile, die nach *Intel* ergangen sind und sich mit der Gewährung von Rechtshilfe für internationale Schiedsverfahren beschäftigen, dargestellt und systematisiert (C).

A. Die Rechtsprechung vor der *Supreme Court*-Entscheidung in *Intel v. AMD*

I. Erste District Court Entscheidungen Mitte der 1990er Jahre

Mitte der 1990er Jahre ergehen die ersten Entscheidungen US-amerikanischer Gerichte zur Anwendbarkeit von 28 U.S.C. § 1782 im Kontext der internationalen Schiedsgerichtsbarkeit. In zwei Verfahren erklären die *District Courts* des *Southern District of New York* und des *Eastern District of Louisiana* die Vorschrift für anwendbar.[520] Dies geschieht jedoch, ohne sich der Streitfrage bewusst zu sein. Das Gericht im Fall *Technostroyexport* stellt ohne Begründung fest, dass ein Schiedsrichter oder ein Schiedsgericht ein *tribunal* unter 28 U.S.C. § 1782 ist.[521] Ebenso wenig aussagekräftig ist das Urteil im Fall *Trygg-Hansa*.[522] Das Gericht umgeht die Auslegung des Begriffs *tribunal* mit Hilfe einer äußerst förmlichen Argumentation bezüglich der Parteianträge gänzlich.[523] Insgesamt tragen beide

519 *Consorcio Ecuatoriano de Telecomunicaciones S.A. v. JAS Forwarding (USA)*, 685 F.3d 987 (11th Cir. 2012); 2014 WL 104132 (11th Cir. 2014).

520 *In re application of Technostroyexport*, 853 F.Supp. 695 (S.D.N.Y. 1994); *In re Trygg-Hansa Ins.* Co., 896 F.Supp. 624 (E.D. La. 1995).

521 *In re application of Technostroyexport*, 853 F.Supp. 695 (S.D.N.Y. 1994).

522 *In re Trygg-Hansa Ins. Co.*, 896 F.Supp. 624 (E.D. La. 1995).

523 Der Antragsteller Trygg-Hansa Insurance Company hatte seinen Rechtshilfeantrag untechnisch *„Motion to Take Discovery Persuant to 28 U.S.C. 1782"* genannt. Weil nach 28 U.S.C. § 1782 jedoch nicht alle *Discovery* Mittel zur Verfügung stehen, folgert das Gericht, dass sich der Antrag zumindest auch auf eine allgemeine *Discovery* nach *den Federal Rules of Civil Procedure* beziehe und losgelöst von einem

Entscheidungen inhaltlich nichts zur Konkretisierung der Auslegung des Begriffs *tribunal* in 28 U.S.C. § 1782 bei.[524]

II. Entscheidung NBC v. Bear Stearns

Im Jahr 1999 muss zum ersten Mal ein Berufungsgericht zur Frage der Anwendbarkeit von 28 U.S.C. § 1782 auf internationale Schiedsverfahren Stellung nehmen. Im Fall *NBC v. Bear Stearns*[525] entscheidet das Gericht, dass ein privates Schiedsgericht der International Chamber of Commerce (ICC) mit Sitz in Mexiko kein *foreign or international tribunal* im Sinne von 28 U.S.C. § 1782 ist.

1. Sachverhalt

Der Sachverhalt vor dem Berufungsgericht des *Second Circuits* ist folgender: Die National Broadcasting Company, Inc. und NBC Europe, Inc. (gemeinsam die *Beklagten*) sind von der Mexikanischen TV Azteca S.A. de C.V. (*Klägerin*) basierend auf einer Schiedsvereinbarung verklagt worden.[526] Das Schiedsverfahren wird in Mexiko durchgeführt. Die zuständige Schiedsorganisation ist die ICC und die Anwendung mexikanischen Rechts ist vereinbart. Inhaltlich soll das Schiedsverfahren einen Streit über die Auslegung einer *Share Purchase Option* beilegen. Noch bevor das dreiköpfige Schiedsgericht zusammengestellt wird,[527] machen die Beklagten in ihrem Verteidigungsschreiben gegenläufige Schadenersatzansprüche gegen die Klägerin geltend. Grund hierfür seien Täuschungen der Klägerin über ihre finanzielle Situation und ihre Pläne bezüglich eines *Initial Public Offerings*. Die Klägerin habe sich mit Hilfe ihrer Finanzberater finanziell schlechter dargestellt, als es tatsächlich um sie stehe. Ziel sei es gewesen, die Beklagten davon abzuhalten, die *Share Purchase Option* in vollem Maße auszunutzen.[528] Um Beweise zu erbringen, wollen die Beklagten Zeugenaussagen der Finanzberater über 28 U.S.C. § 1782 beibringen.

Die streitentscheidende Frage lautet also: Ist ein ICC-Schiedsgericht ein *tribunal* im Sinne von 28 U.S.C. § 1782?

Rechtshilfeersuchen für ein internationales Schiedsverfahren zu betrachten sei. Für eine solche allgemeine *Discovery* ist das Gericht selbstverständlich zuständig, ohne die Frage nach der Anwendbarkeit von 28 U.S.C. § 1782 im Kontext der Schiedsgerichtsbarkeit beantworten zu müssen.

524 Diesbezüglich irreführend: *Steinbrück*, IPrax 2008, 448. Nach *Steinbrücks* Darstellung ist anzunehmen, dass sich die Entscheidungen mit der Auslegung des Begriffs *tribunal* befasst hätten.

525 *National Broadcasting Company v. Bear Stearns*, 165 F.3d 184 (2nd Cir. 1999).

526 165 F.3d 184, 185.

527 Zum Zeitpunkt des 28 U.S.C. § 1782-Antrags der Beklagten hatten beide Parteien je einen Schiedsrichter benannt. Allerdings stand die Ernennung des Vorsitzenden Schiedsrichters noch aus.

528 165 F.3d 184, 186.

2. *Auslegung des District Courts for the Southern District of New York*

Erstinstanzlich hat der *Disctrict Court for the Southern District of New York* zu entscheiden.[529] Der zuständige Einzelrichter, *Judge Robert W. Sweet*, wendet für seine Urteilsfindung drei klassische juristische Auslegungsmethoden an: Wortlaut, Gesetzgebungsgeschichte sowie Sinn und Zweck.

Ausgehend vom Wortlaut befindet das Gericht, der Begriff *tribunal* sei hinreichend weit, um Schiedsgerichte zu erfassen.[530] Nach der US-amerikanischen *Plain meaning rule* wird bei der Wortlautauslegung stets das allgemeingebräuchliche Verständnis zu Grunde gelegt. Nur wenn die Norm selbst eine Definition enthält oder die Auslegung nach der *Plain meaning rule* zu absurden Ergebnissen führt, kann von ihr abgewichen werden.[531]

Voraussetzung der Anwendung dieser Auslegungsmethode ist jedoch, dass einem Begriff überhaupt ein *Plain meaning* zugewiesen werden kann. Darauf, ob dies für den Begriff *tribunal* zutreffe, geht das Gericht nicht ein. Im Widerspruch zum zurvor postulierten weitem Verständnis des Begriffs *tribunal* lässt das Gericht die Frage nach der Bedeutung des Begriffs *tribunal* offen und springt zur Gesetzgebungsgeschichte sowie dem Sinn und Zweck der Vorschrift.[532] Dieser systematische Bruch in der juristischen Herangehensweise erklärt sich wohl daraus, dass sich das vom Gericht erwünschte Ergebnis leichter über letztere Auslegungsmethoden begründen lässt.

Das Gericht stellt fest, dass die Gesetzgebungsgeschichte der Norm keine Anhaltspunkte dafür bietet, dass private Schiedsgerichte erfasst sind.[533] Die Gesetzgebungsmaterialien schwiegen zu diesem Problem. Historisch seien Schiedsgerichte keine *tribunals* im Sinne von 28 U.S.C. § 1782 gewesen. Deswegen sei es konsequent, das Schweigen der Gesetzgebungsmaterialien als Argument für die Beibehaltung des Status quo heranzuziehen, und Schiedsgerichte als nicht erfasst zu betrachten. Schließlich argumentiert der *District Court* mit dem Sinn und Zweck.[534] 28 U.S.C. § 1782 verfolge zwei Ziele: Erstens sollen ausländische Verfahren weitreichende Unterstützung erfahren, wodurch ausländische Gerichte zu Reziprozität angehalten werden sollen. Zweitens solle ein Anreiz für andere Staaten geschaffen werden, ihre Beweisregeln den Vorschriften nach den Federal Rules of Civil Procedure

---

529 *In re the application of National Broadcasting Company,* 1998 U.S. Dist. LEXIS 385.

530 1998 U.S. Dist. LEXIS 385, 10.

531 *Caminetti v. United States,* 242 U.S. 470, 490 (1917); *Burnham,* Law and Legal System of the US, 54.

532 *In re the application of National Broadcasting Company,* 1998 U.S. Dist. LEXIS 385, 12f.

533 Zur Gesetzgebungsgeschichte von 28 U.S.C. § 1782 siehe oben § 4 A.

534 1998 U.S. Dist. LEXIS 385, 20.

anzupassen.[535] Hingegen sei es nicht vom Sinn und Zweck erfasst, internationalen Schiedsverfahren einen weiterreichenden Schutz als nationalen Schiedsverfahren zu gewähren. Das wäre nach Ansicht des Gerichts jedoch die notwendige Konsequenz einer Anwendung der Vorschrift auf internationale Schiedsverfahren. Letztlich schade eine andere Auslegung der *Federal policy favouring arbitration.*[536] Schiedsparteien würden verleitet, rechtsbrüchig zu werden, weil sie sich entgegen einer Anordnung von Schiedsrichtern der prozessualen Mittel nach 28 U.S.C. § 1782 bedienen könnten.[537]

Alles in allem lässt sich die Argumentation des Gerichts wie folgt zusammenfassen: Erstens sei der Wortlaut nicht eindeutig. Zweitens schrieben die Gesetzesmaterialien zwar weder eine Einbeziehung noch einen Ausschluss vor, doch seien Schiedsgerichte ursprünglich keine *tribunals* im Sinne der Vorschrift gewesen, wofür – drittens – auch der Sinn und Zweck spreche. Weil es nicht die Aufgabe eines Gerichts, sondern die des Gesetzgebers sei, neue prozessuale Mittel zu schaffen, seien Schiedsgerichte nicht von 28 U.S.C. § 1782 erfasst.

3. *Urteil des Court of Appeals for the Second Circuit*

Diese Argumentationsgrundlage vorfindend entscheidet der *Circuit Court.* Wie bereits erwähnt folgt das Gericht dem *District Court* und lehnt die Anwendbarkeit von 28 U.S.C. § 1782 im Kontext der internationalen Schiedsgerichtsbarkeit ebenfalls ab. Letztlich wiederholt das Berufungsgericht weitestgehend die Argumente von *Judge Sweet.* Der Wortlaut sei nicht eindeutig, die Gesetzgebungsgeschichte sowie der Sinn und Zweck sprächen gegen die Anwendbarkeit.[538] Lediglich zwei eigenständige Argumente des *District Courts* sind hervorzuheben:

Erstens betont das Gericht im Rahmen der Gesetzgebungsgeschichte, dass die vorhandenen Materialien stets staatliche Gebilde *(Governmental entities)* vor Augen gehabt hätten.[539] Bei der Neufassung von 28 U.S.C. § 1782 im Jahr 1964 sei die Vorgängernorm mit einer anderen Vorschrift, nämlich 22 U.S.C. §§ 270–270g, zusammengefasst worden. Der Begriff *tribunal* sei aus dieser Vorschrift übernommen

535 Im Urteil *Heraeus Kulzer GmbH v. Biomet, Inc*, 633 F.3d 591 (7th Cir. 2011) deutet das Gericht ein weiteres, bisher unausgesprochenes Ziel der Norm an. *Judge Posner* äußerte vorsichtig die Meinung, der eigentliche Sinn und Zweck von 28 U.S.C. § 1782 sei, *„to increase the business of American lawyers"*. Für eine Besprechung des Urteils *Heraeus Kulzer GmbH v. Biomet* siehe *Schönknecht,* GRURInt. 2011, 1000–1009.

536 *Mitsubishi Motors Corp. v. Soler Chrysler-Plymouth, Inc.*, 473 U.S. 614 (1985); *Scherk v. Alberto-Culver Co.*, 417 U.S. 506 (1974); *Carnival Cruise Lines, Inc. v. Shute,* 499 U.S. 585 (1991); *The Bremen,* 407 U.S. 1 (1972).

537 *In re the application of National Broadcasting Company,* 1998 U.S. Dist. LEXIS 385, 23.

538 *National Broadcasting Company v. Bear Stearns,* 165 F.3d 184, 188 f.

539 165 F.3d 184, 190–91.

worden und habe dort lediglich staatliche Einrichtungen gemeint. Das schließe zwar nicht die Schiedsgerichtsbarkeit als solche aus,[540] doch würden nur Schiedsgerichte mit hinreichenden staatlichen Bezügen (*State sponsored)* wie zum Beispiel Investitionsschutzschiedsgerichte, erfasst. Ausgeschlossen seien daher alle privaten Handelsschiedsgerichte.[541]

Zweitens sieht das Gericht den Effizienzgrundsatz gefährdet. Die Schiedsgerichtsbarkeit als Institution lebe davon, dass sie günstiger und schneller sei als die staatliche Gerichtsbarkeit. Die US-amerikanische *Discovery* basiere demgegenüber auf dem Gedanken, die Parteien durch ein teures und langwieriges Verfahren, zu einem Vergleich zu bewegen.[542] Die Anwendbarkeit von 28 U.S.C. § 1782 und mithin des *Discovery*-Verfahrens nach den Federal Rules of Civil Procedure, sei nicht mit dem Effizienzgrundsatz in Einklang zu bringen. Die *Strong policy favouring arbitration* spreche dafür, 28 U.S.C. § 1782 hinter den Effizienzgrundsatz zurücktreten zu lassen und für unanwendbar zu erklären.

III. Entscheidung The Republic of Kazakhstan v. Biedermann International

Parallel zum Rechtsstreit in der Sache *NBC v. Bear Stearns* vor dem *Second Circuit* befassen sich Gerichte des *Fifth Circuit* mit derselben Frage.[543] Im Fall *The Republic of Kazakhstan v. Biedermann International* schließt sich der *Circuit Court* des *Fifth Circuit* als zweites Berufungsgericht der Rechtsauffassung an, wonach 28 U.S.C. § 1782 auf internationale Schiedsverfahren nicht anwendbar ist.

1. *Sachverhalt*

Der Sachverhalt in diesem Fall ist, knapp zusammengefasst, folgender: Ein kalifornisches Unternehmen, Biedermann International, führt einen Investitionsschutzrechtsstreit mit dem Staat Kasachstan. In diesem geht es um ein gemeinsames Unternehmen zur Erschließung von Ölfeldern. Das Schiedsverfahren in Stockholm

---

540 Diese Aussage bezieht sich im Urteil auf zwei spezielle Schiedsgerichte. Zum eine fand im Jahr 1930 ein Schiedsverfahren zwischen den Vereinigten Staaten und Kanada statt. Als Reflex dieses Rechtsstreits sind 22 U.S.C. §§ 270–270c erlassen worden. Zum anderen bezieht sich das Urteil auf das Schiedsgericht der sog. *„United States-German Mixed Claims Commission"* aus dem Jahr 1933 (Grund für 22 U.S.C. §§ 270d-270g). Das Berufungsgericht hat mit seiner Argumentation unbewusst einen Aufhänger geschaffen, an den spätere Gerichte anknüpfen konnten. Hierüber konnte im Jahr 2007 das Gericht in *Oxus*-Fall 28 U.S.C. § 1782 auf ein Investitionsschutzverfahren für anwendbar erklären, siehe unten § 5 C I 1 / § 6 B.

541 165 F.3d 184, 191.

542 165 F.3d 184, 191.

543 *In re application of the Republic of Kazakhstan,* 33 F.Supp.2d 567 (S.D.Tex. 1998); *The Republic of Kazakhstan v. Biedermann,* 168 F.3d 880 (5th Cir. 1999).

findet nach den Regeln der Stockholm Chamber of Commerce (SCC) statt. Kasachstan beantragt bei einem US-amerikanischen Gericht in Texas, Dokumente von einer dritten Person zu bekommen. Die Dokumente sollen als Beweis im Schiedsverfahren verwendet werden. Die dritte Person ist am Schiedsverfahren unbeteiligt.

2. Auslegung des District Court for the Southern District of Texas

Anders als in *NBC v. Bear Stearns* vertreten der erstinstanzliche *District Court* und später der *Circuit Court* unterschiedliche Rechtsauffassungen. Der *District Court* geht davon aus, dass 28 U.S.C. § 1782 auf internationale Schiedsgerichte anwendbar ist.[544] Das Gericht begründet dieses Ergebnis im Wesentlichen mit drei Argumenten:

Erstens sei der Wortlaut eindeutig und die Gesetzgebungsgeschichte schließe Schiedsgerichte nicht aus. Für das Gericht ist ein internationales Schiedsgericht unproblematisch ein *tribunal* im Sinne von 28 U.S.C. § 1782. Das ergebe sich aus gesundem Menschenverstand (*Common sense*).[545] Außerdem biete die Gesetzgebungsgeschichte keine Anhaltspunkte dafür, Schiedsgerichte auszuschließen. Das Schweigen der Gesetzgebungsmaterialien sei irrelevant, weil der Wortlaut, und nicht das Schweigen der Gesetzgebungsmaterialien, einer Vorschrift ihre Bedeutung gebe. Angemerkt sei an dieser Stelle, dass sich Biedermann International in seiner Klageerwiderung ungeschickt ausdrückt. Das Unternehmen bezeichnet sich selbst als Klägerin eines privaten Schiedsverfahrens vor einem *tribunal* in Schweden.[546] Mit dieser Formulierung gibt es dem Gericht offensichtlich eine Steilvorlage.

Zweitens stellt das Gericht für die Gewährung von Rechtshilfe entscheidend auf die Eigenschaft des zu unterstützenden Spruchkörpers ab. Sofern es sich um eine rechtsprechende Institution handele, sei Rechtshilfe zu gewähren.[547] Das sei bei einem Schiedsgericht der Fall, weil es erstinstanzlich über Streitigkeiten entscheide und vollstreckbare Urteile erlasse.

Drittens schade eine andere Auslegung der Vorschrift der internationalen Schiedsgerichtsbarkeit.[548] Ganz anders als das Gericht in *NBC v. Bear Stearns* argumentiert das Gericht, dass internationale Parteien davon abgeschreckt würden, sich auf ein internationales Schiedsgericht zu einigen, wenn für sie nicht die Möglichkeit bestünde, notwendige Unterlagen von Dritten im Wege der Rechtshilfe zu erlangen. Hierbei handelt es sich um ein *Policy*-Argument. Während in *NBC v. Bear Stearns*

544 *In re application of the Republic of Kazakhstan,* 33 F.Supp.2d 567, 570.

545 33 F.Supp.2d 567, 568.

546 *„Biedermann indirectly concedes this point in its objection, where it says that it is a claimaint in a „private commercial arbitration currently pending before a tribunal constituted by the Arbitration Insitute“*, *In re application of the Republic of Kazakhstan,* 33 F.Supp.2d 567, 568.

547 *„The key to judicial assistance must be that the assisted institution performs an adjudicative function“*, 33 F.Supp.2d 567, 569.

548 33 F.Supp.2d 567, 570.

der Fokus auf Effizienz durch Zurückhaltung gelegt wird, versteht das Gericht in diesem Fall Effizienz als gezielte Unterstützung.

3. *Urteil des Court of Appeals for the Fifth Circuit*

Der *Circuit Court* hebt diese Entscheidung auf. Er folgt in seiner Begründung weitestgehend der kurz zuvor erlassenen Entscheidung des *Circuit Courts* in der Sache *NBC v. Bear Stearns.*

Auch das Gericht im fünften Bezirk ist der Auffassung, der Begriff *tribunal* sei mehrdeutig.[549] Deswegen stellt es entsprechend der *Plain meaning rule* auf die Gesetzgebungsgeschichte sowie den Sinn und Zweck ab. Neu ist dabei die Auseinandersetzung mit dem zweiten Argument des *District Courts* – jeder rechtsprechenden Institution stehe Rechtshilfe zu. Das Berufungsgericht zweifelt die Richtigkeit dieser Aussage mit Fällen aus dem Bereich des Steuerrechts und des Devisenrechts an.[550]

Ferner stellt der *Circuit Court* einen Vergleich von nationaler und internationaler Schiedsgerichtsbarkeit an.[551] Wäre 28 U.S.C. § 1782 auf internationale Schiedsgerichte anwendbar, stünde diesen ein effektiveres Rechtshilfeverfahren in Beweissachen offen als nationalen Schiedsgerichten. Diese sind auf das Verfahren nach 9 U.S.C. § 7 beschränkt.[552]

IV. Zwischenergebnis

Die Berufungsgerichte des *Second Circuits* und des *Fifth Circuits* sprechen sich in zwei Entscheidungen im Jahr 1999 gegen die Anwendbarkeit von 28 U.S.C. § 1782 aus. Im Wesentlichen stützen sich die Gerichte auf die Gesetzgebungsgeschichte und den Normzweck.[553] Zuvor ergangene Urteile sowie die erstinstanzliche Entscheidung im Fall des *Fifth Circuits* hatten das noch anders gesehen.

B. Entscheidung des *Supreme Courts* in *Intel v. AMD*

Der weitere Verlauf der US-amerikanischen Rechtsprechung zu 28 U.S.C. § 1782 findet seinen (vorläufigen) Höhepunkt im Jahr 2004. In *Intel Corporation v. Advanced Micro Devices, Inc.*[554] äußert sich – zum bisher einzigen Mal – der *Supreme Court* zur Auslegung von 28 U.S.C. § 1782. Streng genommen gehört die Entscheidung nicht in die Entwicklung der Rechtsprechung bezüglich der Anwendbarkeit von 28 U.S.C. § 1782 auf internationale Schiedsverfahren. Jedoch ist das Urteil des *Supreme Courts* in zweierlei Hinsicht von entscheidender Bedeutung: Erstens ist die

---

549 *The Republic of Kazakhstan v. Biedermann*, 168 F.3d 880, 881.
550 168 F.3d 880, 882.
551 168 F.3d 880, 883.
552 Siehe oben § 3 B.
553 Vgl. *Steinbrück*, IPrax 2008, 448, 449.
554 *Intel v. AMD*, 542 U.S. 241 (2004).

sog. *post-Intel*-Rechtsprechung US-amerikanischer Gerichte nur in Kenntnis dieser Entscheidung richtig einzuordnen. Zweitens hat der *Supreme Court* in *Intel* fünf Kriterien (die sog. *Intel*-Kriterien) aufgestellt, die bei einer Prüfung von 28 U.S.C. § 1782 auf Ermessensebene zu berücksichtigen sind. Diese Kriterien sind auch für die Frage einer etwaigen Anwendbarkeit der Vorschrift im Rahmen der internationalen Schiedsgerichtsbarkeit relevant.

Kern der Entscheidung ist der Streit um die sog. *Foreign-discoverability rule.* Dieser betrifft die Frage, ob ein *District Court* nur im Rahmen der betroffenen ausländischen Prozessrechtsordnung Rechtshilfe gewähren dürfe. Anders formuliert: Dürfen Beweise mit Hilfe eines *District Courts* beigebracht werden, die nach dem ausländischen Prozessrecht nicht zulässigerweise beigebracht werden könnten? Der *Supreme Court* bejaht diese Frage und schiebt der *Foreign-discoverability rule* einen Riegel vor.

Inhaltlich geht es nur am Rande um den Begriff des *tribunals.* Mögliches *tribunal* in dem Fall ist die Europäische Kommission. Um die Gerichtseigenschaft der Europäischen Kommission zu bejahen, erfindet der *Supreme Court* die Figur des *first-instance decisionmaker.*[555] Die Kommission treffe erstinstanzliche Entscheidungen, sei mithin ein *tribunal* im Sinne der Vorschrift. Auf die Frage, ob ein Schiedsgericht ein *tribunal* ist, geht der *Supreme Court* nicht direkt ein. Dennoch sind die in der Entscheidung genannten Kriterien, insbesondere dasjenige des *first-instance decisionmakers* auch für diese Frage von zentraler Bedeutung.

I. Sachverhalt

Der Rechtsstreit zwischen der Intel Corporation und Advanced Micro Devices (AMD) dreht sich im Kern um kartellrechtliche Fragen. Im Oktober 2000 leitet der Chiphersteller AMD bei der Generaldirektion Wettbewerb der Europäischen Kommission ein Verfahren gegen seinen Wettbewerber Intel ein. AMD behauptet, Intel habe gegen europäisches Kartellrecht verstoßen.[556] Die Kommission lehnt es trotz eines entsprechenden Antrags von AMD ab, Intel zu verpflichten, Dokumente aus einem früheren Kartellverfahren herauszugeben, die sich in den Vereinigten Staaten befinden.[557] AMD beantragt daraufhin beim *District Court for the Northern District of California* am Sitz von Intel die Einleitung des Verfahrens nach 28 U.S.C. § 1728,

555 542 U.S. 241, 258.

556 Die Kommission hat im Jahr 2009 gegen Intel eine Geldbuße nach Artt. 7 Abs. 1, 23 Abs. 2 lit. a VO 1/2003 verhängt. Mit 1,06 Mrd. EUR handelte es sich um die bis dahin höchste Geldbuße, die von ihr jemals verhängt wurde. Die Kommission ist damit zu dem Ergebnis gekommen, dass Intel gegen Art. 102 AEUV (früher Art. 82 EGV) verstoßen hat. Siehe die offizielle Zusammenfassung der Entscheidung in deutscher Sprache unter: Abl. C 227, 22.09.2009, S. 13–17; Kommissionsentscheidung vom 13. Mai 2009, IP/09/745.

557 542 U.S. 241, 250; verweist auf *Intergraph Corp. v. Intel Corp.*, 3 F.Supp.2d 1255 (N.D. Ala. 1998).

um Intel zur Herausgabe eben dieser Unterlagen zu zwingen. Zwar lehnt der *District Court* AMD's Antrag ab,[558] der zuständige *Circuit Court* steht dem Antrag dann aber grundsätzlich zustimmend gegenüber und verweist das Verfahren zurück an den *District Court.*[559] Den Weg zum *Supreme Court* findet dieser Rechtsstreit sodann aufgrund Revisionseinlegung durch Intel.[560]

Der *Supreme Court* sieht die Kommission in ihrer Eigenschaft als Kartellbehörde als *tribunal* an. Wie für Entscheidungen des *Supreme Courts* typisch, verfassen mehrere Richter unterschiedliche Voten zu der Entscheidung.

II. Mehrheitsvotum von Justice Ginsburg

Justice Ruth Bader Ginsburg verfasst die sog. *Opinion of the Court*, also die Mehrheitsentscheidung.[561] Die Richterin analysiert die aufgeworfenen Probleme systematisch. Zunächst stellt *Justice Ginsburg* die historische Entwicklung von 28 U.S.C. § 1782 dar, schildert den streitentscheidenden Sachverhalt und geht auf die Arbeitsweise der Europäischen Kommission als Kartellbehörde ein.[562]

Dann behandelt die Entscheidung den Tatbestand von 28 U.S.C. § 1782.[563] Es geht konkret um vier Fragen zum Tatbestand der Vorschrift: Gebietet die Überschrift der Norm („*Assistance to foreign and international tribunals and to litigants before such tribunals*") eine restriktive Auslegung folgender Passage der Norm: „*(...) upon the application of any interested person (...)*"?[564] Was ist ein *foreign or international tribunal*?[565] Wie ist der Wortlaut („*for use in a proceeding*") in zeitlicher Hinsicht auszulegen?[566] Beinhaltet die Vorschrift die ungeschriebene Tatbestandsvoraussetzung, dass der ersuchte Beweis auch nach dem im Hauptverfahren anwendbaren Prozessrecht zugänglich sein muss (sog. *Foreign-discoverability rule*)?[567]

Justice Ginsburg kommt zum Ergebnis, dass der Gesetzeswortlaut nicht durch die Überschrift eingeschränkt werden kann;[568] ein *first-instance decisionmaker* ein *tribunal* im Sinne der Vorschrift ist;[569] es in zeitlicher Hinsicht genügt, dass ein

558 *AMD v. Intel*, 2002 WL 1339088 (N.D.Cal. 2002); *Intel v. AMD*, 542 U.S. 241, 251.

559 *AMD v. Intel*, 292 F.3d 664 (9th Cir. 2002).

560 Die Revisionseinlegung beim *Supreme Court* wird im amerikanischen Zivilprozessrecht *petition of certiorari* genannt.

561 Der Entscheidung von *Justice Ginsburg* haben sich *Chief Justice Rehnquist, Justice Stevens, Justice Kennedy, Justice Souter* und *Justice Thomas* angeschlossen. *Jusitice O'Connor* war an der Entscheidung des Gerichts nicht beteiligt.

562 *Intel v. AMD*, 542 U.S. 241, 247–255.

563 542 U.S. 241, 255–263.

564 542 U.S. 241, 256.

565 542 U.S. 241, 257.

566 542 U.S. 241, 258.

567 542 U.S. 241, 259; zitiert *Trainmen v. Baltimore & Ohio R.Co.*, 331 U.S. 519, 529 (1947).

568 542 U.S. 241, 256.

569 542 U.S. 241, 258.

Verfahren *within reasonable contemplation* ist;[570] und es keine ungeschriebene *Foreign-discoverability rule* gibt.[571]

Hervorzuheben ist außerdem eine *Obiter dictum* von *Justice Ginsburg* im Zusammenhang mit ihrer *first-instance decisionmaker*-Definition. Aus einem Aufsatz von *Smit* zitierend stellt sie fest: *„[t]he term 'tribunal' ... includes investigating magistrates, administrative and arbitral tribunals, and quasi-judicial agencies, as well as conventional civil, commercial, crimial and administrative courts"*.[572]

Schließlich befasst sich die Entscheidung mit der Rechtsfolge von 28 U.S.C. § 1782. Es steht im Ermessen eines *District Courts,* einem Rechtshilfeantrag stattzugeben, ihn abzulehnen oder ihn auf ein angemessenes Maß zu kürzen. *Justice Ginsburg* stellt diesbezüglich die sog. *Intel*-Kriterien auf.[573] Bei diesen handelt es sich um Ermessenskriterien, die unterinstanzliche Gerichte bei ihrer Entscheidung über einen Antrag nach 28 U.S.C. § 1782 zu berücksichtigen haben.[574]

Der *Supreme Courts* verweist den Rechtsstreit zurück an den *District Court* in Kalifornien.[575] Der *District Court* wendet im Rahmen seiner Ermessensentscheidung die Kriterien an und kommt dabei zum gleichen Ergebnis wie in seiner ursprünglichen Entscheidung. Das Gericht verweigert die Rechtshilfe nach 28 U.S.C. § 1782. Insgesamt war der Weg bis an den *Supreme Court* für AMD letztlich vergebens.

III. Concurring opinion von Justice Scalia

Eine sog. *Concurring opinon* gibt *Justice Scalia* ab. Der Richter schließt sich zwar dem Ergebnis des Mehrheitsvotums von *Justice Ginsburg* an, nicht jedoch der Begründung.[576] Der kurze Text des Sondervotums lautet wie folgt:[577]

> *"As today's opinion shows, the Court's disposition is required by the text of the statute. None of the limitations urged by petitioner finds support in the categorical language of 28 U.S.C. § 1782(a) [28 U.S.C.S § 1782(a)]. That being so, it is not only (as I think) improper but also quite unnecessary to seek repeated support in the words of a Senate Committee Report–which, as far as we know, not even the full committee, much less the full Senate, much much less the House, and much much much less the President who signed the bill, agreed with. Since, moreover, I have not read the entire so-called legislative history, and have no need or desire to do so, so far as I know the statements of the Senate Report may*

570 542 U.S. 241, 259.

571 542 U.S. 241, 260.

572 *Intel v. AMD,* 542 U.S. 241, 258.

573 542 U.S. 241, 264.

574 Das die *Intel*-Kriterien nicht abschließend sind lässt sich etwa daran erkennen, dass *Justice Ginsburg* in einer Fußnote auf weitere Umstände verweist, die der District Court berücksichtigen könnte. 542 U.S. 241, 266, n 19.

575 *AMD v. Intel,* 2004 WL 2282320 (N.D.Cal. 2004).

576 Diese Art einer *Concurring opinion* nennt man *concurring in the judgment.*

577 *Intel v. AMD,* 542 U.S. 241, 267.

be contradicted elsewhere. Accordingly, because the statute–the only sure expression of the will of Congress–says what the Court says it says, I join in the judgment."

Diese – aus deutscher Sicht – überspitze Formulierung zeigt, dass nach *Justice Scalia* der Wortlaut von 28 U.S.C. § 1782 allein ausschlaggebend und eindeutig ist.[578]

IV. Minderheitsvotum von Justice Breyer

Justice Breyer schließt sich dem Ergebnis des Gerichts nicht an. Er verfasst ein Minderheitsvotum, eine sog. *Dissenting opinion.* Für die relevante Frage der Auslegung des Begriffs *tribunal* stellt *Justice Breyer* einen neuartigen Test auf, den sog. *Breyer-test.*[579] Danach müsse zur Bestimmung, ob eine Einrichtung ein *tribunal* im Sinne von 28 U.S.C. § 1782 sei, in zwei Schritten vorgegangen werden. Erstens sei zu prüfen, ob es aus US-amerikanischer Sicht begründete Zweifel daran gebe, dass der Begriff *tribunal* zu der in Frage stehenden Einrichtung passe. Nur dann sei, zweitens, das US-amerikanische Gericht gehalten, das ausländische Selbstverständnis der Einrichtung zu berücksichtigen. Mit diesem zweistufigen Test würden *District Courts* die Zielsetzung des Gesetzgebers besser berücksichtigen.[580] Der Gesetzgeber habe das Ziel gehabt, anderen Staaten eine Rechtshilfenorm bereit zu stellen.[581] Ob diese Norm einem Staat zu Gute kommt, müsse unter Berücksichtigung des Selbstverständnisses des ausländischen Staates entschieden werden.[582] Letztlich liegt dieser Überlegung der Gedanke der *Comity* zu Grunde. Ist sich ein *District Court* nicht sicher, ob eine Einrichtung ein *tribunal* ist, dann sollen es die US-amerikanischen Gerichte dem Herkunftsstaat überlassen, hierüber zu entscheiden.

Schlussfolgernd lehnt *Justice Breyer* die Anwendung von 28 U.S.C. § 1782 ab, weil beide – bereits einzeln die Anwendung ausschließenden – Einschränkungen kumulativ erfüllt seien. Die Europäische Kommission werde aus US-amerikanischer Perspektive wie eine rechtsverfolgende Behörde tätig, nicht jedoch wie eine rechtsprechende Stelle.[583] Der Begriff *tribunal* passe deswegen schon gar nicht zur Europäischen Kommission. Außerdem habe die Kommission selbst darum gebeten, nicht

578 *Justice Scalia* spricht außerdem einen grundsätzlichen Auslegungsstreit im amerikanischen Recht an. Dabei entspricht die Wortwahl seiner nahezu radikalen Positionierung im Lager der *New Textualists.*

579 *"This case does not require us to find a comprehensive set of limits. But it does suggest two categorical limitations, which I would adopt. First, when a foreign entity possesses few tribunal-like characteristics, so that the applicability of the statute's word "tribunal" is in serious doubt, then a court should pay close attention to the foreign entity's own view of its "tribunal"-like or non-"tribunal"-like status".* 542 U.S. 241, 270.

580 542 U.S. 241, 269.

581 542 U.S. 241, 269.

582 542 U.S. 241, 269.

583 542 U.S. 241, 270.

als *tribunal* im Sinne der Rechtshilfevorschrift zu gelten.[584] Auch das ausländische Selbstverständnis spreche also gegen das Ergebnis der Mehrheit.

V. Bewertung

Die Entscheidung hat im Wesentlichen in zwei Punkten Rechtssicherheit geschaffen. Zum einen hat die Entscheidung den Streit um die *Foreign-discoverability rule* beendet. Zum anderen ist durch die *Intel*-Kriterien eine Richtschnur auf Ermessensebene von 28 U.S.C. § 1782 geschaffen worden.

1. *Foreign-discoverability rule*

Die Frage nach der *Foreign- discoverability rule* hat der Supreme Court in *Intel* abschließend beantwortet.[585] Diese Frage war letztlich ausschlaggebend dafür, dass sich der *Supreme Court* mit der Rechtssache befasst hat. Im Jahr 2004 herrschte Uneinigkeit zwischen unterinstanzlichen Gerichten bezüglich der Frage, ob es eine *Foreign-discoverability rule* gibt.[586] Dementsprechend hat *Justice Ginsburg* die Entscheidung in dieser Passage ausführlich dargestellt und begründet. Zusammenfassend liefert die Richterin vier Argumente gegen die Existenz einer die Anwendung von 28 U.S.C. § 1782 hindernden *Foreign-discoverability rule.* Der Wortlaut und die Gesetzgebungsgeschichte böten keinen Anhaltspunkt für diese Voraussetzung.[587] Weiterhin seien geheimhaltungsbedürftige Informationen hinreichend geschützt.[588] Schließlich stünden der Anwendbarkeit auch keine internationalen *Comity*- und *Parity*-Bedenken im Wege.[589]

a. Comity-Einwand

Der *Comity*-Einwand meint in diesem Zusammenhang, dass eine ausländische Regierung oder Organisation es als Angriff auf seine Integrität verstehen könnte, wenn nach US-amerikanischem Recht Dokumente zur Verfügung gestellt werden, die das ausländische Recht selbst nicht erlauben würde. Dieser Ansatz ist schwer von der Hand zu weisen. Immerhin ergibt sich der rechtsimperialistische Beigeschmack bereits aus der Gesetzesbegründung der Vorschrift.[590] Dementsprechend gelingt es *Justice Ginsburg* auch nicht, die *Comity*-Bedenken argumentativ aus der

584 542 U.S. 241, 271.
585 542 U.S. 241, 259.
586 542 U.S. 241, 259–260.
587 542 U.S. 241, 260.
588 542 U.S. 241, 260; 28 U.S.C. § 1782(a)(6): *„A person may not be compelled to give his testimony or statement or to produce a document or other thing in violation of any legally appicable privilege“.*
589 542 U.S. 241, 261. Vgl. auch *Chukwumerije*, 37 Geo. Wash. Int'l L. Rev. 649 (2005).
590 Ziel der Vorschrift ist es u.a. einen Anreiz für andere Staaten zu schaffen ihr Beweisregeln den Vorschriften der Federal Rules of Civil Procedure anzupassen.

Welt zu räumen. Sie verschiebt sie lediglich im Rahmen der *Intel*-Kriterien von der Tatbestandsebene auf die Ermessensebene. Der *Foreign-discoverability*-Ansatz würde die Anwendbarkeit der Vorschrift auf Tatbestandsebene ausschließen. Der *Comity*-Ansatz von *Justice Ginsburg* weicht diese starre Anwendung auf. Er berücksichtigt die Empfindlichkeiten ausländischer Staaten und Organisationen unter dem Gesichtspunkt, ob das Hauptsachegericht die Ergebnisse der Rechtshilfe anerkennt oder nicht.

b. Parity-Einwand

Der *Parity*-Einwand besteht darin, dass diejenige Partei, der die Möglichkeit eines Antrags nach 28 U.S.C. § 1782 gegeben ist, ohne die *Foreign-discoverability rule* einen einseitigen Prozessvorteil hätte. *Justice Ginsburg* lehnt diesen Einwand mit der Begründung ab, der US-amerikanische *District Court* könne sein Urteil über den Antrag nach 28 U.S.C. § 1782 davon abhängig machen, dass der Antragssteller sich reziprok bereit erkläre, Informationen herauszugeben.[591] Abermals verschiebt sie das Problem von der Tatbestandsebene auf die Ermessensebene und steckt den Anwendungsbereich von 28 U.S.C. § 1782 extensiv anstelle von restriktive ab.

2. Intel-Kriterien

Das Ermessen der *District Courts* ergibt sich aus dem Wortlaut von 28 U.S.C. § 1782 *(„may order him“)*. Grundsätzlich bestehen hier keine Einschränkungen bei der Ermessensausübung. Praktisch handelt es also sich bei jeder Entscheidung zu 28 U.S.C. § 1782 um eine Einzelfallentscheidung.[592] An dieser Stelle setzten die *Intel*-Kriterien an.

Bei den *Intel*-Kriterien handelt es sich um eine nicht abschließende Liste von Kriterien, die ein *District Court* bei seiner Ermessensausübung zu berücksichtigen hat. Mit ihnen hat der *Supreme Court* den unterinstanzlichen Gerichten eine Richtschnur zur Ermessensausübung an die Hand gegeben. Insgesamt hat der *Supreme Court* fünf Kriterien aufgestellt:[593]

Zunächst geht es um die Frage, ob das Hauptsachegericht die Ergebnisse der Rechtshilfe anerkennt oder nicht. Tut es dies, spricht das für den Antrag; tut es dies nicht, spricht es dagegen. Häufig lässt sich aber in dieser Hinsicht keine Feststellung treffen.

---

591 542 U.S. 241, 262. Eine Ebene weitergedacht geht die Richterin ebenso in einem Satz darauf ein, dass auch das *foreign tribunal* seine Anerkennung der nach 28 U.S.C. § 1782 gefundenen Dokumente von *„whatever measure of parity it concludes is appropriate“* abhängig machen könne. *Justice Ginsburg* scheint dabei generell anzunehmen, dass jedem Gericht ein Ermessen im Rahmen der Verwertung im Ausland gewonnener Beweise zustünden. Zur deutschen Rechtslage nach §§ 493, 415 ff ZPO: siehe *Rollin*, Ausländische Beweisverfahren, 124–128.

592 So auch *Chukwumerije*, 37 Geo. Wash. Int'l L. Rev. 649, 683 (2005).

593 Häufig ist die Rede von nur vier Kriterien. Dann werden die in dieser Arbeit als erstes und drittes Kriterium separat betrachteten Kriterien zusammengefasst.

Weiterhin kommt es auf die Person des Rechtshilfeantragsadressaten an.[594] Wenn der Adressat des Rechtshilfeantrags nämlich Partei des Hauptverfahrens ist, sollen die US-amerikanischen *District Courts* den Antrag ablehnen. Denn das Hauptsachegericht hat die Kompetenz, Anordnungen an die Parteien des Rechtsstreits zu erteilen. Rechtshilfe wird hier nicht als notwendig erachtet.

Ferner sollen *District Courts* den prozessualen Charakter des Hauptsacheverfahrens berücksichtigen.[595] Je eher das Hauptsachegericht dem klassischen Verständnis eines Gerichts entspricht, desto eher spricht dies für den Antrag.

Außerdem sollen Rechtshilfeanträge, mit denen offensichtlich Beweisbeschaffungsgrenzen des Hauptsacheverfahrens umgangen werden, abgelehnt werden.[596]

Schließlich sollen unbillige Rechtshilfeanträge vermieden werden. Dazu ist das Ausmaß eines konkreten Antrags zu beachten.[597] Wenn das Gericht der Meinung ist, ein Antrag belaste den Adressaten zu sehr, kann es den Antrag ablehnen oder auf ein angemessenes Maß kürzen.

3. Sonstige offene Fragestellungen

Neben den erwähnten Punkten und der Frage nach den Anwendbarkeit von 28 U.S.C. § 1782 auf internationale Schiedsgerichtem lässt die *Intel*-Entscheidung weitere Fragestellungen offen. So stellt sich etwa die Frage, wer nach *Intel* als *Interested person* im Sinne der Vorschrift in Betracht kommt. Die weite Formulierung des Wortlauts legt nahe, dass z.B. auch sog. *Third-Party Funder*, also Prozessfinanzierer, eine *Interested person* sein können.[598] Falls das zuträfe, könnten diese Personen über ihre Stellung als Finanzier des Schiedsverfahrens Einfluss auf das Schiedsverfahren nehmen, indem sie einen Rechtshilfeantrag stellen würden.

Ferner drängt sich vor dem Hintergrund der Schiedsgerichtsbarkeit eine erneute Betrachtung des Wortlauts *"for use in a proceeding"* auf. Zweifelsohne ist ein laufendes Schiedsverfahren ein *Proceeding* im Sinne der Vorschrift. Nach der Auslegung des *Supreme Courts* genügt für die Anwendbarkeit der Vorschrift jedoch bereits, dass das zu unterstützende Verfahren *„within reasonable contemplation"*,[599] mithin lediglich unter angemessener Betrachtung zu erwarten ist. Diese Auslegung mag bei ständigen Gerichten, deren Zuständigkeit objektiv hinreichend bestimmbar ist, vernünftig sein. Ob dieses Verständnis hingegen auch auf privat-konstituierte Schiedsgerichte passt, ist weit weniger klar.

---

594 *Intel v. AMD,* 542 U.S. 241, 264.

595 542 U.S. 241, 264.

596 542 U.S. 241, 265.

597 542 U.S. 241, 265.

598 Bei einem Third-Party Funder handelt es sich um einen Prozessfinanzierer. Siehe überblicksartig zum Thema Third Party Funding und internationale Schiedsgerichtsbarkeit, *Goldsmith/Melchionda,* 5 I.B.L.J. 53–76 (2012); 5 I.B.L.J. 221–243 (2012).

599 *Intel v. AMD,* 542 U.S. 241, 259.

VI. Zwischenergebnis

Das *Intel*-Urteil ist der entscheidende Orientierungspunkt in der US-amerikanischen Rechtsprechung zu 28 U.S.C. § 1782. Im Ergebnis stellte es fest, dass die Europäische Kommission in den Anwendungsbereich der Vorschrift fällt und lehnt die *Foreign-discoverabilty rule* ab. Zusätzlich stellt der *Supreme Court* Kriterien auf, die ein Gericht im Rahmen der Ermessensausübung zu berücksichtigen hat.

Auch wenn der *Supreme Court* sich nicht zur Anwendbarkeit der Rechtshilfevorschrift auf internationale Schiedsgerichte äußert, ist das Urteil für diese Frage aus zwei Gründen relevant: Erstens ist es das einzige Urteil des höchsten US-amerikanischen Gerichts zu 28 U.S.C. § 1782. Jedes unterinstanzliche Gericht, sei es ein *District Court*, sei es ein *Circuit Court*, wird sich zwangsläufig an diesem Urteil orientieren. Zweitens geht das Urteil des *Supreme Courts* über die konkrete Rechtsfrage hinaus. Dem Urteil ist grundsätzlich zu entnehmen, dass das Gericht von einem weiten Anwendungsbereich der Vorschrift ausgeht, welcher im Rahmen des Einzelfallermessens zu korrigieren ist. *„§ 1782(a) authorizes, but does not require, discovery assistance"*.[600]

Vor dem Hintergrund dieses anwendungsfreundlichen Tenors wagen es einige *District Courts,* die Frage der Anwendbarkeit von 28 U.S.C. § 1782 auf internationale Schiedsgerichte seit den Entscheidungen in *NBC* und *Biedermann* neu zu betrachten (sog. *post-Intel*-Urteile).[601]

C. Rechtsprechung nach der *Supreme Court* Entscheidung in *Intel v. AMD*

Im Folgenden werden die elf wesentlichen Urteile zur Frage der Anwendbarkeit von 28 U.S.C. § 1782 auf internationale Schiedsgerichte seit 2006 dargestellt. Diese sind:

> *In re Oxus Gold,*[602] *In re Roz Trading,*[603] *In re Hallmark Capital Corporation,*[604] *In re Babcock Borsig AG,*[605] *El Paso I/II,*[606] *In re Norfolk Southern Corporation,*[607] *In re Operadora*

---

600 542 U.S. 241, 266.

601 Vgl. auch *Adler*, Patentverletzungsprozess, S. 268.

602 *In re in the matter of the application of Oxus Gold,* 2006 U.S. Dist. LEXIS 74118 (2006); *In the matter of the application of Oxus Gold,* 2007 U.S. Dist. LEXIS 24061 (2007).

603 *In re application of Roz Trading,* 469 F.Supp.2d 1221 (2006).

604 *In re application of Hallmark Capital Corporation,* 534 F.Supp.2d 951 (2007); *In re application of Hallmark Capital Corporation,* 534 F.Supp.2d 981 (2008).

605 *In re application of Babcock Borsig AG,* 583 F.Supp.2d 233 (2008).

606 *La Comision Ejecutiva Hidroelectrica Del Rio Lempa v. El Paso Corporation,* 617 F.Supp.2d 481 (2008); *El Paso Corporation v. La Comision Ejecutiva Hidroelectrica Del Rio Lempa* 341 F.App'x 31 (5th Cir. 2009).

607 *In re an arbitration in London between Norfolk Southern Corporation et al, and General Security Insurance Company and ACE Bermuda,* 626 F.Supp.2d 882 (2009).

DB Mexico,[608] *In re Caratube International Oil,*[609] *OJSC Ukrnafta v. Carpatsky Pertoleum Coroporation,*[610] *In re Winning (HK) Co. Ltd.*[611] und *In re Application(s) of Mesa Power Group.*[612]

Die Urteile lassen sich grob in zwei Kategorien einteilen: einerseits diejenigen, die sich für die Anwendbarkeit von 28 U.S.C. § 1782 bei internationalen Schiedsverfahren aussprechen (sog. *post-Intel-Urteile pro 28 U.S.C. § 1782*); andererseits diejenigen, die eine Anwendbarkeit ablehnen (sog. *post-Intel-Urteile contra 28 U.S.C. § 1782*).

Das Urteil des *Court of Appeals for the 11th Circuit* in *CONECEL v. JAS* soll in dieser Arbeit besonders hervorgehoben werden.[613] Mit dem *Eleventh Circuit* bezieht nach *NBC* und *Biedermann* ein Berufungsgericht erneut eindeutig Stellung. Das Gericht entscheidet im Jahr 2012, dass private Schiedsgerichte den Tatbestand von 28 U.S.C. § 1782 erfüllen. Allerdings hebt das Gericht seine Entscheidung im Januar 2014 wieder auf und ersetzt sie durch eine neue Entscheidung, die zu dieser Frage keine Stellung mehr bezieht. Hiermit hat das Gericht nicht unerheblich zu der bestehenden Rechtsunsicherheit beigetragen.

Ferner ist – wie schon einleitend[614] – anzumerken, dass aus dieser Arbeit die Urteile zu 28 U.S.C. § 1782 ausgenommen sind, die im Dunstkreis des *Lagio Agrio*-Rechtsstreits erlassen wurden. Die Urteile sind nach Ansicht des Autors nicht verallgemeinerungsfähig, sondern müssen vielmehr im Kontext des Rechtssteits ingesamt betrachtet werden.

I. post-Intel-Urteile pro 28 U.S.C. § 1782

1. *In re the matter of the application of Oxus Gold*

a. *Hintergrund des Rechtsstreits*

Erstmals nach *Intel* kommt die Frage der Anwendbarkeit von 28 U.S.C. § 1782 bei internationalen Schiedsverfahren im Rechtsstreit zwischen dem britischen

---

608 *In re application of Operadora DB Mexico,* 2009 U.S. Dist. LEXIS 68091 (2009).

609 *In re application of Caratube International Oil Company,* 730 F.Supp.2d 101 (2010).

610 *OJSC Ukrnafta v. Carpatsky Petroleum Coroporation,* 2009 U.S. Dist. LEXIS 109492 (2009).

611 *In the matter of the application of Winning Shipping,* 2010 U.S. Dist. LEXIS 54290 (2010).

612 *In re application of Mesa Power Group,* 2012 WL 6060941 (D. New Jersey 2012) – *Mesa v. Samsung; In re application of Mesa Power Group,* 2013 WL 1890222 (D. New Jersey 2013) – *Mesa v. Kepco.*

613 *Consorcio Ecuatoriano de Telecomunicaciones S.A. v. JAS Forwarding (USA),* 685 F.3d 987 (11th Cir. 2012); 2014 WL 104132 (11th Cir. 2014).

614 Siehe oben § 1 C.

Unternehmen Oxus Gold und der Kirgisischen Republik auf.[615] Oxus' Tochterunternehmen, Norox Mining Company, hat zusammen mit einem kirgisischen Staatsunternehmen ein Gemeinschaftsunternehmen, die Talas Gold Mining Company (TGMC), gründete.[616] Ziel dieser Zusammenarbeit ist die Erschließung und der Abbau der kirgisischen Goldvorkommen. Hierzu wird TGMC eine Abbaulizenz erteilt. Aufgrund unbekannter Umstände behauptet die zuständige kirgisische Behörde, TGMC sei seinen Lizenzverpflichtungen nicht nachgekommen. Die Lizenz wird widerrufen und das Staatsunternehmen beginnt die Suche nach einem neuen Investor. Hiergegen wehren sich TGMC und Oxus.

Zum einen reicht TGMC Klage vor kirgisischen Gerichten ein,[617] zum anderen initiiert Oxus ein Investitionsschutzschiedsverfahren gegen die Kirgisische Republik. Basis dieses Verfahrens bildet das bilaterale Investitionsschutzabkommen (BIT) zwischen Großbritannien und der Kirgisischen Republik vom 08.12.1994.[618]

Zur Unterstützung beider Verfahren beantragt Oxus beim *District Court* von New Jersey Rechtshilfe nach 28 U.S.C. § 1782. Rechtshilfeantragsadressat ist Jack Barbanel. Barbanel hatte den kirgisischen Behörden als externer Berater bei der Suche nach einem neuen Investor geholfen. Vermutlich erhofft sich Oxus, von Barbanel Informationen über die Gründe der Lizenzaufhebung zu erlangen.

b. Entscheidung des District Courts for the District of New Jersey

Der zuständige *Magistrate Judge Hughes* entscheidet, dass 28 U.S.C. § 1782 anwendbar und Rechtshilfe zu gewähren sei.[619] Hierzu setzt er sich u.a. mit der relevanten Frage nach der Anwendbarkeit von 28 U.S.C. § 1782 auf internationale Schiedsgerichte auseinander.[620] Dazu analysiert er die bis dahin ergangene

---

615 *In re in the matter of the application of Oxus Gold*, 2006 U.S. Dist. LEXIS 74118 (2006); *In the matter of the application of Oxus Gold,* 2007 U.S. Dist. LEXIS 24061 (2007).

616 2006 U.S. Dist. LEXIS 74118, 2.

617 Vgl. 2006 U.S. Dist. LEXIS 74118, 4.

618 Art. 8 (2)(c) des "Agreement between the Government of the United Kingdom of Great Britain and Northern Ireland and the Government of the Kyrgyz Republic for the Promotion and Protection of Investments" vom 8. Dezember 1994, in Kraft seit dem 18. Juni 1998.

619 2006 U.S. Dist. LEXIS 74118, 20.

620 Außerdem behandelt die Entscheidung drei weitere Aspekte zu 28 U.S.C. § 1782: Tatbestandlich geht es, erstens, um die *Residency*-Voraussetzung, mithin um die Frage nach der örtlichen Zuständigkeit. Für die örtliche Zuständigkeit des *District Courts* nach 28 U.S.C. § 1782 genügt der schlichte Aufenthalt des Rechtshilfeantragsadressaten (28 U.S.C. § 1782: *„is found in the district"*, siehe oben § 4 B III 1 b.) Aus dieser weiten Zuständigkeitsvorschrift schließt das Gericht, dass die *Residency*-Voraussetzung bereits erfüllt ist, wenn sich der Rechtshilfeantragsadressat regelmäßig in seinem Bezirk aufhält. Im konkreten Fall ist das für den Richter einfach zu bejahen, weil der Rechtshilfeantragsadressat Barbanel regelmäßig für

Rechtsprechung.[621] Ausgehend von *Intel* hebt der Richter einen Unterschied des konkreten Falls zu *NBC* hervor. Das Schiedsverfahren von Oxus gegen die kirgisische Republik habe hinreichende staatliche Bezüge.[622] Es basiere auf dem Investitionsschutzabkommen zweier Staaten, nämlich dem BIT von 1994. Außerdem würde es von der „United Nations Commission on International Law" (UNCITRAL) administriert.[623] In *NBC* hingegen habe es sich um ein privates Handelsschiedsgericht der ICC gehandelt. Aufgrund dieses Unterschieds sei für das Investitionsschutzschiedsverfahren Rechtshilfe nach 28 U.S.C. § 1782 möglich.

Auf Antrag von Barbanel wird die Entscheidung von *Magistrate Judge Hughes* durch den *District Judge Brown* überprüft und bestätigt.[624] In Bezug auf die Frage der Gerichtseigenschaft des Investitionsschutzschiedsgerichts bringt dieses Urteil keine neuen Argumente. Lediglich erwähnt Richter *Brown* mit dem *Biedermann*-Urteil auch die Rechtsprechung des *Fifth Circuits*.[625] In Richter *Hughes* Entscheidung kommt das *Bierdemann*-Urteil nicht vor.

2. In re application of Roz Trading

a. Hintergrund des Rechtsstreits

Hintergrund des Rechtsstreits *In re Roz Trading*[626] aus dem Jahr 2006 ist eine verletzte Familienehre. Das Unternehmen Roz Trading gründet zusammen mit der Coca-Cola

---

einen Zeitraum von zwei Monaten im Jahr ein Haus in New Jersey mietet (2006 U.S. Dist. LEXIS 74118, 13). Zweitens stellt sich *Magistrate Judge Hughes* die Frage, ob Oxus antragsbefugt ist, vor allem wegen der Klage von TGMC vor den staatlichen kirgisischen Gerichten. Im Ergebnis sieht er hierin kein Problem. Nach dem Wortlaut von 28 U.S.C. § 1782 ist *any interested person* antragsbefugt. Die Rechtsprechung hat diesem Wortlaut eine weite Bedeutung zugemessen. Eine *interested person* muss nicht potentieller Kläger in dem zu unterstützenden Verfahren sein (2006 U.S. Dist. LEXIS 74118, 16, zitiert: *Intel v. AMD*, 542 U.S. 241 (2004)). Für Oxus genügt es in Bezug auf das kirgisische Verfahren, dass das Unternehmen die Mehrheitsmuttergesellschaft von TGMC ist (2006 U.S. Dist. LEXIS 74118, 18). Unzweifelhaft ist Oxus demnach zur Unterstützung des Investitionsschutzschiedsverfahrens antragsbefugt. Drittens wird das Ermessen des Gerichts diskutiert und ausgeübt (2006 U.S. Dist. LEXIS 74118, 18). Dazu wendete der Richter die *Intel*-Kriterien des *Supreme Courts* an. Die Begründung der Entscheidung fällt diesbezüglich recht knapp aus.

621 2006 U.S. Dist. LEXIS 74118, 14.

622 2006 U.S. Dist. LEXIS 74118, 15.

623 2006 U.S. Dist. LEXIS 74118, 15. Zu Beachten ist die Formulierung „würde". Die Entscheidung des Gerichts ist an dieser Stelle nicht korrekt. Nach Art. 8 (2)(c) des BITs waren lediglich die anwendbaren Schiedsregeln in dem ad hoc-Verfahren die UNCITRAL Arbitration Rules. *Strong*, 1 Stan.J.Comp.Litig. 295 (2013).

624 *In the matter of the application of Oxus Gold*, 2007 U.S. Dist. LEXIS 24061 (2007).

625 2007 U.S. Dist. LEXIS 24061, 12.

626 *In re application of Roz Trading*, 469 F.Supp.2d 1221 (2006).

Export Company (CCEC), einer Tochterfirma der Coca-Cola Company (Coca Cola), und der Regierung des Staates Usbekistan ein Gemeinschaftsunternehmen. Die gemeinsame Zusammenarbeit wird jedoch beendet, weil die usbekische Regierung mit Hilfe von CCEC die Anteile von Roz Trading an dem Gemeinschaftsunternehmen beschlagnahmt. Den vermeintlichen Grund für den Bruch der Zusammenarbeit sieht Roz Trading darin, dass sich der Unternehmenspräsident von der Tochter des usbekischen Staatspräsidenten scheiden ließ. Zur Klärung der Rechtsfragen der Beschlagnahmung führt Roz Trading ein Schiedsverfahren gegen CCEC. Das Schiedsverfahren wird vor dem Internationalen Schiedsgerichtszentrum der Wirtschaftskammer Österreich (VIAC) geführt.

Im Zuge der Beschlagnahme kann Roz Trading nicht alle seine Unternehmensdokumente aus Usbekistan mitnehmen. Die zurückgelassenen Dokumente gelangen auf Umwegen in den Besitz von Coca Cola. Eben diese Dokumente versucht Roz Trading mit Hilfe von 28 U.S.C. § 1782 zurückzuerlangen, um sie im Schiedsverfahren gegen CCEC verwenden zu können.

b. Entscheidung des District Courts for the Northern District of Georgia

Der *District Court* in Georgia muss als erstes Gericht nach *Intel* entscheiden, ob ein Handelsschiedsgericht den Tatbestand von 28 U.S.C. § 1782 erfüllt. Zur Erinnerung: das Gericht in *Oxus* entschied über ein Investitionsschutzschiedsgericht.[627] Der *District Court* bejaht die Frage und begründet sein Ergebnis wie folgt: Er beruft sich auf das *Obiter dictum* aus *Intel*, in dem der *Supreme Court* Schiedsgerichte ausdrücklich in die Definition des Begriffs *first-instance decisionmaker* einbezieht und wendet die *first-instance decisionmaker*-Definition des *Supreme Courts* an. Außerdem setzt sich der *District Court* mit der US-amerikanischen *Plain meaning rule* auseinander und legt dar, dass der Begriff *tribunal* unzweifelhaft auch ein internationales Schiedsgericht erfasse. Das untermauert das Gericht mit der Gesetzgebungsgeschichte der Rechtshilfevorschrift. Schließlich setzt sich der *District Court* mit den Entscheidungen des *Second Circuit (NBC)* und des *Fifth Circuit (Biedermann)* auseinander und legt dar, warum er sich nach *Intel* nicht mehr an diesen Entscheidungen orientiert.[628]

Nachdem der *District Court* zum Schluss kommt, dass Handelsschiedsgerichte den Tatbestand von 28 U.S.C. § 1782 erfüllen, entscheidet er im Rahmen seines Ermessens über den konkreten Antrag. Im Ergebnis gewährt das Gericht Roz Trading Rechtshilfe.

---

627 Zur Unterscheidung von Handelsschiedsverfahren und Investitionsschutzschiedsverfahren, siehe oben § 3 E und unten § 6 B I 3.

628 Siehe auch *Sperling/Suskin*, 22–3 Mealey's Int Arb. Rep. 17 (2007).

3. *In re application of Hallmark Capital Corporation*

a. *Hintergrund des Rechtsstreits*

Als nächstes entscheidet der *District Court for the District of Minnesota* auf Antrag der *Hallmark Capital Corporation*[629] über die Frage, ob ein Schiedsgericht den Tatbestand von 28 U.S.C. § 1782 erfüllt. Hallmark tritt in diesem Streit sowohl als Antragstellerin des Rechtshilfeverfahrens als auch als Klägerin im zugrundeliegenden israelischen Schiedsverfahren auf. Gegner des Schiedsverfahrens ist das Unternehmen UltraShape. Rechtshilfeantragsadressat des Rechtshilfeantrags ist Michael Berman, der Aufsichtsratsvorsitzende von UltraShape. Hallmark hofft, über das Rechtshilfeverfahren Dokumente von Berman zu bekommen, die es im Schiedsverfahren gegen UltraShape verwenden möchte.

b. *Entscheidung des District Courts for the District of Minnesota*

Das Gericht folgt dem *Roz Trading*-Urteil und entscheidet, dass ein Handelsschiedsgericht den Tatbestand von 28 U.S.C. § 1782 erfüllt.[630] Die Begründung dieses Ergebnisses stützt das Gericht im Wesentlichen auf die *Intel*-Entscheidung sowie die *Roz Trading*-Entscheidung. Neu an der Begründung ist lediglich ein praktisch-teleologisches Argument: Nur weil ein *District Court* die *Discovery* erlaubt habe, bedeute dies nicht notwendigerweise, dass ein Schiedsgericht die Dokumente als Beweise anerkenne.[631] Diese zusätzliche Entscheidungsinstanz rechtfertige es, den Begriff *tribunal* und damit die Reichweite des Rechtshilfegewährens weit auszulegen. Es gebe also eine zusätzliche Instanz, die über Berücksichtigung und Bewertung der Beweise entscheide.

4. *In re Babcock Borsig AG*

a. *Hintergrund des Rechtsstreits*

Der Rechtsstreit zwischen der deutsche Babcock Borsig AG (BBAG) und der US-amerikanischen Babcock Power Inc. (BPI)[632] resultiert aus der Konzernumstrukturierung der Babcock Borsig Gruppe. BBAG veräußert diverse Vermögenswerte an BPI in den Vereinigten Staaten und an Babcock-Hitachi K.K. (Hitachi) in Japan. Kurze Zeit nach der Veräußerung an Hitachi verlangt BBAG von Hitachi Schadensersatz, weil Hitachi falsche Angaben gemacht habe. Hitachi weigert sich, den Schadensersatz zu leisten, und BBAG droht, entsprechend den vertraglichen Vereinbarungen zwischen den Parteien ein ICC-Schiedsverfahren einzuleiten.

---

629 *In re application of Hallmark Capital Corporation*, 534 F.Supp.2d 951 (D. Minnesota 2007).

630 534 F.Supp.2d 951, 954.

631 534 F.Supp.2d 951, 957.

632 *In re application of Babcock Borsig AG*, 583 F.Supp.2d 233 (D.Mass. 2008).

Um seine eigene Position in diesem drohenden, aber noch nicht begonnen, internationalen Schiedsverfahren beweisen zu können, bittet BBAG BPI um Hilfe. BPI solle BBAG Dokumente aus ihrem Besitz zur Verfügung stellen. BPI weigert sich jedoch, BBAG zu helfen, sodass es zu dem Rechtshilfeantrag von BBAG nach 28 U.S.C. § 1782 kommt.

b. Entscheidung des District Courts for the District of Massachusetts

Der *District Court* entscheidet, dass ein ICC-Schiedsgericht ein *tribunal* im Sinne von 28 U.S.C. § 1782 und der Tatbestand der Rechtshilfevorschrift erfüllt ist. Das Gericht stützt seine Entscheidung auf dieselben Argumente wie die Gerichte in *Roz Trading* und *Hallmark*.

Dennoch lehnt das Gericht den Rechtshilfeantrag von BBAG auf Ermessensebene ab. Zur Begründung führt das Gericht aus, dass der Sinn und Zweck des Rechtshilfeverfahrens den Antrag nur gestattet, wenn hinreichende Anhaltspunkte gegeben sind, dass die ICC die beigebrachten Dokumente auch berücksichtigen werde.[633] Solche Anhaltspunkte kann das Gericht im konkreten Fall nicht erkennen.

5. OJSC Ukrnafta v. Carpatsky Petroleum Corporation

a. Hintergrund des Rechtsstreits

OJSC Ukrnafta (OJSC) und die Carpatsky Petroleum Corporation (Carpatsky) schließen ein Joint Venture Agreement zur Erschließung eines potentiellen Öl- und Gasfelds in der Ukraine.[634] Nach einer gesellschaftsrechtlichen Umstrukturierung bei sich will Carpatsky vermeintliche Rechte aus dem Joint Venture Agreement gegenüber OJSC durchsetzten. Hierzu erhebt es Schiedsklage gegen OJSC bei der SCC aufgrund einer Schiedsklausel im Joint Venture Agreement. OJSC bestreitet die Zuständigkeit des SCC-Schiedsgerichts und ruft die nationalen Gerichte in Schweden zur Hilfe. Infolge der Umstrukturierung könne sich Carpatsky nicht mehr auf die Schiedsklausel berufen.

Um sich vor dem Schiedsgericht verteidigen zu können, beantragt OJSC Rechtshilfe durch den *District Court* in Connecticut. Das Gericht soll OJSC erlauben, ein Discoveryverfahren gegen Silver Point Capital (Silver Point) durchzuführen, ein am Schiedsverfahren unbeteiligtes Unternehmen. OJSC hofft, von Silver Point Informationen über die Umstrukturierung von Carpatsky zu bekommen. Carpatsky erhebt Widerspruch gegen den Rechtshilfeantrag von OJSC vor dem *District Court* in Connecticut.[635]

---

633 583 F.Supp.2d 233, 241.

634 *OJSC Ukrnafta v. Carpatsky Petroleum Coroporation* 2009 U.S. Dist. LEXIS 109492.

635 Hierzu war Carpatsky als Partei des zu unterstützenden Schiedsverfahrens befugt. Vgl. *Rollin*, Ausländische Beweisverfahren, 83.

b. *Entscheidung des District Courts for the District of Connecticut*

Der *District Court* gestattet den Rechtshilfeantrag von OJSC und ordnet an, dass Silver Point die beantragten Informationen preisgibt.[636]

Zu diesem Ergebnis gelangt das Gericht aufgrund einer Analyse der vorhandenen Rechtsprechung. Ausgehend von *NBC* und *Biedermann* stellt es fest, dass seit der *Intel* Entscheidung eine *„slim majority"* von *District Courts* das Rechtshilfeverfahren für Schiedsverfahren anwenden.[637] Dieser Mehrheit schließt er sich an. Zur Begründung stützt er sich im Wesentlichen auf die *Oxus*-Entscheidung, nach der internationale Schiedsverfahren, in denen die UNCITRAL Arbitration Rules anwendbar sind, den Tatbestand von 28 U.S.C. § 1782 erfüllen.

6. *In the matter of the application of Winning (HK) Shipping Co. Ltd.*

a. *Hintergrund des Rechtsstreits*

Die Winning (HK) Shipping Co. Ltd. (Winning) schließt mit der Ystwyth Marine Ltd. (Ystwyth) einen Chartervertrag über das Schiff M/V Ystwyth.[638] Aufgrund technischer Probleme mit der Ankervorrichtung läuft die M/V Ystwyth auf Grund und muss im Hafen von Singapur repariert werden. Winning versucht mehrfach, das Schiff durch von ihr beauftragte Gutachter untersuchen zu lassen, doch Ystwyth, als Eigentümerin des Schiffs, verhindert das.[639] Deswegen beabsichtigt Winning, ein Schiedsverfahren gegen Ystwyth in London einzuleiten. Zur Unterstützung dieses zukünftigen Schiedsverfahrens stellt Winning den Rechtshilfeantrag nach 28 U.S.C. § 1782.

Rechtshilfeantragsadressat ist das US-amerikanische Unternehmen Ship Management Service (SMS) mit Sitz in Florida. SMS arbeitet als Schiffsbetreiberin für die Eigentümerin Ystwyth.[640] Angeblich besitzt SMS Dokumente, die Winning für das zukünftige Schiedsverfahren verwenden möchte.

b. *Entscheidung des District Courts for the Southern District of Florida*

Magistrate Judge Simonton lehnt den Antrag von SMS, das Rechtshilfeverfahren einzustellen, ab und gibt dem Rechtshilfeantrag von Winning statt.[641] Richterin *Simonton* wendet einen sog. *Functional test* an, um festzustellen, ob ein *Dispute*

---

636 *OJSC Ukrnafta v. Carpatsky Petroleum Coroporation* 2009 U.S. Dist. LEXIS 109492, 15.

637 2009 U.S. Dist. LEXIS 109492, 8. Gleichzeitig macht der *District Court* aber auch deutlich, dass er sich der *„slim minority"* an Urteilen bewusst ist, die diese Frage anders entschieden haben (2009 U.S. Dist. LEXIS 109492, 10). Siehe unten § 5 C II.

638 *In the matter of the application of Winning Shipping*, 2010 U.S. Dist. LEXIS 54290, 2.

639 2010 U.S. Dist. LEXIS 54290, 3.

640 2010 U.S. Dist. LEXIS 54290, 2.

641 2010 U.S. Dist. LEXIS 54290, 1.

resolution body ein *tribunal* im Sinne von 28 U.S.C. § 1782, mithin ein *first-instance decisionmaker*, ist.[642] Inhaltlich handelt es sich dabei um gesammelte Kriterien der *post-Intel*-Entscheidungen.

Im Rahmen des *Functional test* sei relevant, ob ein Gericht aufgrund einer privaten Vereinbarung der Parteien konstituiert ist; ob ein Gericht berechtigt ist, Beweise zu erheben und Entscheidungen zu fällen; und ob die Entscheidungen gerichtlich überprüfbar sind.[643] Für Richterin *Simonton* ist hiervon die Frage der gerichtlichen Überprüfbarkeit besonderes wichtig, weil bereits der *Supreme Court* die gerichtliche Überprüfbarkeit als maßgeblich erachtet habe, um die Europäische Kommission als *tribunal* im Sinne von 28 U.S.C. § 1782 anzusehen. Deswegen analysiert Richterin *Simonton* das auf das Schiedsverfahren anwendbare Recht, um der Frage der gerichtlichen Überprüfbarkeit nachzugehen. Der anwendbare Arbitration Act 1996 (of England)[644] sehe in §§ 68, 69 vor, dass ein Schiedsspruch durch die englischen Gerichte überprüft werden könne.[645] Deswegen sei das konkrete Schiedsgericht ein *tribunal* im Sinne von 28 U.S.C. § 1782. Interessanterweise stellt die Richterin dabei beiläufig fest

> „*However, while the Court in Intel did not address whether arbitrations before purely private bodies fell within the ambit of section 1782, it also did not address whether arbitrations that arise pursuant to private contracts are necessarily beyond the purview of that statute.*"[646]

7. *In re application(s) of Mesa Power Group*

a. *Hintergrund des Rechtsstreits*

Bei den zwei *Mesa*-Entscheidungen des District Courts aus New Jersey[647] handelt es sich um Rechtshilfeersuchen der Mesa Power Group (Mesa). Mesa ist im Bereich Windenergie tätig und konzentriert einen erheblichen Teil seiner Unternehmungen auf Windparks in Kanada.[648] Im Oktober 2011 verklagt Mesa den Staat Kanada in einem UNCITRAL-Schiedsverfahren unter NAFTA.[649] Grund für das Investitionsschutzschiedsverfahren ist nach Mesa's Klage, dass der Staat Kanada Konkurrenten

642 2010 U.S. Dist. LEXIS 54290, 22.

643 2010 U.S. Dist. LEXIS 54290, 22–23.

644 Arbitration Act 1996, 1996 Chapter 23, 17. Juni 1996.

645 *In the matter of the application of Winning Shipping*, 2010 U.S. Dist. LEXIS 54290, 23–26.

646 2010 U.S. Dist. LEXIS 54290, 26.

647 *In re application of Mesa Power Group*, 2012 WL 6060941 (D. New Jersey 2012) – *Mesa v. Samsung*; *In re application of Mesa Power Group*, 2013 WL 1890222 (D. New Jersey 2013) – *Mesa v. Kepco.*

648 2012 WL 6060941 (D. New Jersey 2012) 1; 2013 WL 1890222 (D. New Jersey 2013) 1.

649 Die anwendbaren Schiedsregeln in dem Investitionsschutzverfahren unter NAFTA sind die UNCITRAL Arbitration Rules.

von Mesa bevorzugt habe, indem er mit diesen vertragliche Beziehungen eingegangen sei. Dadurch habe Mesa erhebliche finanzielle Verluste erlitten.[650]

Um Beweise für die Investitionsschutzklage zu bekommen, beantragt Mesa zwei Verfahren nach 28 U.S.C § 1782 gegen seine Konkurrenten, Samsung C&T America, Inc (Samsung)[651] und Korea Electric Power Corporation (KEPCO).[652] Ziel der Rechtshilfeverfahren ist, Dokumente sowie Zeugenaussagen von Mitarbeitern von Samsung und KEPCO beizubringen.

b. Entscheidungen des District Courts for the District of New Jersey

Der District Court in New Jersey fällt in beiden Rechtssachen einheitliche Urteil und gibt den Anträgen von Mesa statt. Lediglich den Discoveryumfang schränkt das Gericht im Rahmen seines Ermessens ein, sodass der Antrag nicht *„unduly intrusive and burdensome"* ist.[653]

Zur Frage der Stellung des Investitionsschutzschiedsgerichts als *tribunal* äußerte sich das Gericht in beiden Entscheidungen identisch. Zunächst geht es in einem kurzen Absatz auf die Gesetzgebungsgeschichte von 28 U.S.C. § 1782 sowie die weite Auslegung der Norm durch die *Intel*-Entscheidung ein.[654] Sodann bezieht sich das Gericht auf die vorhandenen Urteile, die ein Investitionsschutzschiedsgericht als *tribunal* anerkannt haben, ohne sich jedoch mit diesen Urteilen auf irgendeine Art und Weise auseinanderzusetzen.[655] Da es sich bei dem Verfahren zwischen Mesa und Kanada um ein UNCITRAL-Investitionsschutzschiedsverfahren handelt, bejaht der *District Court* die Anwendbarkeit des Rechtshilfeverfahrens nach 28 U.S.C. § 1782.

8. Zwischenergebnis

In den bisher dargestellten Urteilen haben die US-amerikanischen Gerichte allesamt entschieden, dass ein internationales Schiedsgericht ein *tribunal* im Sinne von 28 U.S.C. § 1782 ist. Ihre Begründungen leiten die Gerichte dabei im Wesentlichen aus der *Intel*-Entscheidung des *Supreme Courts* ab.

Lediglich der *District Court* im Fall *Babcock Borsig* hat den Rechtshilfeantrag auf Ermessensebene abgelehnt, weil keine hinreichenden Anhaltspunkte erkennbar waren, dass die ICC mittels 28 U.S.C. § 1782 beigebrachte Beweise berücksichtigen werde. Alle anderen Gerichte haben den Rechtshilfeanträgen stattgegeben und eine *Discovery* zugelassen.

Im Folgenden werden nun die *post-Intel-Urteile contra* 28 U.S.C. § 1782 dargestellt.

---

650 2012 WL 6060941 (D. New Jersey 2012) 1; 2013 WL 1890222 (D. New Jersey D. New Jersey 2013) 1.
651 2012 WL 6060941 (D. New Jersey 2012).
652 2013 WL 1890222 (D. New Jersey 2013).
653 2012 WL 6060941 (D. New Jersey 2012) 9; 2013 WL 1890222 (D. New Jersey 2013) 8.
654 2012 WL 6060941 (D. New Jersey 2012) 5; 2013 WL 1890222 (D. New Jersey 2013) 5.
655 2012 WL 6060941 (D. New Jersey 2012) 5; 2013 WL 1890222 (D. New Jersey 2013) 5.

II. Post-Intel-Urteile contra 28 U.S.C. §1782

1. *La Comision Ejecutiva Hidroelectrica Del Rio Lempa v. El Paso Corporation (El Paso I) / El Paso v. La Comision Ejecutiva Hidroelectrica Del Rio Lempa (El Paso II)*

a. *Hintergrund des Rechtsstreits*

Den Entscheidungen *El Paso I*[656] und *El Paso II*[657] liegt ein Schiedsverfahren zwischen dem Unternehmen CEL[658] und der Nejapa Power Company (NPC) mit Sitz in der Schweiz zugrunde. Die Parteien streiten auf Grund von diversen Vereinbarungen im Bereich der Energieversorgung. CEL wendet sich an die Gerichte in Texas, um von der El Paso Corporation Dokumente und Zeugenaussagen für das Schiedsverfahren beizubringen. El Paso selbst ist an dem Schweizer Schiedsverfahren nicht beteiligt.

b. *Entscheidung des District Courts for the Southern District of Texas und des Court of Appeals for the Fifth Circuit*

Im Ergebnis entscheiden die texanischen Gerichte, dass Schiedsgerichte den Tatbestand von 28 U.S.C. § 1782 nicht erfüllen. Die Argumentation der Gerichte sieht wie folgt aus: Im *Biedermann*-Urteil aus dem Jahr 1999 habe der texanische *Circuit Court* des *Fifth Circuit* entschieden, dass internationale Schiedsgerichte keine *tribunals* im Sinne der Rechtshilfevorschrift seien. Das gelte nach wie vor, außer es habe sich etwas an der Rechtslage durch das *Intel*-Urteil des *Supreme Courts* geändert. Deshalb setzen sich beide Gerichte mit der *Intel*-Entscheidung auseinander und kommen zu dem Schluss, dass *Intel* keine andere Beurteilung der Rechtslage verlange. Deutlich macht das der *District Court* mit der Formulierung *„[t]he Supreme Court in Intel shed no light on the issue“*.[659] Der *Supreme Court* habe sich in *Intel* nur zu der Eigenschaft der Europäischen Kommission als *tribunal* geäußert. Die Bezugnahme auf den Aufsatz von *Smit* im *Obiter dictum* erfolge lediglich, um anzuerkennen, dass durch die Gesetzesreform von 1964 auch *„administrative and quasi-judicial proceedings“* ein *tribunal* sein können. Die Aussage von *Smit*, dass darunter auch Schiedsgerichte fallen, habe sich der *Supreme Court* nicht zu eigen gemacht und dies könne ihm auch nicht unterstellt werden.[660] Hierbei handele es sich nach wie vor um eine bloße Literaturmeinung, die jedoch keinesfalls bindend sei. Deswegen sei für die texanischen

656 *La Comision Ejecutiva Hidroelectrica Del Rio Lempa v. El Paso Corporation*, 617 F.Supp.2d 481 (S.D. Texas 2008).
657 *El Paso v. La Comision Ejecutiva Hidroelectrica Del Rio Lempa*, 341 F.App'x. 31 (5th Cir. 2009).
658 CEL steht für „La Comision Ejecutiva Hidroelectrica Del Rio Lempa“.
659 *La Comision Ejecutiva Hidroelectrica Del Rio Lempa v. El Paso Corporation*, 617 F.Supp.2d 481, 485.
660 617 F.Supp.2d 481, 486.

Gerichte weiterhin die *Biedermann*-Entscheidung maßgeblich und internationale Schiedsgerichte seien nicht vom Tatbestand von 28 U.S.C. § 1782 erfasst.

2. *In re Arbitration in London, England between Norfolk Southern Corporation, Norfolk Southern Railway Company, and General Security Insurance Company and ACE Bermuda Ltd.*

a. *Hintergrund des Rechtsstreits*

Den eigentlichen Rechtsstreit im *Norfolk*-Fall[661] führen die Parteien in einem Schiedsverfahren mit Sitz in London. Inhaltlich geht es in dem Schiedsverfahren um versicherungsrechtliche Auseinandersetzungen nach einer Zugentgleisung im Bundesstaat South Carolina. Norfolk Southern Corp. (Norfolk) stellt den hier beschriebenen Rechtshilfeantrag, um einen ehemaligen Rechtsanwalt der Versicherungsgesellschaft ACE Bermuda in den Vereinigten Staaten mittels *Deposition* zu vernehmen. Norfolk will die auf diesem Weg erlangte Zeugenaussage im Schiedsverfahren in London verwenden.

b. *Entscheidung des District Courts for the Northern District of Illinois*

Das Gericht lehnt den Rechtshilfeantrag von Norfolk ab. Schiedsgerichte, wie in diesem Fall jenes in London, seien nicht vom Tatbestand von 28 U.S.C. § 1782 erfasst.[662]

Das Gericht analysiert die vorhandene Rechtsprechung ausgehend von *Intel*. In seinem *Obiter dictum* habe der *Supreme Court* zur Definition des Begriffs *tribunal* aus einem Aufsatz von *Smit* zitiert: „*[t]he term 'tribunal' ... includes investigating magistrates, administrative and arbitral tribunals, and quasi-judicial agencies, as well as conventional civil, commercial, crimial and administrative courts*".[663] Nach dem *District Court* sei das Entscheidende an diesem Zitat nicht, was zitiert wird, sondern was das Zitat auslässt. Die Definition von Smit laute ohne die Aussparung nämlich „*[t]he term 'tribunal' embraces all bodies exercising adjudicatory powers, and includes investigating magistrates, administrative and arbitral tribunals, and quasi-judicial agencies, as well as conventional civil, commercial, criminal and administrative courts*".[664] Indem der *Supreme Court* die allgemeine Formulierung „*embraces all bodies excercising adjudicatory powers*" aus seinem Zitat ausgelassen habe, habe er deutlich gemacht, dass er von einem engeren Verständnis des Begriffs *tribunal* ausgehe als *Smit*. Deswegen seien private Schiedsverfahren nicht vom Tatbestand des Rechtshilfeverfahrens erfasst.

661 *In re an arbitration in London*, 626 F.Supp.2d 882 (N.D. Illinois 2009).
662 626 F.Supp.2d 882, 886.
663 *Intel v. AMD*, 542 U.S. 241, 258.
664 *Smit*, Colum. L. Rev. 1015, 1026 n 71 (1965), *In re an arbitration in London*, 626 F.Supp.2d 882, 885.

Um sodann verständlich zu machen, was der *Supreme Court* mit seinem Zitat „*[t]he term 'tribunal' ... includes ... arbitral tribunals*" gemeint habe, stellt das Gericht auf die *Oxus*-Entscheidung[665] ab. Das *Oxus*-Gericht habe zu Recht einen Unterschied zwischen sog. *state-sponsored*-Schiedsverfahren und anderen (Handels-)schiedsverfahren gesehen.[666] Das Gericht definiert jedoch nicht, wann ein Schiedsverfahren *state-sponsored* ist. Es stellt lediglich auf die Begründung aus *Oxus* ab, dass ein Schiedsgericht „*conducted by UNCITRAL, a body operating under the United Nations and established by ist member states*" *state-sponsored* sei.[667] Die Schlussfolgerung des Gerichts im *Norfolk*-Fall ist, dass ein *state-sponsored* Schiedsgericht den Tatbestand von 28 U.S.C. §1782 erfüllt, ein anderes Schiedsgericht hingegen nicht.

Zusätzlich untermauert das Gericht diese Schlussfolgerung mit der Überlegung, dass der *Supreme Court* die Europäische Kommission nur als *tribunal* anerkannt habe, weil die Entscheidungen der Kommission instanziell von den europäischen Gerichten überprüfbar seien. Bei Schiedsverfahren bestünde keine Möglichkeit der Überprüfung von Entscheidungen (sog. *Judicial review*-Argument). Auch das spreche gegen die Anwendbarkeit von 28 U.S.C. § 1782.

3. *In re application of Operadora DB Mexico, S.A. DE C.V.*

a. *Hintergrund des Rechtsstreits*

Im Jahr 2009 streitet Operadora DB Mexico in einem ICC-Schiedsverfahren mit dem Unternehmen Hard Rock Limited um die exklusiven Franchiserechte am Vertrieb der Marke „Hard Rock" in Mexiko. Sitz des ICC-Schiedsverfahren ist die Stadt Mexico City.[668] Zur Unterstützung dieses Schiedsverfahrens stellt Operadora den Rechtshilfeantrag beim *District Court for the Middle Dirstrict of Florida*, am Sitz des Rechtshilfeantragsadressaten Hard Rock Cafe International (HRCI). Operadora behauptet, im Rahmen der Franchisevergabe zum größten Teil mit HRCI und nicht mit Hard Rock Limited in Kontakt gewesen zu sein.[669] Diese für das Schiedsverfahren relevante Kommunikation befinde sich außerhalb der Zuständigkeit des ICC-Schiedsgerichts, denn das Schiedsgericht habe keine Kompetenz über HRCI.

Vor der Entscheidung des *District Courts* beschäftigt sich *Magistrate Judge Kelly* mit dem Antrag von Operadora. Richter *Kelly* erstellt einen Bericht bezüglich des Rechtshilfeantrags und empfiehlt, dem Antrag stattzugeben.[670]

---

665 *In re in the matter of the application of Oxus Gold*, 2006 U.S. Dist. LEXIS 74118; *In the matter of the application of Oxus Gold*, 2007 U.S. Dist. LEXIS 24061.

666 *In re an arbitration in London*, 626 F.Supp.2d 882, 885.

667 626 F. Supp.2d 882, 885 (zitiert: *In re in the matter of the application of Oxus Gold*, 2006 U.S. Dist. LEXIS 74118, 6).

668 *Beale/Lugar/Schwarz*, 47 Stan.J.Int'l.L. 51, 78 (2011).

669 *In re application of Operadora DB Mexico*, 2009 U.S. Dist. LEXIS 68091, 3.

670 *Report and Recommendation (R&R) of Magistrate Judge Gregory J. Kelly*, May 28, 2009; *In re application of Operadora DB Mexico*, 2009 U.S. Dist. LEXIS 68091, 1.

b. Entscheidung des District Courts for the Middle District of Florida

Der *District Court* überprüft den Bericht von Richter *Kelly* und lehnt den Rechtshilfeantrag von Operadora ab, weil ein ICC-Schiedsgericht nicht die Tatbestandsvoraussetzungen von 28 U.S.C. § 1782 erfülle.

In seiner Entscheidung stellt das Gericht zunächst detailliert die vorhandene Rechtsprechung von *NBC* und *Biedermann* über *Intel* bis hin zu *Norfolk* da. Dann folgt die eigene Argumentation des Gerichts. Diese ist schulmäßig aufgebaut. Zunächst geht es auf den Wortlaut und die Gesetzgebungsgeschichte von 28 U.S.C. § 1782 ein,[671] bevor es zu einer praktischen Betrachtung übergeht.[672] Die Argumentation lässt sich wie folgt zusammenfassen: der Wortlaut *tribunal* ist *„sufficiently broad that it could include private arbitral proceedings, but it ist not sufficiently precise to dictate such a conclusion."*[673] Der Wortlaut ist also mehrdeutig, was eine Berücksichtigung der Gesetzgebungsgeschichte der Norm und eine praktische Betrachtung der Rechtsfrage erlaubt. Genauso hatten der *Second Circuit* und der *Fifth Circuit* 1999 argumentiert.[674] Bei der Analyse der Gesetzgebungsgeschichte kommt das Gericht zum Ergebnis, dass der Kongress bei der Reform im Jahr 1964 mit dem Wort *tribunal* nur staatliche Stellen gemeint habe.[675] Die Argumentation ist auch hier wieder nahezu identisch mit der Entscheidung des Gerichts in *NBC*.[676]

Die praktische Betrachtung konzentriert sich sodann auf die Rechtsnatur des ICC-Schiedsgerichts. Das Gericht gesteht zu, dass ein ICC Schiedsgericht einige Faktoren eines *tribunal* verkörpere. Es nennt jedoch zwei Aspekte, die seiner Meinung nach zeigen, dass ein ICC-Schiedsgericht den Tatbestand nicht erfülle: Erstens handelt es sich hierbei um den Aspekt der gerichtlichen Überprüfbarkeit (*Judicial review*-Argument) eines Schiedsspruchs, auf den bereits das Gericht in *Norfolk* abgestellt hatte. Das Gericht kommt zu dem Schluss, dass ein ICC-Schiedsspruch nicht hinreichend überprüfbar, also ein ICC-Schiedsgericht kein *tribunal* im Sinne von 28 U.S.C. § 1782 sei.[677] Zweitens stellt es darauf ab, woher ein *tribunal* seine Rechtsprechungsbefugnis erlange.[678] Ein *tribunal* im Sinne der Rechtshilfevorschrift erlange seine Rechtsprechungsbefugnis durch staatliche Legitimation.[679] Bei einem Schiedsgericht erfolge dies hingegen durch die Vereinbarung der Parteien. Damit könnten Schiedsgerichte den Tatbestand von 28 U.S.C. § 1782 nicht erfüllen.

---

671 *In re application of Operadora DB Mexico,* 2009 U.S. Dist. LEXIS 68091, 26 ff.
672 2009 U.S. Dist. LEXIS 68091, 30 ff.
673 2009 U.S. Dist. LEXIS 68091, 26 ff.
674 Siehe oben § 5 A.
675 *In re application of Operadora DB Mexico,* 2009 U.S. Dist. LEXIS 68091, 28.
676 Siehe oben § 5 A II.
677 *In re application of Operadora DB Mexico,* 2009 U.S. Dist. LEXIS 68091, 33 f.
678 2009 U.S. Dist. LEXIS 68091, 34.
679 2009 U.S. Dist. LEXIS 68091, 34.

4. *In re application of Caratube International Oil Company*

a. *Hintergrund des Rechtsstreits*

Die Caratube International Oil Company (Caratube) reicht im Juni 2008, basierend auf dem US-kasachischen BIT, Schiedsklage beim ICSID gegen die Republik Kasachstan ein.[680] Im Schiedsverfahren streiten die Parteien über die Modalitäten der Kündigung eines gemeinsamen Ölförderungvertrages. Kasachstan behauptet, Caratube sei vertragsbrüchig geworden. Caratube hingegen sieht den wahren Grund der Vertragskündigung *„as part of the fall-out of a nasty family political fight within Kazakhstan"*.[681] Um Beweise für ihre Theorie zu finden, stellt Caratube im April 2010 eine Rechtshilfeantrag nach 28 U.S.C. § 1782. Bei den Rechtshilfeantragsadressaten handelt es sich um diverse natürliche und juristische Personen, die dem regierenden Familienlager in Kasachstan nahestehen, und somit vermutlich Informationen über den *„nasty family political fight"* haben.

b. *Entscheidung des District Courts for the District of Columbia*

Die Entscheidung des *District Courts* wird an dieser Stelle lediglich der Vollständigkeit halber genannt. Das Urteil wird in der vorhandenen Literatur fälschlicherweise regelmäßig dahingehend zitiert, dass es gegen die Anwendbarkeit von 28 U.S.C. § 1782 auf internationale Schiedsverfahren spreche.[682] Diese Schlussfolgerung lässt sich der Entscheidung jedoch nicht entnehmen.

Richtig ist zwar, dass der *District Court* den Rechtshilfeantrag von Caratube zur Unterstützung des internationalen Investitionsschutzverfahren zwischen Caratube und der Republik Kasachstan ablehnt. Doch geschieht das nicht etwa, weil das ICSID-Schiedsgericht kein *tribunal* im Sinne von 28 U.S.C. § 1782 sei. Das Gericht hat diese relevante Frage vielmehr offengelassen und, basierend auf der Hypothese, dass das Schiedsgericht den Tatbestand von 28 U.S.C. § 1782 erfülle, den Rechtshilfeantrag auf der Ermessensebene abgelehnt.[683]

5. *Zwischenergebnis*

Die vier genannten Urteile lehnen es allesamt ab, ein Rechtshilfeverfahren zur Unterstützung eines internationalen Schiedsgerichts durchzuführen. Mit diesem Ergebnis setzen die Gerichte die *pre-Intel*-Rechtsprechung aus *NBC* und *Biedermann* fort.

---

680 *In re application of Caratube International Oil Company,* 730 F.Supp.2d 101, 102.

681 730 F.Supp.2d 101, 102.

682 Vgl. *Strong,* 1 Stan.J.Comp.Litig. 295 (2013).

683 Auf die Ermessensausübung des Gerichts wird noch näher eingegangen. Siehe unten § 7 C I 3.

Zusammenfassend sollen drei Punkte aus den Urteilen hervorgehoben werden: Erstens ist durch diese Urteile die Unterscheidung zwischen Investitionsschutzschiedsverfahren und Handelsschiedsverfahren relevant geworden. Nach dieser Unterscheidung sei 28 U.S.C. § 1782 auf Investitionsschutzschiedsverfahren anwendbar, auf Handelsschiedsverfahren jedoch nicht. Die Folge dieses Ansatzes ist, dass Handelsschiedsverfahren keine *tribunals* im Sinne der Rechtshilfevorschrift sind und mithin der Tatbestand bei solchen Verfahren nicht erfüllt ist. Zwar lässt sich der Ursprung dieses Gedankengangs in der *Oxus*-Entscheidung finden, welche in dieser Arbeit zu den *post-Intel*-Urteilen *pro* 28 U.S.C. § 1782 gezählt wird. Jedoch haben sich die nachfolgenden Gerichte diese Argumentation zu eigen gemacht. Insbesondere das Gericht im *Norfolk*-Fall und das Gericht im *Operadora*-Fall lehnen die Anwendung von 28 U.S.C. § 1782 ab, weil es sich bei den zu unterstützenden Verfahren um Handelsschiedsverfahren handele.[684]

Zweitens stellt zumindest die *Operadora*-Entscheidung auf den Ursprung der Entscheidungsbefugnis als Kriterium ab, ob ein Schiedsgericht ein *tribunal* ist. Schiedsgerichte beruhten auf einer Parteivereinbarung und könnten somit kein *tribunal* im Sinne von 28 U.S.C. § 1782 sein.

Drittens sprechen die Urteile einem Schiedsgericht die Eigenschaft als *tribunal* zum Teil mangels Berufungsmöglichkeiten (*Judicial review*) in der Schiedsgerichtsbarkeit ab. Hierzu stützen sich die Urteile auf die *Intel*-Entscheidung des *Supreme Courts*. Sicherlich ist die eingeschränkte Berufungsmöglichkeit ein wesentliches Merkmal der internationalen Schiedsgerichtsbarkeit, wie sie aktuell praktiziert wird. Und auch wenn in dieser Arbeit die Ansicht vertreten wird, dass die eingeschränkte Überprüfbarkeit eine Schiedsspruchs nicht dazu führen kann, einem Schiedsgericht die Eigenschaft als *tribunal* im Sinne von 28 U.S.C. § 1782 abzusprechen,[685] so handelt es sich hier um einen Punkt, über den sich streiten lässt.

III. Zusammenfassung

Zusammengefasst lässt sich feststellen, dass die Frage der Anwendbarkeit von 28 U.S.C. § 1782 auf internationale Schiedsgerichte seit der *Intel*-Entscheidung des *Supreme Courts* im Jahr 2004 uneinheitlich ist.[686] Die Gerichte gehen das Problem auf unterschiedliche Art und Weise an und kommen in vergleichbaren Fällen zu unterschiedlichen Ergebnissen. Das hat zu einer Situation geführt, in der kaum zu prognostizieren ist, wie ein *District Court* die Frage entscheiden wird.

---

684 *In re an arbitration in London*, 626 F.Supp.2d 882 (N.D. Illinois 2009); *In re application of Operadora DB Mexico*, 2009 U.S. Dist. LEXIS 68091.

685 Siehe unten § 6 B II.

686 *Beale/Lugar/Schwarz*, 47 Stan.J.Int'l.L. 51, 89 (2011).

Die *post-Intel*-Urteile *pro* 28 U.S.C. § 1782 stammen von Gerichten aus den Staaten New Jersey,[687] Georgia,[688] Minnesota,[689] Massachusetts,[690] Connecticut[691] und Florida.[692] Die *post-Intel*-Urteile *contra* 28 U.S.C. § 1782 stammen von Gerichten aus den Staaten Texas,[693] Illinois,[694] Florida[695] und dem District of Columbia.[696] Wenn überhaupt, kann über diese geogarfische Zuordnung eine Prognose abgegeben werden. In den Bezirken der *post-Intel*-Urteile *pro* 28 U.S.C. § 1782 ist ein Rechtshilfeantrag erfolgsverprechender als in den Bezirken der *post-Intel*-Urteile *contra.*

IV. Entscheidung des Court of Appeals for the Eleventh Circuit CONECEL v. JAS

1. *Einführung*

Der Rechtsstreit zwischen *CONECEL* und *JAS* vor dem *Eleventh Circuit* ist aus der obigen Systematisierung der *post-Intel*-Urteile ausgenommen, weil er durch eine interessante Besonderheit gekennzeichnet ist.[697] Der *Eleventh Circuit* hat im Jahr 2012 sein erstes Urteil in dieser Rechtssache gefällt. Paukenschlagartig stellte das Gericht damals fest, dass Handelsschiedsgerichte den Tatbestand von 28 U.S.C. § 1782 erfüllen. Damit schien sich ab 2012 eine gewisse Rechtssicherheit bei dieser Frage abzuzeichnen. Es schien so als würde sich entweder die Auffassung des *Eleventh Circuit* durchsetzten oder der *Supreme Court* aufgrund eines nunmehr bestehenden *Circuit splits* bei nächster Gelegenheit entscheiden können. Der *Circuit split* bestand

687 Der Staat New Jersey gehört im föderalen Gerichtssystem der Vereinigten Staaten zum dritten Bezirk.

688 Der Staat Georgia gehört im föderalen Gerichtssystem der Vereinigten Staaten zum elften Bezirk.

689 Der Staat Minnesota gehört im föderalen Gerichtssystem der Vereinigten Staaten zum achten Bezirk.

690 Der Staat Massachusetts gehört im föderalen Gerichtssystem der Vereinigten Staaten zum ersten Bezirk.

691 Der Staat Connecticut gehört im föderalen Gerichtssystem der Vereinigten Staaten zum zweiten Bezirk.

692 Der Staat Florida gehört im föderalen Gerichtssystem der Vereinigten Staaten zum elften Bezirk.

693 Der Staat Texas gehört im föderalen Gerichtssystem der Vereinigten Staaten zum fünften Bezirk.

694 Der Staat Illinois gehört im föderalen Gerichtssystem der Vereinigten Staaten zum siebten Bezirk.

695 Der Staat Florida gehört im föderalen Gerichtssystem der Vereinigten Staaten zum elften Bezirk.

696 Der District of Columbia bildet im föderalen Gerichtssystem der Vereinigten Staaten einen eigenen Bezirk.

697 In der deutschen Literatur wird die Entscheidung von *Brinkmann*, IPRax 2015, 109 besprochen.

aufgrund der Urteile des *Second Circuit (NBC)* und *Fifth Circuit (Biedermann)* aus dem Jahr 1999, die die Anwendbarkeit von 28 U.S.C. § 1782 auf Schiedsgerichte ablehnten.

Doch im Januar 2014 kam aus heiterem Himmel die Kehrtwende des *Eleventh Circuits.* Das Gericht – bestehend aus denselben drei Richtern wie bei der usprünglichen Entscheidung – ersetzte sein Urteil *Sua sponte* mit einer neuen Entscheidung. Diese neue Entscheidung im Jahr 2014 weicht vom Urteil aus 2012 in nur einem einzigen Punkt ab. Das Gericht umgeht die Frage, ob ein Handelsschiedsgericht den Tatbestand von 28 U.S.C. § 1782 erfüllt und kommt dennoch zum selben Ergebnis. Warum es das rechtlich durfte und wie es dies begründen konnte, wird im Folgenden dargestellt.

2. *Aufgehobene Entscheidung aus dem Jahr 2012*

Im Juli 2012 entschied der *Court of Appeals for the Eleventh Circuit,* dass ein internationales Schiedsverfahren ein *proceeding in a foreign or international tribunal* im Sinne von 28 U.S.C. § 1782 sei.[698] Damit bezog das Gericht als erster *Circuit Court* nach der *Intel*-Entscheidung klar Stellung.

Hintergrund des Rechtsstreits sind Abrechnungsstreitigkeiten zwischen CONECEL und JASE, der ecuadorianischen Schwestergesellschaft von JAS. CONECEL und JASE haben einen Frachtvertrag abgeschlossen, aufgrund dessen JASE CONECEL regelmäßig Rechnungen stellt. Zwischen 2002 und 2007 hat CONECEL mehr als 88 Millionen Dollar an JASE für ihre Leistungen gezahlt.[699] Wegen unbekannter Umstände verschlechtert sich das Verhältnis zwischen den Parteien seit 2008 und CONECEL beginnt die Rechnungsstellung von JASE genauer zu überprüfen. Dabei kommt CONECEL zu dem Ergebnis, dass JASE seine Leistungen über Jahre hinweg absichtlich um insgesamt mehrere Millionen Dollar zu hoch in Rechnung gestellt habe. Das führt zu zwei verschiedenen Rechtsstreitigkeiten: Zum einen leitet JASE ein Schiedsverfahren in Ecuador bei der Handelskammer von Santiago de Guayaquil ein, weil CONECEL die Bezahlung offener Rechnungen verweigert.[700] Zum anderen macht CONECEL geltend, es beabsichtige ein Zivilverfahren und anschließend ein strafrechtliches Privatklageverfahren gegen zwei ehemalige Angestellte vor ecuadorianischen Gerichten anzustreben. Die beiden Angestellten sollen JASE bei dem vermeintlichen Rechnungsbetrug geholfen haben.[701]

Vor diesem Hintergrund stellt CONECEL seinen Rechtshilfeantrag nach 28 U.S.C. § 1782. CONECEL beabsichtigt, Dokumente von JAS, einer US-amerikanischen Schwestergesellschaft von JASE mit Sitz in Florida, zu erlangen und

698 *Consorcio Ecuatoriano de Telecomunicaciones v. JAS Forwarding (USA),* 685 F.3d 987, 994.
699 685 F.3d 987, 990.
700 685 F.3d 987, 991.
701 685 F.3d 987, 990.

Mitarbeiter von JAS zu vernehmen.[702] CONECEL macht geltend, dass das Rechtshilfeverfahren sowohl zur Unterstützung des ecuadorianischen Handelsschiedsverfahren als auch zur Verwendung im Verfahren vor den staatlichen Gerichten in Ecuador bestimmt sei.

Der *Eleventh Circuit* setzt sich in seiner Entscheidung im Wesentlichen mit zwei Punkten auseinander.[703] Auf Tatbestandsebene geht es in dem Urteil ausschließlich um die Frage, ob die Voraussetzung eines *proceeding in a foreign or international tribunal* erfüllt ist. Alle weiteren Tatbestandvoraussetzungen von 28 U.S.C. § 1782 sind unstreitig.[704] Das Gericht stellt fest, dass sowohl das private Schiedsverfahren als auch ein noch nicht anhängiges Verfahren vor den staatlichen Gerichten in Ecuador in Betracht kämen.[705] Es entscheidet sich ausdrücklich dafür, auf das Schiedsverfahren abzustellen: *"Because we now hold that the pending arbitration proceeding is a "proceeding in a foreign or international tribunal" [...] we have no occasion to address the second theory"*.[706]

Sodann analysiert das Gericht die vorhandene Rechtsprechung und leitet aus der *Intel*-Entscheidung eine funktionale Definition des Begriffs *tribunal* ab.[707] Ein *tribunal* agiere als *first-instance decisionmaker.* Es erlaube die Beibringung von Beweisen, besitze die Autorität, über rechtliche Verantwortung zu entscheiden und strafen zu verhängen und seine Entscheidungen seien *„subject to judicial review“*.[708] Das alles treffe auf das Schiedsverfahren in Ecuador und generell auf jedes Schiedsverfahren zu.[709] Insbesondere sei es *„common sense understanding“*, dass Entscheidungen eines Schiedsgerichts gerichtlich überprüfbar seien.[710]

Im zweiten Teil begründete das Gericht seine Entscheidung auf Ermessensebene.[711] CONECEL's Antrag erfülle die *Intel*-Kriterien des *Supreme Courts*, sodass dem Rechtshilfeantrag stattzugeben sei.
Allerdings entschloss sich einer von drei Richtern eine kurze *Concurring opinion* zu verfassen.

> *„I concur in the judgement affirming the district court. I would affirm the district court, however, on the basis of CONECEL's second theory for why the evidence it seeks is for use in a „proceeding in a foreign or international tribunal“ under § 1782. (...)“*.[712]

---

702 685 F.3d 987, 992.

703 In der Entscheidung selbst ist von *three issues* die Rede. Bei dem dritten Punkt handelt es sich um eine Frage, die für die vorliegende Arbeit irrelevant ist. Es ging um eine *motion für reconsideration* von JASE.

704 685 F.3d 987, 993.

705 685 F.3d 987, 994.

706 685 F.3d 987, 994.

707 685 F.3d 987, 995.

708 685 F.3d 987, 995.

709 685 F.3d 987, 995–998.

710 685 F.3d 987, 997.

711 685 F.3d 987, 998.

712 685 F.3d 987, 1002.

Seiner Auffassung nach war die Frage, ob ein Schiedsgericht den Tatbestand von 28 U.S.C. § 1782 erfülle, nicht entscheidungserheblich. Der Tatbestand sei bereits aufgrund des zukünftigen staatlichen Verfahrens in Ecuador erfüllt.

Ob er vorhersehen konnte, dass er mit seiner Begründung bald nicht mehr allein dastehen würde, lässt sich nicht feststellen. Auf jeden Fall sollte das Urteil des *Eleventh Circuit* aus dem Jahr 2012 nicht all zu lange geltendes Recht sein.

3. *Entscheidung aus dem Jahr 2014*

Am 10. Januar 2014 veröffentlichte der *Circuit Court* des *Eleventh Circuit* sein zweites und nunmehr geltendes Urteil im Rechtsstreit *CONECEL* gegen *JAS*.[713] Zwar hob das Gericht seine Entscheidung aus dem Jahr 2012 auf, am Ergebnis änderte es jedoch nichts. Wie bereits im Jahr 2012 gab der *Eleventh Circuit* dem Rechtshilfeantrag von CONECEL statt.

Die Entscheidung ist weitestgehend wortgleich mit dem Urteil aus 2012. Lediglich bei der Tatbestandsvoraussetzung des *tribunals* hat das Gericht seine Begründung geändert. Wo es 2012 noch entschied, dass ein Schiedsverfahren ein *tribunal* im Sinne der Vorschrift ist,[714] stützt sich das Gericht 2014 auf das angestrebte Verfahren vor staatlichen Gerichten in Ecuador.[715] Dadurch umschifft es die offene Frage nach der Behandlung eines internationalen Schiedsgerichts. Es muss lediglich darauf eingehen, ob es dem Rechtshilfeantrag entgegensteht, dass das Verfahren in Ecuador noch nicht anhängig ist. Um dies zu verneinen kann sich das Gericht jedoch unproblematisch auf den *Supreme Court* berufen. In der Rechtsprechung ist geklärt, dass es für den Tatbestand von 28 U.S.C. § 1782 genügt, dass das zu unterstützenden Verfahren *„within reasonable contemplation"* ist.[716] Darüber hinaus hat sich in der Begründung des *Eleventh Circuits* nichts geändert.

Zwei Aspekte der Entscheidung sollen an dieser Stelle nicht unerwähnt bleiben: Zum einen hat das Gericht den *„unusual step"*[717] gewählt, die Entscheidung *Sua sponte* aufzuheben.[718] Zum anderen erscheint der Wortlaut der Entscheidung in

---

713 *Consorcio Ecuatoriano de Telecomunicaciones v. JAS Forwarding (USA),* 2014 WL 104132 (11th Cir. 2014).

714 *Consorcio Ecuatoriano de Telecomunicaciones v. JAS Forwarding (USA),* 685 F.3d 987, 994.

715 *Consorcio Ecuatoriano de Telecomunicaciones v. JAS Forwarding (USA),* 2014 WL 104132, 1.

716 *Intel v. AMD,* 542 U.S. 241, 259.

717 Steptoe & Johnson LLP, Circuit Court Decisions Leave Uncertainty Whether US Discovery Can Be Obtained in Aid of Foreign Arbitrations, 30. Januar 2014, abrufbar unter http://www.steptoe.com/publications-9323.html (zuletzt abgerufen am 24.12.2015); *Brinkmann,* IPRax 2015, 109, 114.

718 *Consorcio Ecuatoriano de Telecomunicaciones v. JAS Forwarding (USA),* 2014 WL 104132, 1.

der geänderten Passage vor dem Hintergrund des Urteils aus 2012 seltsam.[719] Das Gericht führt aus, dass es aufgrund der Sachverhaltslage im konkreten Fall die Frage der Anwendbarkeit von 28 U.S.C. § 1782 auf internationale Schiedsgerichte nicht zu beantworten brauche und *„[t]hus we leave the resolution of the matter for another day"*.[720] Dass dieser andere Tag für das Gericht bereits am 25. Juni 2012 schon einmal existiert hat, stört das Gericht nicht.

Die *Sua sponte* Entscheidung des Gerichts macht den ganzen Fall noch außergewöhnlicher. *Sua sponte* bedeutet, dass ein Gericht aus eigenem Antrieb, d.h. ohne einen Antrag einer der beteiligten Parteien, entscheidet. Aus deutscher Sicht sind Bedenken im Hinblick auf Rechtskraft und Rechtssicherheit unvermeidlich. Bei genauerer Betrachtung lässt sich allerdings feststellen, dass die Situation nicht ganz so bedenklich ist, wie sie auf den ersten Blick wirkt. Das Gericht kann seine Entscheidung nämlich nur deswegen aufheben, weil das sog. *Appelate mandate* noch nicht ausgestellt war.[721] Bei dem *Appelate mandate* handelt es sich nach den Federal Rules of Appellate Procedure Rule 41[722] um den formellen Akt, der das Berufungsverfahren beendet. Normalerweise wird ein *Appelate manadte* mit oder unmittelbar nach Urteilsverkündung ausgestellt. Im konkreten Fall war es jedoch so, dass JAS bereits im Juli 2012 einen Antrag an den *Eleventh Circuit* gestellt hat, die Rechtssache erneut zu hören, und zwar *En banc*, d.h. JAS hatte den gesamten *Circuit Court* des *Eleventh Circuit* und nicht bloß die drei Richter um eine erneute

719 *"We decline to answer this substantial question on the sparse record found in this case. The district court made no factual findings about the arbitration and made no effort to determine whether the arbitration proceeding in Ecuador amounted to a section 1782 tribunal. Two circuits have held that private arbitral tribunals fall outside of the scope of section 1782. See Nat'l Broad. Co. v. Bear Stearns & Co., 165 F.3d 184, 190 (2d Cir. 1999); accord Republic of Kazakhstan v. Biedermann Int'l, 168 F.3d 880, 881 (5th Cir. 1999). However, since then, the Supreme Court has decided Intel Corp. v. Advanced Micro Devices, Inc., 542 U.S. 241, 258 (2004), where it applied a functional analysis focusing on whether a body acts as a first-instance adjudicative decision maker, permits the gathering and submission of evidence, has the authority to determine liability and impose penalties, and issues decisions subject to judicial review. See id. at 255 & n.9, 257–58. Moreover, in Intel the Court suggested in dicta that "[t]he term 'tribunal'... includes investigating magistrates, administrative and arbitral tribunals, and quasi- judicial agencies, as well as conventional civil, commercial, criminal, and administrative courts." 542 U.S. at 258 (alterations in original) (emphasis added) (quoting Hans Smit, International Litigation Under the United States Code, 65 Colum. L. Rev. 1015, 1026 n.71 (1965)). Thus we leave the resolution of the matter for another day"*, 2014 WL 104132 n 4.

720 2014 WL 104132, 1.

721 Das übersieht *Brinkmann*, IPRax 2015, 109, 113 (Fn. 37).

722 *Federal Rules of Appelate Procedure*, Rule 41(a), *„Mandate, Contents, Issuance and Effective Date, Stay: (a) Contents. Unless the court directs that a formal mandate issue, the mandate consists of a certified copy of the judgment, a copy of the court's opinion, if any, and any direction about costs"*.

Anhörung gebeten. Aufgrund dieses Antrags hatte das Gericht die Ausstellung des *Appelate mandates* aufgeschoben. Weshalb sich dann dennoch die drei Richter, die 2012 den Spruchkörper gebildet hatten, im Jahr 2014 dazu entschließen, ihr Urteil *Sua sponte* aufzuheben und sich nicht der gesamte *Circuit Court* mit der Fall befasst hat, bleibt der Spekulation überlassen. Entscheidend ist jedenfalls, dass die Richter ihr Urteil aus dem Jahr 2012 im Jahr 2014 aus rechtstechnischer Sicht noch aufheben durften, weil bis dahin kein *Appelate mandate* erlassen wurde.

4. *Schlussfolgerungen*

Die Aussagen des Gerichts aus dem Jahr 2012 zur Eigenschaft eines internationalen Schiedsgerichts als *tribunal* sind nicht mehr geltendes Recht. Das Ergebnis des Gerichts bleibt 2014 jedoch dasselbe: die beantragte Rechtshilfe wird gewährt. Das bedeutet, dass es dem Gericht 2014 nur darum geht, seine Aussage zur *tribunal*-Eigenschaft eines internationalen Schiedsgerichts zurückzunehmen.

Entscheidend an den Urteilen des *Eleventh Circuits* ist weder deren Begründung, noch deren Ergebnis. Das Ergebnis ist in beiden Entscheidungen gleich. Und auch die nunmehr gewählte Begründung hätte das Gericht bereits 2012 wählen können. Ein Richter hat das in seiner *Concurring opinion* sogar getan. Entscheidend an den Urteilen ist, dass das Gericht erheblich zur bestehenden Rechtsunsicherheit beigetragen hat.

Das Gericht hatte sich 2012 bewusst dafür entschieden, die Frage nach der Anwendbarkeit von 28 U.S.C. § 1782 zu klären. Stichhaltige Anhaltspunkte, warum 2014 die Kehrtwende vorgenommen wurde, sind nicht ersichtlich. Damit hat das Gericht im Ergebnis das Gegenteil von dem erreicht, was es 2012 wollte. Die Frage der Anwendbarkeit von 28 U.S.C. § 1782 ist nunmehr offener und undurchschaubarer als je zuvor.[723] Zwar wird man die Argumente aus der Entscheidung aus dem Jahr 2012 für die Anwendbarkeit als solche auch in Zukunft aufgreifen können, obwohl die Entscheidung selbst kein geltendes Recht mehr ist. Doch ist die bloße Tatsache, dass Argumente in die Welt gesetzt wurden, von ihrer rechtlichen Wirkung her natürlich nicht einer gültigen *Circuit Court* Entscheidung vergleichbar. Darüberhinaus hätte das ursprüngliche Urteil die Chance geboten, dass es in näherer Zukunft zu einer Klärung der Rechtslage gekommen wäre, sei es durch ein Einschwenken der anderen *Circuit Courts* auf diese Linie oder durch eine Entscheidung des *Supreme Courts*.

Nach dieser Darstellung der vorhandenen *post-Intel*-Rechtsprechung sollen die tragenden Urteilsargumente in den folgenden Kapiteln untersucht und diskutiert werden.

723 So auch *Folkman/Evans*, 69(1) Disp. Res. J. 1 (2014).

§ 6. Die tatbestandliche Anwendbarkeit von 28 U.S.C. § 1782 auf internationale Schiedsgerichte

Auf Tatbestandsebene ist die entscheidende Schlussfolgerung dieser Arbeit, dass internationale Schiedsgerichte *tribunals* im Sinne von 28 U.S.C. § 1782 sind. Sie erfüllen die dafür von der Rechtsprechung aufgestellten Kriterien.

Um dieses Ergebnis zu begründen, werden im Folgenden die Anforderungen des *Supreme Courts* (A) sowie die Kriterien der *post-Intel*-Rechtsprechung (B) an den Begriff des *tribunals* im Sinne von 28 U.S.C. § 1782 erörtert und auf internationale Schiedsgerichte angewendet. Außerdem soll auf eine mögliche Doppelverwertungsgefahr der erlangten Beweise eingegangen werden (C).

A. Anforderungen der *Intel*-Entscheidung an ein *tribunal*

I. Strenge Wortlautbetrachtung – Scalia's Concurring Opinion

Internationale Schiedsgerichte erfüllen die Anforderungen der *Intel*-Entscheidung. In besonderem Maße gilt das für das Sondervotum von *Justice Scalia.* Für diesen ist die einzig sichere Auslegungsmethode der Wortlaut.[724] Der Wortlaut von 28 U.S.C. § 1782 lautet *„foreign or international tribunal"*. Ein Schiedsgericht ist in der englischen Umgangs- und Rechtssprache ein *„arbitral tribunal"*.[725] Am deutlichsten wird das bei Berücksichtigung der *post-Intel*-Entscheidung im Fall *Roz Trading.*[726] Dort setzt sich der *District Court* auf bemerkenswerte Art und Weise mit dem Begriff *tribunal* und der *Plain meaning rule* auseinander. Als erstes Gericht wählt der *District Court* diese dogmatisch richtige Vorgehensweise und springt nicht begründungslos zu anderen Auslegungsmethoden.[727] Das Gericht begründet sein Ergebnis,

724 *„Accordingly, because the statute--the only sure expression of the will of Congress--says what the Court says it says, I join in the judgment"*, *Intel v. AMD,* 542 U.S. 241, 267. Siehe oben § 5 B III.

725 So auch *In re application of Roz Trading,* 469 F.Supp.2d 1221, 1225 (2006); mit Verweis auf *Scherk v. Alberto-Cluver Co.*, 417 U.S. 506, 519 ff (1974); *Mitsubishi v. Soler Chrysler-Plymouth,* 473 U.S. 614, 627 (1985); *Smit,* 65 Colum. L. Rev. 1015, 1026 f (1965). Siehe außerdem z.B. die Schiedsregeln des *International Centre for Dispute Resoultion (ICDR),* die Schiedsregeln der *London Court of International Arbitration (LCIA)* oder die Schiedsregeln des *Australian Centre for International Commercial Arbitration (ACICA).*

726 *In re application of Roz Trading,* 469 F.Supp.2d 1221, 1225 (2006).

727 So aber die Gerichte in *National Broadcasting Company v. Bear Stearns,* 165 F.3d 184 (2nd Cir. 1999); und *The Republic of Kazakhstan v. Biedermann,* 168 F.3d 880 (5th Cir. 1999).

dass Schiedsgerichte von der gewöhnlichen Bedeutung des Begriffs *tribunal* erfasst sind, zum einen anhand des Umgangs mit dem Begriff in der US-amerikanischen Rechtsprechung. Es beruft sich dazu auf die grundlegenden Entscheidungen zum internationalen Schiedswesen in den Vereinigten Staaten, *Scherk v. Alberto-Cluver Co.*[728] und *Mitsubishi Motors Corp. v. Soler Chrysler-Plymouth, Inc.*[729] In beiden Urteilen wird stets der Begriff *tribunal* verwendet, ohne dessen Bedeutung in irgendeiner Art und Weise zu problematisieren.[730] Diese Argumentation ist überzeugend.[731] Anders als die Gerichte in *NBC* und *Biedermann* weicht der *District Court* der Frage des *Plain meaning* nicht aus. Zum anderen untermauert der *District Court* sein *Plain meaning*-Verständnis des Begriffs *tribunal* mit der Gesetzgebungsgeschichte von 28 U.S.C. § 1782.[732] Das Streben nach Flexibilität belege, dass der Begriff weit auszulegen sei.

Selbst die Anhänger der gegenteiligen Ansicht legen nicht dar, dass ein Schiedsgericht kein *tribunal* sein könne.[733] Sie argumentieren lediglich, dass der Begriff, wie er in 28 U.S.C. § 1728 verwendet wird, mehrdeutig sei und deswegen weitere Auslegungsmethoden heranzuziehen seien. Dieser Ansatz widerspricht dem Votum von *Justice Scalia*. Die Vertreter dieses Lagers ignorieren dessen Ansicht. Sie stellen die Mehrdeutigkeit lediglich fest, ohne jedoch nachvollziehbare Belege dafür vorweisen zu können. Sofern also der Position von *Justice Scalia* gefolgt wird, ist es unumgänglich, ein internationales Schiedsgericht als *tribunal* anzuerkennen.

Insbesondere *Rutledge* kritisiert hieran jedoch, dass die Vorschrift selbst keine Definition bereithält.[734] Auch unter Berücksichtigung der Rechtsprechung aus der Zeit vor 1964, dem Zeitpunkt als 28 U.S.C. § 1782 erlassen wurde, lasse sich keine eindeutige Wortlautbedeutung feststellen. Dieser Auffassung stehen überzeugende Argumente entgegen. Der US-amerikanische Gesetzgeber konnte von keiner anderen Bedeutung des Begriffs ausgehen, als er 28 U.S.C. § 1782 erließ. Bereits die Vorgängernormen aus dem Jahr 1933 wurden als Einzelfallregelungen zur Unterstützung von internationalen Schiedsgerichten erlassen.[735] 22 U.S.C. §§ 270–270c

---

728 *Scherk v. Alberto-Cluver Co.*, 417 U.S. 506 (1974).

729 *Mitsubishi v. Soler Chrysler-Plymouth*, 473 U.S. 614 (1985).

730 *In re Roz Trading*, 469 F.Supp.2d 1221, 1225 (2006).

731 Im Gegensatz zu der auch vorgebrachten Begründung mit Hilfe des Black's Law Dictionary. Hierbei handelt es sich um ein schwaches Argument. Außerdem lautet die zitierte Definition des Begriffs *tribunal* im Black's Law Dictionary *„court or other adjudicatory body"*, 8. Auflage 2004. Diese vage Definition trägt zur Klärung der Frage nichts bei.

732 *In re application of Roz Trading*, 469 F.Supp.2d 1221, 1226.

733 *National Broadcasting Company v. Bear Stearns*, 165 F.3d 184, 188 (2nd Cir. 1999); *The Republic of Kazakhstan v. Biedermann*, 168 F.3d 880, 881 (5th Cir. 1999); *In re application of Operadora DB Mexico*, 2009 U.S. Dist. LEXIS 68091, 26 f.

734 *Rutledge*, 25 J. Int. Arb. 171, 175 (2008).

735 Siehe oben § 4 A II.

diente der Unterstützung internationaler *„tribunals“*.[736] Auch in der Rechtssprache vor 1964 war ein Schiedsgericht also ein *tribunal*. Hierfür spricht ferner, dass die internationale Handelsschiedsgerichtsbarkeit 1964 bereits eine anerkannte Streitbeilegungsmethode war. Bereits im Jahr 1958 wurde die New York Convention ins Leben gerufen.[737] Das alles spricht dafür, ein internationales Schiedsgericht bereits dem Wortlaut nach als *tribunal* anzuerkennen.

II. Breyer-test

Justice' Breyers Dissent spricht in vielerlei Hinsicht dagegen, ein internationales Schiedsgericht als *tribunal* anzusehen.[738] Zunächst scheint der erste Teil des *Breyer-tests* – die begründeten Zweifel an der Gerichtseigenschaft – in der US-amerikanischen Rechtsprechung tief verankert. Trotz der eigentlich bestehenden *Strong federal policy in favour of international arbitration*[739] hat sich jedes Gericht mit einer wirklich tragfähigen Begründung zu dieser Frage in die eine oder die andere Richtung schwer getan. Man wird im US-amerikanischen *Case Law*-System wohl solange begründete Zweifel annehmen können bis der *Supreme Court* entschieden hat. Bis dahin sind die Entscheidungen des *Second* und *Fifth Circuits* aus *NBC* und *Biedermann* geltendes Recht (*Good law*).[740] Zwei Entscheidungen von Berufungsgerichten werden als Begründung für Zweifel an der gegenteiligen Auslegung ausreichen, egal ob diese Entscheidungen in ihrer Urteilsfindung richtig oder falsch sind. Ihr Urteil steht und ist in der Welt.

Außerdem geht der zweite Teil des *Breyer-tests* – die Berücksichtigung des Selbstverständnisses – von einem staatlichen Selbstverständnis aus.[741] Dieser Teil des Tests berücksichtigt die Zielsetzung der Norm, anderen Staaten unter *Comity*-Gesichtspunkten Rechtshilfe zu gewähren. Es geht in *Breyers* Darstellung um die Rechtshilfe gegenüber anderen Staaten. Schiedsgerichte sind gerade nicht in den staatlichen Gerichtsaufbau integriert. Ferner könnte eine andere Betrachtungsweise zu Schwierigkeiten im Rahmen von institutionellen Schiedsgerichten führen. So wäre etwa bei einem ICC-Schiedsgericht mit gewähltem Sitz in Frankfurt am Main und Ort der Verhandlung in Singapur nicht klar, ob auf das Selbstverständnis der staatlichen Ordnung in Paris – Frankreich als Sitz der Institution ICC –, Frankfurt

---

736 Ausführlich *Smit*, 62 Colum. L. Rev. 1264 (1962).

737 Einen anderen Blickwinkel nutzen *Folkman/Evans*, 69(1) Disp. Res. J. 1, 4 (2014). Die Autoren stellen darauf ab, dass die Vereinigten Staaten die New York Convention im Jahr 1964 noch nicht ratifiziert hatten. Das erfolgte erst mit Wirkung zum 30. September 1970. Deswegen sei es wahrscheinlich, dass der Gesetzgeber 1964 nur *„governmental or intergovernmental arbitral tribunals“* im Sinn gehabt habe.

738 Siehe oben § 5 B IV.

739 *Scherk v. Alberto-Cluver Co.*, 417 U.S. 506 (1974); *Mitsubishi Motors Corp. v. Soler Chrysler-Plymouth, Inc.*, 473 U.S. 614 (1985).

740 So auch *Newman/Zaslowsky*, N.Y.L.J., Vol. 251, Issue 21, p. 3 (2014).

741 Vgl. *Intel v. AMD*, 542 U.S. 241, 268 ff; oben § 5 B IV.

– Deutschland als Sitz des Schiedsverfahrens – oder Singapur – als Ort des Verfahrens – abzustellen ist. Eine solche Unsicherheit würde dem Gedanken, der dem *Breyer-test* zu Grunde liegt zuwider laufen. US-amerikanische Gerichte sollen die Entscheidung über die Gerichtsqualität im Zweifel aus der Hand geben, weil der Staat, aus dem die rechtshilfeersuchende Einrichtung stammt, diese Entscheidung einfacher treffen kann. Sicherlich spielt dabei auch eine Rolle, dass die Verwertung der Beweise regelmäßig in diesem Staat stattfinden wird. Eben diese zwei Punkte sind jedoch bei internationalen Schiedsgerichten nicht gegeben. Im Fall des ICC-Schiedsgerichts mit Sitz in Frankfurt am Main und Verfahren in Singapur müsste ein *District Court* darauf achten, was gleich drei andere Rechtsordnungen zur Gerichtsqualität sagen. Außerdem führt die Flexibilität des Schiedsverfahrens dazu, dass ggf. unterschiedlichste und nicht unmittelbar feststellbare Rechtssätze auf die Beweisverwertung anwendbar wären. Vor dem Hintergrund dieser Schwierigkeiten erscheint es unwahrscheinlich, dass in diesem Fall von *Justice Breyer* beabsichtigt wäre, dass US-amerikanische Gerichte die Entscheidung über die Gerichtsqualität aus der Hand geben. Vielmehr müsste der *District Court* entscheiden, ob eine Einrichtung generell ein *tribunal* ist. Anstelle dieser Entscheidung ist es für staatliche Gerichte komfortabler, Schiedsgerichte ganz aus dem Anwendungsbereich von 28 U.S.C. § 1782 auszunehmen. Nach dem *Dissent* von *Justice Breyer* in *Intel* sind internationale Schiedsgerichte mithin keine *tribunals.*

Die beiden Extrempositionen der *Intel*-Entscheidung führen also zu unterschiedlichen Ergebnissen. Im Folgenden soll auf die Kriterien der Mehrheitsentscheidung in *Intel* eingegangen werden.

III. First-instance decisionmaker – Ginsburg's Mehrheitsentscheidung

Kernaussage von *Justice Ginsburg's*-Votum ist, dass ein *tribunal* im Sinne von 28 U.S.C. § 1782 als *first-instance decisionmaker* agiert.[742] Ob ein internationales Schiedsgericht diese Voraussetzung erfüllt, lässt sich der Entscheidung nicht unmittelbar entnehmen. Lediglich im Rahmen der historischen Auslegung der Vorschrift verweist *Justice Ginsburg* auf den Aufsatz von *Smit* aus dem Jahr 1965.[743] *"The term 'tribunal' encompasses all bodies that have adjudicatory power and it is intended to include not only civil, criminal and administrative courts (...) but also arbitral tribunals or single arbitrators".*[744] Nach dieser Definition könnte man meinen, die Rechtslage sei klar. Weit gefehlt. Zum einen handelt es sich bei dem Zitat lediglich um ein *Obiter dictum*, sodass keine eindeutige Entscheidung gegeben ist. Zum anderen haben Literaturmeinungen im US-amerikanischen Common Law – selbst wenn der Autor

742 542 U.S. 241, 258; siehe ebenso *Steinbrück*, Unterstützung ausländischer Schiedsverfahren, 209.

743 *Smit*, 65 Colum. L. Rev. 1015, 1021 n 71(1965); *Intel v. AMD*, 542 U.S. 241, 258.

744 *Smit*, 65 Col. L Rev. 1015, 1021 (1965).

mit Recht als „Vater der Rechtshilfevorschrift" bezeichnet werden kann[745] – kaum rechtliche Bedeutung. Maßgeblich sind gerichtliche Entscheidungen.

Der *Supreme Court* hat die Figur des *first-instance decisionmakers* in *Intel* jedoch weiter konkretisiert. Diese Anforderungen sollen im Folgenden dargestellt und bezogen auf internationale Schiedsgerichte bewertet werden.

1. *Responsibility*

Zunächst entscheidet ein *first-instance decisionmaker* über verschiedenste Rechtsfragen, ist also nicht auf einen Rechtsbereich beschränkt (*Excercises responsibility*).[746] Dieses Merkmal versteht der *Supreme Court* weit.[747] Schiedsgerichte können allgemein über (fast) alle Rechtsfragen entscheiden. Dabei kann es sich z.B. um vertragliche, deliktische oder gesellschaftsrechtliche Fragen handeln. Eine Grenze bildet erst die objektive Schiedsfähigkeit. Für das deutsche Recht ist in § 1030 ZPO geregelt: „Jeder vermögensrechtliche Anspruch kann Gegenstand einer Schiedsvereinbarung sein".[748] Und auch „[e]ine Schiedsvereinbarung über nicht vermögensrechtliche Ansprüche hat insoweit rechtliche Wirkung, als die Parteien berechtigt sind, über den Gegenstand des Streites einen Vergleich zu schließen".[749] Der BGH legt die objektive Schiedsfähigkeit sogar so weit aus, dass diese nur dann nicht gegeben ist, „wenn sich der Staat im Interesse besonders schutzwürdiger, der Verfügungsmacht privater Personen entzogener Rechtsgüter ein Rechtsprechungsmonopol in dem Sinne vorbehalten hat, dass allein der staatliche Richter in der Lage sein soll, durch seine Entscheidung den angestrebten Rechtszustand herbeizuführen."[750] Hierbei handelt es sich um originär hoheitliche Entscheidungen, etwa auf dem Gebiet des öffentlichen Rechts oder des Strafrechts.

Ganz ähnlich ist die Rechtslage in den Vereinigten Staaten. Zwar enthält das US-amerikanische Schiedsrecht[751] keine § 1030 ZPO vergleichbare Norm. Die Rechtsprechung erkennt allerdings fast alle Rechtsfragen als schiedsfähig an. Sie lehnt die Schiedsfähigkeit nur ab, wenn es ein Bundesgesetz ausdrücklich vorschreibt.[752] Nach *Born* gilt das insbesondere für internationale Schiedsverfahren, vermehrt aber

---

745 So auch *Newman/Zaslowsky*, N.Y.L.J., Vol. 251, Issue 21, p. 3 (2014); *Malament*, 67 Van. L. R. 1213, 1223 (2014).

746 *Intel v. AMD*, 542 U.S. 241, 250: *„The Commisson excercises responsibility over a wide range of subject areas (...)"*.

747 Auch wenn die Europäische Kommission als Wettbewerbsbehörde auf das Thema Kartell- und Wettbewerbsrecht konzentriert ist, erfüllt sie das Merkmal. Es genügt, dass die Aufgaben der Kartellbehörde darin bestehen, sowohl Kartellabsprachen als auch den missbrauch marktbeherrschender Stellungen zu verfolgen.

748 § 1030 Abs. 1 S. 1 ZPO.

749 § 1030 Abs. 1 S. 2 ZPO.

750 BGH NJW 1996, 1753, 1754; BGH NJW 2004, 2898, 2899.

751 Der Federal Arrbitration Act (FAA), 9 U.S.C. §§ 1–16.

752 *Born*, Int. Comm. Arb. (2014), 963 ff; *Rau*, 40 Tex. Int'l. L. J. 449, 452 (2005).

auch für nationale Schiedsverfahren in den Vereinigten Staaten.[753] Auch danach ist der Begriff der Schiedsfähigkeit also weit auszulegen.

Da die Grenze der objektiven Schiedsfähigkeit mithin einen großen Spielraum lässt, können internationale Schiedsgerichte zu verschiedenstens Rechtsfragen entscheiden. Die Aussage des *Supreme Courts („[They] exercise responsibility over a wide range of subject areas“*[754]*)* trifft mithin auf Schiedsgerichte zu.

2. Authority

Ferner muss ein *first-instance decisionmaker* berechtigt sein, Schuld festzustellen und Strafen aufzuerlegen. Diese Feststellungen müssen final und vollstreckbar sein, sofern sie nicht von einem Rechtsmittelgericht aufgehoben werden (*Final authority to dermine liablity and impose penalties*).[755] Auch diese Voraussetzung trifft bei internationalen Schiedsgerichten zu. Die Urteile von Schiedsgerichten – Schiedssprüche – sind final[756] und mit staatlicher Hilfe international im Wege der New York Convention vollstreckbar. Die Vollstreckung internationaler Schiedssprüche ist in der Praxis sogar einfacher als die Vollstreckung staatlicher Urteile.[757]

Außerdem untermauert ein haftungsrechtlicher Vergleich von Schiedsrichtern und staatlichen Richtern, dass Schiedsgerichte final entscheiden. Es ist international, insbesondere in den Vereinigten Staaten, anerkannt, dass das Spruchrichterprivileg des staatlichen Richters auch für den Schiedsrichter gilt.[758] Damit ist gemeint, dass Schadensersatzklagen von Parteien wegen Fehlverhaltens von Schiedsrichtern – analog zum staatlichen Richter – ausgeschlossen sind.[759] In den Vereinigten Staaten ist dieses Prinzip richterlicher Immunität absolut.[760] Die Rolle des Schiedsrichters entspricht funktional der Rolle des staatlichen Richters. Deswegen sei es erforderlich, die Integrität und Finalität des Entscheidungsprozesses in Schiedsverfahren vor Klagen unterlegener Parteien zu schützen.[761] Passend formulierte der *Supreme Court* bereits 1982:

---

753 *Born*, Int. Comm. Arb. (2014), 968.

754 *Intel v. AMD*, 542 U.S. 241, 250.

755 542 U.S. 241, 255 n 9: *„(...) the European Commission's authority to determine liability and impose penalties, dispositions that will remain final unless overturned by the European courts“.*

756 *Schmidt*, SchiedsVZ 2013, 32, 36 f. Vgl. zu den Wirkungen eines Schiedsspruchs, insbesondere der formellen und materiellen Rechtskraft: *Schlosser*, in: Stein/Jonas-ZPO, § 1055 Rn. 1–35.

757 *Lachmann*, Schiedsgerichtspraxis, Rn. 183.

758 Das Spruchrichterprivileg ist im deutschen Recht in § 839 Abs. 2 BGB geregelt. Siehe zur Haftung von Schiedsrichter: *Lachmann*, Schiedsgerichtspraxis, Rn. 4308–4364.

759 *Corey v. New York Stock Exchange*, 691 F.2d 1205 (6th Cir. 1982).

760 Anders als im deutschen Recht unter § 839 Abs. 2 BGB.

761 *New England Cleaning Services v. American Arbitration Association*, 199 F.3d 542, 545 (1st Cir. 1999); *Olson v. National Association of Security Dealers*, 85 F.3d 381, 382 (8th Cir. 1996).

„The Supreme Court has long recognized that there are certain persons whose special functions require a full exemption from liability for acts committed within the scope of their duties. The rationale behind the Supreme Court decisions is that the independence necessary for principled and fearless decision-making can best be preserved by protecting these persons from bias of intimidation caused by the fear of a lawsuit arising out of the exercise of official function within their jurisdiction. (...) the relevant consideration in evaluating whether immunity should attach to the acts of persons in certain roles and with certain responsibilities was the "functional comparability" of their judgements to those of a judge. (...) We believe that determinations made by the panel of arbitrators in the case on appeal are functionally comparable to those of a judge (...)".[762]

3. Decisions

Eine weitere Voraussetzung eines *first-instance decisionmaker* ist, dass er schriftliche Entscheidungen erlässt. Eine Entscheidung muss dabei gewissen formellen Anforderungen genügen (*Formal written decisions*).[763] Zwar konkretisiert der *Supreme Court* diese Anforderungen nicht. Er stellt lediglich fest, dass die schriftliche Entscheidung geeignet sein muss, von einer höheren Instanz überprüft werden zu können. Daraus lässt sich jedoch schließen, dass die Entscheidung zumindest auch eine Begründung erfordert. Denn ohne die Angabe von Gründen kann das Rechtsmittelgericht die Entscheidung nicht überprüfen.

Schiedssprüche ergehen schriftlich und beinhalten meist auch Begründungen. Das Schriftformerfordernis folgt bereits aus der jeweils anwendbaren *lex arbitri*. § 1054 Abs. 1 ZPO etwa schreibt Schriftlichkeit vor. Auch die Schiedsgesetze der meisten anderer Staaten beinhalten vergleichbare Normen.[764] Hierbei handelt es sich um zwingendes Recht.[765]

Das Begründungserfordernis hingegen ist dispositiv.[766] Zwar sehen die meisten Rechtsordnungen ein Begründungserfordernis vor, von dem die Parteien aber abweichen können.[767] In der deutschen ZPO findet sich diese Regelung in § 1054 Abs. 2 ZPO. Problematisch in Bezug auf die Eigenschaft als *tribunal* im Sinne von 28 U.S.C. § 1782 ist, dass Schiedssprüche in den Vereinigten Staaten nicht begründet werden müssen. Der *Supreme Court* entschied 1960: *„Arbitrators have no obligation to the court to give their reasons for an award"*.[768] Damit ist die Ausgangssituation auf

---

762 *Corey v. New York Stock Exchange*, 691 F.2d 1205, 1209 (6th Cir. 1982).

763 *Intel v. AMD*, 542 U.S. 241, 254.

764 Diese Aussage trifft z.B. auf alle Staaten zu, deren Schiedsrecht auf dem „UNCITRAL Model Law on International Commercial Arbitration" basiert. Dieses enthält das Schriftformerfordernis in Art. 31. Allgemein so aber auch *Born*, Int. Arbitration: Law and Practice (2012), 281.

765 *Schlosser*, in: Stein/Jonas-ZPO, § 1054 Rn. 2.

766 *Münch*, in: MünchKomm-ZPO, § 1054 Rn. 32.

767 *Born*, Int. Arbitration: Law and Practice (2012), 282.

768 *Steelworkers v. Enterprise Car*, 363 U.S. 593, 598 (1960).

den Kopf gestellt. Während in den meisten anderen Rechtsordnungen Schiedssprüche grds. begründet werden müssen, es sei denn, die Parteien haben das Begründungserfordernis abbedungen, müssen Schiedssprüche in den Vereinigten Staaten grds. nicht begründet werden, es sei denn, die Parteien haben es vereinbart.[769] Praktisch ergibt das keine großen Unterschiede, denn eine Parteivereinbarung kann sich aus der Wahl von bestimmten institutionellen Schiedsregeln ergeben.[770] Die Schiedsregeln aller großen internationalen Institutionen sehen ein Begründungserfordernis vor.[771] Das gilt selbst für die Schiedsregeln des US-amerikanischen „International Centre For Dispute Resolution" (ICDR).[772] Bei einer strikt theoretischen Betrachtung zur Frage der Eigenschaft als *tribunal* besteht hier dennoch die Gefahr, dass US-amerikanische Gerichte die Rechtsprechung des *Supreme Courts* aus den 1960er Jahren nutzen, um Schiedsgerichten die Stellung als *tribunal* abzusprechen. Nach Ansicht des Autors lässt sich hiergegen jedoch vorbringen, dass 28 U.S.C. § 1782 systematisch im Abschnitt der internationalen Rechtshilfe verortet ist. Sinn und Zweck der Vorschrift ist, ausländische und internationale Verfahren zu unterstützen. Sie ist auf nationale Verfahren nicht anwendbar. Das spricht dafür, auch zur Feststellung der Eigenschaft als *tribunal* auf das nahezu weltweit bestehende Begründungserfordernis für Schiedsgerichte zurückzugreifen und sich nicht an einer Besonderheit des nationalen US-amerikanischen Rechts zu orientieren.

4. *Final fact-finding*

Schließlich zeichnet einen *first-instance decisionmaker* aus, dass Rechtsmittelgerichte grundsätzlich an seine Tatsachenfeststellungen gebunden sind (*Court review limited to the given records*). Folge davon ist, dass in einer späteren Instanz keine neuen Beweise beigebracht werden können.[773] Alle Beweise müssen in erster Instanz in den Prozess eingeführt werden. Auch das trifft auf Schiedsverfahren zu.

In Schiedsverfahren müssen alle Beweise vor dem Schiedsgericht in den Prozess eingeführt werden. Es ist ein Wesenselement der internationalen Schiedsgerichtsbarkeit, dass es keine zweite Instanz gibt, die zur Tatsachenfeststellung berechtigt

---

769 *Born*, Int. Arbitration: Law and Practice (2012), 282.

770 *Born*, Int. Arbitration: Law and Practice (2012), 282.

771 Z.B. Art. 31 (2) ICC-Schiedsordnung; Art. 26.1 LCIA-Regeln; Art. 36 (1) SCC-Schiedsordnung.

772 Die ICDR-Schiedsregeln sehen das Begründungserfordernis in Art. 30 (1) vor. Allerdings muss angemerkt werden, dass das ICDR internationale Schiedsverfahren administriert. Die Schwesterorganisation „American Arbitration Association" (AAA) hingegen sieht in Rule 46 (b) eine der US-amerikanischen Rechtsprechung entsprechende Regelung vor.

773 *Intel v. AMD*, 542 U.S. 241, 257: „*Their review is limited to the record before the Commission. Hence, AMD could "use" evidence in the reviewing courts only by submitting it to the Commission in the current, investigative stage.*"

ist.[774] Schiedssprüche werden erst auf der Ebene der Aufhebungs- bzw. Anerkennungs- und Vollstreckungsverfahren durch staatliche Gerichte überprüft. § 1059 Abs. 1 ZPO etwa sieht vor, dass gegen einen Schiedsspruch nur ein Antrag auf gerichtliche Aufhebung nach den Absätzen 2 und 3 gestellt werden kann. Die dort abschließend aufgezählten Aufhebungsgründe erlauben keine Überprüfung in der Sache.[775] Ebenso verhält es sich mit der Überprüfung im Rahmen der New York Convention. Art. V gibt die Aufhebungsgründe abschließend vor.[776]

Das Aufhebungsverfahren stellt keine Rechtsmittelinstanz dar, in der die Sach- und Rechtslage erneut zu überprüfen ist und dazu auch Akten des vorinstanzlichen Gerichts beigezogen werden können.[777] Das hat der *Supreme Court* allerdings auch nie gefordert. Erforderlich ist nach *Intel* lediglich, dass ein überprüfendes Gericht an Tatsachenfeststellungen des *tribunals* gebunden ist. Das ist bei Aufhebungsverfahren von Schiedssprüchen bereits aufgrund der limitierten Aufhebungsgründe der Fall. Das Aufhebungsgericht ist an den Schiedsspruch und den aus ihm erkennbaren Prozessstoff gebunden. Die Bindung ist sogar noch stärker als vom *Supreme Court* gefordert, denn die überprüfenden Gerichte sind nicht nur an die Feststellungen der Schiedsgerichts gebunden, sondern der Prüfungsmaßstab der Gerichte ist eingeschränkt. Sie können den Schiedsspruch nur hinsichtlich der abschließend aufgezählten Aspekte überprüfen. Die vom *Supreme Court* aufgestellte Anforderung wird von der Schiedsgerichtsbarkeit mithin überobligatorisch erfüllt.

IV. Zwischenergebnis

Trotz des eindeutigen Wortlauts ist die entscheidende Anforderung an ein *tribunal* nach der Mehrheitsentscheidung in der *Intel*-Entscheidung die Eigenschaft eines *first-instance decisionmakers*. Die Gegenansicht von *Justice Breyer* lehnt diese Position kategorisch ab. Unter Berücksichtigung der *post-Intel*-Rechtsprechung zeigt sich jedoch, dass sich seine Auffassung nicht durchsetzten konnte.[778] Sie wird bislang weder in Rechtsprechung noch Literatur aufgegriffen.

Bei einem *first-instance decisionmaker* handelt es sich um eine rechtsprechende Stelle, die final und in Bezug auf die Tatsachenfeststellung für höhere Instanzen grds. bindende, schriftliche Urteile erlässt. Außerdem müssen die Entscheidungen vollstreckbar sein. Internationale Schiedsgerichte erfüllen diese Voraussetzungen. Internationale Schiedsgerichte *excercise responsibility*, besitzen *final authority to determine liability and impose penalties*, erlassen *formal written decisions* und

---

774 *Böckstiegel/Kröll/Nacimiento*, in: Böckstiegel/Kröll/Nacimiento, Part. 1, Rn. 123; vgl. *Prütting*, in: Prütting/Gehrlein-ZPO, § 1025 Rn. 1.

775 Es handelt sich um das sog. „Verbot der révision au fond". *Schlosser*, in: Stein/Jonas-ZPO, § 1059 Rn. 1.

776 ICCA's Guide to the New York Convention, 78 f.

777 KG SchiedsVZ 2009, 179, 180; *Kröll*, SchiedsVZ 2009, 217, 218. Zum Problem des *Judicial review* siehe zugleich unten § 6 B II.

778 Dazu sogleich unten § 6 A II.

überprüfende Gerichte sind *limited to the given records.* Alles in allem sind internationale Schiedsgerichte danach *first-instance decisionmaker* im Sinne der Rechtsprechung des *Supreme Courts.*

Allerdings ist die US-amerikanische Rechtsprechung nicht bei der Definition des *first-instance decisionmakers,* wie von *Justice Ginsburg* aufgestellt, stehen geblieben. Die *post-Intel*-Entscheidungen haben weitere Argumente entwickelt, um die Eigenschaft eines internationalen Schiedsgerichts als *tribunal* im Sinne von 28 U.S.C. § 1782 festzustellen. Auf diese wird im Folgenden eingegangen.

B. Auseinandersetzung in der *post-Intel*-Rechtsprechung

I. Ursprung der Entscheidungsbefugnis des Schiedsgerichts: state-sponsored arbitration or private arbitration

Ein wesentliches Kriterium einer Reihe von Entscheidungen der *post-Intel*-Rechtsprechung ist die Frage nach dem Ursprung der Entscheidungsbefugnis von internationalen Schiedsgerichten. Diese seien ausschließlich aufgrund von Parteivereinbarungen befugt, Rechtsstreitigkeiten zu entscheiden.[779] Der Begriff *tribunal* in 28 U.S.C. § 1782 erfasse jedoch nur Gerichte mit staatlichen Bezügen *(state-sponsored).*[780] Schiedsgerichte seien eine Alternative zu diesen und kein Wegbereiter für (anschließende) staatliche Konfliktlösung.[781]

In der Rechtsprechung ist die genaue Verwendung des Begriffs *state-sponsored* unklar.[782] Er wird z.T. verwendet, um Schiedsverfahren gänzlich vom Tatbestand des Rechtshilfeverfahrens auszuschließen, weil sie ihre Entscheidungsbefugnis aus der Parteivereinbarung erlangen. Z.T. wird er aber auch verwendet, um Handelsschiedsverfahren und Investitionsschutzschiedsverfahren voneinander abzugrenzen.[783] Investitionsschutzschiedsverfahren seien *state-sponsored arbitrations* und die Schiedsgerichte deswegen *tribunals.* Handelsschiedsverfahren seien *private arbitrations* und die Schiedsgerichte deswegen keine *tribunals.* Diese Unterscheidung des Begriffs *state-sponsored* führt zu Verwirrungen. Richtig ist, den Begriff nur auf den Ursprung der Entscheidungsbefugnis zu beziehen. Ein Schiedsgericht ist *state-sponsored,* wenn es seine Entscheidungsbefugnis auf einen staatlichen Legitimationsakt zurückführen kann. Auf Tatbestandsebene kann das nur dazu führen, internationale Schiedsgerichte insgesamt auszuschließen oder aber als *tribunal* anzuerkennen. Die besseren Gründe sprechen für letzteres.

---

779 *In re application of Operadora DB Mexico,* 2009 U.S. Dist. LEXIS 68091, 35.

780 2009 U.S. Dist. LEXIS 68091, 36.

781 *In re an arbitration in London,* 626 F.Supp.2d 882, 886.

782 So auch *Timár/Kraayvanger,* SchiedsVZ 2012, 66, 71.

783 So z.B. *In re an abritration in London,* 626 F.Supp.2d 882, 885. Andere Entscheidungen stellen auf den Begriff *governmental entities* als Abgrenzungskriterium ab, *In re application of Operadora DB Mexico,* 2009 U.S. Dist. LEXIS 68091, 28; *O'Malley/Eaton,* 31 J. Int. Arb. 111, 116 (2014).

1. *Schiedsgerichte erlangen Entscheidungsbefugnis aus Parteivereinbarung*

Es ist richtig, dass Schiedsgerichte ihre Entscheidungsbefugnis aus der Parteivereinbarung ableiten. Die Parteivereinbarung ist Eckpfeiler jedes Schiedsverfahrens.[784] Sie bindet die Parteien. Ohne Parteivereinbarung kann es kein Schiedsverfahren geben. Für die Handelsschiedsgerichtsbarkeit besteht darüber Einigkeit.

Doch auch in Investitionsschutzschiedsverfahren erlangen Schiedsgerichte ihre Entscheidungsbefugnis aus der Parteivereinbarung. Dabei kann es sich um eine direkte Vereinbarung zwischen dem Investor und dem Gaststaat handeln oder aber der Gaststaat gibt sein Angebot zum Schiedsverfahren bereits im Vorfeld durch eine Regelung in seinem nationalen Recht bzw. durch den Abschluss eines BIT ab.[785] Dogmatisch stellt der zweite Fall ein offenes Angebot des Staates an den Investor dar. In beiden Fällen nimmt der Investor das Angebot durch Einleitung eines Schiedsverfahrens an.[786] Dogmatisch betrachtet ist das eine Parteivereinbarung. Die Rechtsprechungsbefugnis als solche erlangt das Schiedsgericht sodann auch erst aus dieser Parteivereinbarung.

Besonders deutlich macht das hier ein Blick in die New York Convention. Diese verlangt zur Anerkennung und Vollstreckung jedes Schiedsspruchs ausnahmslos eine wirksame Schiedsvereinbarung.[787] Bis auf ICSID-Schiedssprüche, die in der Praxis nach dem Washington Übereinkommen vollstreckt werden, findet auch die Vollstreckung von Urteilen aus Investitionsschutzschiedsverfahren nach der New York Convention statt.[788] Es spielt für die Rechtsprechungsbefugnis des Schiedsgerichts keine Rolle, dass das Angebot des Gaststaates möglicherweise in einem Gesetz oder einem BIT enthalten ist. Einzig entscheidend ist die Parteivereinbarung.

2. *Schiedsverfahren sind durch nationales Schiedsrecht und New York Convention staatlich legitimiert*

Ferner ist jedes Schiedsgericht auf gewisse Art und Weise *state-sponsored.* Zwar ist offensichtlich, dass Investitionsschutzschiedsgerichte stärkere staatliche Bezüge haben als Handelsschiedsgerichte zwischen Privaten. Immerhin ist bei diesen ein Staat Verfahrensbeteiligter und materiell-rechtlich sind Staatsverträge (z.B. BITs) ausschlaggebend.

Doch auch Handelsschiedsverfahren sind hinreichend *state-sponsored.* Das folgt aus der Existenz der jeweiligen nationalen Schiedsrechte sowie international aus der New York Convention. Schiedsgerichtsbarkeit ist rechtlich nur möglich, weil

---

784 *Born,* Int. Comm. Arb. (2014), 1253 ff; *Waincymer,* Procedure and Evidence, 129.

785 Vgl. *Born,* Int. Arbitration: Law and Practice (2012), 415 n 20.

786 *Cremandes Sanz-Pastor/Claims,* in Kröll and Horn, Arbitrating Foreign Investment Disputes, 348.

787 Art. II, IV (1)(b) New York Convention.

788 *Bishop/Crawford/Reisman,* Foreign Investment Disputes, 1186.

Staaten sie in ihren Rechtsordnungen erlauben. Andernfalls wären Schiedsverfahren unmöglich. Die ZPO[789] und der US-amerikanische Federal Arbitration Act[790] belegen das deutlich. Beide erlauben Schiedsverfahren ausdrücklich,[791] erkennen die Sperrwirkung eines Schiedsverfahrens gegenüber einem staatlichen Verfahren an,[792] sehen Normen vor, mit denen Schiedsgerichte die Unterstützung staatlicher Gerichte in Anspruch nehmen können[793] und erlauben bzw. vollziehen die Vollstreckung von Schiedssprüchen.[794] International haben beide Staaten[795] die New York Convention unterschrieben und in ihr nationales Recht integriert. Erst durch diese staatlichen Maßnahmen ist es möglich, internationale Schiedsverfahren durchzuführen. Nur aufgrund der New York Convention können Schiedssprüche international vollstreckt werden. Und selbst dabei ist stets die Mitwirkung eines staatlichen Vollstreckungsgerichts erforderlich.

Danach ist jedes Schiedsverfahren hinreichend *state-sponsored.* Im Hinblick auf die Rechtsprechung des *Supreme Courts* in *Intel* ist nicht ersichtlich, weshalb dieser entscheiden sollte, dass die staatliche Legitimation von Handelsschiedsgerichten für den Tatbestand von 28 U.S.C. § 1782 nicht ausreiche.

3. *Abgrenzung zwischen Handelsschiedsgerichten und Investitionsschutzschiedsgerichten*

Schließlich soll noch auf die in der Rechtsprechung vorhandene Abgrenzung zwischen Handelsschiedsgerichten und Investitionsschutzschiedsgerichten eingegangen werden. Diese ist nicht zutreffend. Sie führt dazu, ein Investitionsschutzschiedsgericht als *tribunal* im Sinne von 28 U.S.C. § 1782 anzuerkennen, ein Handelsschiedsgericht jedoch nicht. Die zwei Schiedsverfahrensarten werden mithin unterschiedlich behandelt. Dafür besteht jedoch wie oben gezeigt keine rechtliche Grundlage.

Zwar hat sich diese Unterscheidung erst in der *post-Intel*-Rechtsprechung entwickelt, sie hätte jedoch schon im *Biedermann*-Urteil von 1999 behandelt werden müssen. Sowohl der *District Court* als auch der *Circuit Court* haben bedenkenlos angenommen, dass das Schiedsverfahren zwischen Biedermann International und

---

789 §§ 1025–1065 ZPO.

790 9 U.S.C. §§ 1–16.

791 Siehe zum dt. Recht: § 1025 ZPO; zum US-amerikanischen Recht: 9 U.S.C. § 2.

792 Siehe zum dt. Recht: §§ 1032, 1044 ZPO; zum US-amerikanischen Recht: 9 U.S.C. § 3.

793 Siehe zum dt. Recht: §§ 1033, 1050 ZPO; zum US-amerikanischen Recht: 9 U.S.C. § 7.

794 Siehe zum dt. Recht: §§ 1060, 1061 ZPO; zum US-amerikanischen Recht: 9 U.S.C. §§§ 13, 201–208.

795 Ebenso haben weltweit 151 weitere Staaten die New York Convention unterschrieben und umgesetzt. Siehe http://www.uncitral.org/uncitral/en/uncitral_texts/arbitration/NYConvention_status.html (zuletzt abgerufen am 24.12.2015).

der Republik Kasachstan ein privates Handelsschiedsverfahren sei.[796] Dabei haben beide Gerichte jedoch verkannt, dass die Zuständigkeit des SCC-Schiedsgerichts durch das Investitionsschutzabkommen zwischen den Vereinigten Staaten und der Republik Kasachstan begründet wurde.[797] Folglich handelte es sich um ein Investitionsschutzschiedsverfahren. Die *Biedermann*-Gerichte gehen damit bereits im Ausgangspunkt ihrer Analyse zu 28 U.S.C. § 1782 fehl.

Erstmals ausdrücklich wurde die Abgrenzung 2006 in der *Oxus*-Entscheidung postuliert.[798] Dieses Urteil stellt mittlerweile nach Ansicht zahlreicher Gerichte und Autoren ein praktisches Differenzierungskriterium dar.[799] Basierend auf diesem Credo hätten die Gerichte im *Biedermann*-Fall die tatbestandliche Anwendbarkeit von 28 U.S.C. § 1782 bejahen müssen.[800] Allerdings ist auch die *Oxus*-Entscheidung rechtlich angreifbar. Als das *Oxus*-Gericht 2006 dieses Kriterium verwendete, stellte es fest:

> „*The international arbitration at issue is being conducted by the United Nations Commission on International Law, a body operating under the United Nations and established by its member states. The arbitration is not the result of a contract or agreement between private parties as in National Broadcasting. The proceeding in issue has been authorized by the sovereign states of the United Kingdom and the Kyrgyzstan Republic for the purpose of adjudicating disputes under the Bilateral Investment Treaty. Therefore, it appears to the Court as if the international arbitration proceeding in the present case is included as a "foreign or international tribunal" in Section 1782*".[801]

Dieses Zitat offenbart eine fehlerhafte Auffassung von der rechtlichen Ausgestaltung von Schiedsverfahren.[802] Gemeint ist die Aussage, die UNCITRAL verwalte das Schiedsverfahren (*arbitration at issue is being conducted by the United Nations*

796 *In re application of the Republic of Kazakhstan*, 33 F.Supp.2d 567, 568; *The Republic of Kazakhstan v. Biedermann*, 168 F.3d 880, 882.

797 Treaty between the United States of American and The Republic of Kazakhstan Concerning the Encouragement and Reciprocal Protection of Investment vom 19. Mai 1992, in Kraft seit dem 12. Januar 1994.

798 *In re in the matter of application of Oxus Gold*, 2006 U.S. Dist. LEXIS 74118, 14–16 (2006); *In the matter of the application of Oxus Gold*, 2007 U.S. Dist. LEXIS 24061, 11–14 (2007).

799 Z.B. *In re an arbitration in London*, 626 F.Supp.2d 882, 885 f (2009); *Strong*, 1 Stan.J.Comp.Litig. 295–372 (2013) (*Strong* behandelt das Thema, kommt jedoch zu dem Schluss, dass weder Handelsschiedsverfahren noch Investitionsschutzschiedsverfahren von 28 U.S.C. § 1782 erfasst sind.); *Alford*, 53 Va.J.Int'l.L. 127, 135 ff (2012).

800 Das bedeutet im Ergebnis jedoch nicht, dass es zwangsläufig zu einer anderen Entscheidung hätte kommen müssen. Die Gerichte hätten dieselbe Entscheidung auf Ermessensebene begründen können.

801 *In the matter of the application of Oxus Gold*, 2006 U.S. Dist. LEXIS 74118, 15 f (2006).

802 So auch *Newman/Zaslowsky*, N.Y.L.J., Vol. 251, Issue 21, p. 3 (2014).

Commission on International Law). Richtig ist jedoch: die UNCITRAL verwaltet keine Schiedsverfahren.[803] Ihre Schiedsregeln sind bewusst losgelöst von jeglicher Schiedsinstitution und gelten für alle Arten der ad hoc-Schiedsgerichtsbarkeit.[804] Damit gründet die tatbestandliche Abgrenzung zwischen Handelsschiedsgerichten und Investitionsschutzschiedsgerichten in einem Fehler.[805]

Das ist vor allem bedauerlich, weil sich die Darstellung des *Oxus*-Gerichts in den anschließenden Urteilen verfestigt hat. Das *Norfolk*-Gericht schloss sich der Unterscheidung, insbesondere der Formulierung *„conducted by UNCITRAL"*, ausdrücklich an.[806] Nach diesem ist nur ein Investitionsschutzschiedsverfahren ein *arbitral tribunal,* denn nur dieses sei *state-sponsored.*[807] Auch die Gerichte in den Fällen *OSJC Urknafta* und *Winning* beziehen sich ausdrücklich auf diese Formulierung und nutzen sie, um das tatbestandliche Abgrenzungskriterium zu belegen.[808] Ernüchternd ist dabei, wie unreflektiert die US-amerikanischen Gerichte diese Rechtsprechung übernehmen.

---

803 *Sanders,* II YCA (1977), 172, 174.

804 *Patocchi/Niedermaier,* in: Schütze, Institutionelle Schiedsgerichtsbarkeit, UNCITRAL-Schiedsgerichtsordnung, Einleitung Rn. 9.

805 Diesen Fehler des *Magistrat Judge Hughes* stellte *District Judge Brown* später richtig, indem er klarstellt, *„The Arbitration at issue in this case, between two admittedly private litigants, is thus being conducted within a framework defined by two nations and is governed by the Arbitration Rules of the United Nations Commission on International Trade Law (the 'UNCITRAL rules')"*, *In the matter of Oxus Gold,* 2007 U.S. Dist. LEXIS 24061, 14. Allerdings wird das in den weiteren *post-Intel*-Urteilen, die sich auf *Oxus* beziehen, weder berücksichtig, geschweige denn erkannt. Die Urteile berufen sich bei der Anwendung des Abgrenzungskriterium stets auf das obige Zitat von *Magistrate Judge Hughes.*

806 *In re an arbitration in London,* 626 F.Supp.2d 882, 885.

807 Um so argumentieren zu können, setzte sich das Gericht zunächst auf seine ganz eigene Art und Weise mit dem Zitat von *Smit* im obiter dictum des *Supreme Courts* auseinander. Der *Supreme Court* zitiert *Smit's* Definition wie folgt: *"the term 'tribunal' ... includes investigating magistrates, administrative and arbitral tribunals, and quasi-judicial agencies, as well as conventional civil, commercial, crimina, and administrative courts"*, *Intel v. AMD,* 542 U.S. 241, 528 (zitiert: *Smit,* Colum. L. Rev. 1015, 1026 n 71 (1965)). Indem der *Supreme Court* einen Teil von *Smit's* Definition ausgespart und sich die weite Formulierung *embraces all bodies excercising adjudicatory powers* nicht ausdrücklich zu eigen gemacht habe, habe das Gericht deutlich gemacht, dass es von einer engeren Definition des Begriffs *tribunal* als *Smit* ausgehe. Diese Annahme des *Norfolk*-Gerichts basiert ausschließlich auf der Aussparung des *Supreme Courts.* Grund dafür kann ebenso gut gewesen sein, dass das Gericht diese Passage nicht für entscheidend hielt oder der Übersichtlichkeit halber Platz sparen wollte. Lediglich aus dem Weglassen von etwas zu schließen, dass etwas anderes gemeint ist, ist bestenfalls zweifelhaft.

808 *OJSC Ukrnafta v. Carpatsky Petroleum Corporation,* 2009 U.S. Dist. LEXIS 109492, 12; *In the matter of application of Winning Shipping,* 2010 U.S. Dist. LEXIS 54290, 20 f.

Schließlich spricht auch das sogleich zu erörternde *Judicial review*-Argument[809] gegen eine tatbestandliche Unterscheidung der beiden Schiedsverfahrensarten. Denn nach diesem Argument kann kein Schiedsgericht *tribunal* im Sinne von 28 U.S.C. § 1782 sein, weil es an einer Berufungsinstanz fehle. Falls das stimmen und die Abwesenheit einer Berufungsinstanz bei Handelsschiedsgerichten einen tatbestandlichen Ausschluss rechtfertigen würde, müsste das eins zu eins auch für Investitionsschutzschiedsverfahren gelten. Auch bei diesen gibt es keine formelle Berufung.[810]

4. Zwischenergebnis

Alles in allem spricht der Umstand, dass Schiedsgerichte ihre Entscheidungsbefugnis aus einer Parteivereinbarung ableiten nicht dagegen, sie als *tribunal* im Sinne von 28 U.S.C. § 1782 anzusehen. Wie dargelegt sind Schiedsgerichte über die nationalen Schiedsrechte sowie international über die New York Convention hinreichend staatlich legitimiert. Da Folge des behandelten Ansatzes eine „Alles-oder-nichts-Lösung" ist, sprechen die besseren Argumente für „Alles". Sinn und Zweck des Rechtshilfeverfahrens ist nämlich, internationalen Verfahren effektive Rechtshilfe leisten zu können.[811] Hierzu ist eine kategorische Lösung im Tatbestand der Norm unzweckmäßig. Bereits in *Intel* entschied der *Supreme Court „we reject the categorical limitations Intel would place on the statute's reach"*.[812] Die tatbestandliche Unterscheidung zwischen Handelsschiedsgerichten und Investitionsschutzschiedsgerichten kann weder überzeugen noch verhindert sie eine kategorische Einschränkung. Auch nach ihr würden Handelsschiedsverfahren kategorisch ausgeschlossen. Vorzugswürdig ist eine Ermessenslösung für alle Schiedsverfahrensarten, also eine Lösung auf der Rechtsfolgenseite.[813]

II. Judicial review-Argument

Das *Judicial review*-Argument als weiteres Argument der *post-Intel*-Rechtsprechung stammt ursprünglich aus der *Norfolk*-Entscheidung[814] und wurde insbesondere durch das *Winning*-Gericht aufgegriffen.[815] Es besagt, dass gegen Entscheidungen

809 Siehe sogleich unten § 6 B II.

810 Einzige Ausnahme sind – wenn überhaupt als Ausnahme anzuerkennen – ICSID-Verfahren, die ein eigenes Annulment-Verfahren in den Artikeln 52 ff der ICSID Arbitration Rules vorsehen. Allerdings handelt es sich auch beim Annulment-Verfahren unter ICSID um keine förmliche Berufung.

811 *Intel v. AMD,* 542 U.S. 241, 252.

812 542 U.S. 241, 255.

813 Siehe unten § 7.

814 *In re an arbitration in London*, 626 F.Supp.2d 882, 886.

815 *In the matter of the application of Winning Shipping*, 2010 U.S. Dist. LEXIS 54290, 22 ff.

eines *tribunals* im Sinne von 28 U.S.C. § 1782 Rechtsmittel möglich sein müssen.[816] Das folge bei systematischer Betrachtung bereits aus der Definition von *Smit.*[817] Gegen Entscheidungen von *„administrative tribunals"* und *„quasi-judicial agencies"* könnten Rechtsmittel eingelegt werden. Also sei das eine allgemeine Voraussetzung an ein *tribunal* unter 28 U.S.C. § 1782 und müsse auch für Schiedsgerichte gelten.

Um festzustellen, ob Rechtsmittel möglich sind, seien die *lex arbitri* und die anwendbaren institutionellen Schiedsregeln heranzuziehen.[818] Wenn die *lex arbitri* vorsehe, dass es eine Überprüfung von Schiedssprüchen durch ein staatliches Gericht geben kann, dann handele es sich bei einem Schiedsgericht um ein *tribunal.*[819] Dasselbe gelte für die gewählten, institutionellen Schiedsregeln.[820] Diese Voraussetzung erfüllt die internationale Schiedsgerichtsbarkeit, denn gegen Schiedssprüche kann – wenn auch eingeschränkt – gerichtlich vorgegangen werden.

1. Aufhebungs-, Anerkennungs- und Vollstreckungsverfahren

Die gerichtliche Überprüfung von Schiedssprüchen findet im Aufhebungsverfahren am Sitz des Schiedsgerichts oder im Anerkennungs- und Vollstreckungsverfahren am Vollstreckungsort statt.[821] Im deutschen Recht ist das in den §§ 1059, 1060, 1061 ZPO geregelt; im US-amerikanischen Recht im 9 U.S.C. §§ 10, 16. International ist auch hier die New York Convention maßgeblich.

Bei diesen Verfahren handelt es sich um außerordentliche Rechtsmittel, die der Finalität eines Schiedsspruchs nicht entgegenstehen.[822] Schiedssprüche werden auf das Vorliegen von bestimmten, schwerwiegenden Fehlern kontrolliert. Das beschränkte Maß der gerichtlichen Kontrolle kann dabei nicht als Argument verwendet werden, um Schiedsgerichte mittels des *Judicial review*-Arguments vom Tatbestand auszuschließen. Zwar thematisiert das einzige Urteil, welches ausdrücklich anerkennt, dass Schiedssprüche ausreichend gerichtlich überprüfbar sind, Section 69 des Englischen Arbitration Act 1996.[823] Nach Section 69 ist im Englischen Recht ein *„Appeal on point of law"* möglich. Bei dieser Vorschrift, insbesondere zusammen mit den im konkreten Fall anwendbaren London Maritime Arbitrators Associations (LMAA) Rules, handelt es sich jedoch um eine spezielle Ausnahmevorschrift.[824] Das hat der *District Court* erkannt und seine Argumentation zusätzlich auf Section 68

---

816 *In re application of Operadora DB Mexico*, 2009 U.S. Dist. LEXIS 68091, 39.

817 Vgl. *In re an arbitration in London* 626 F.Supp.2d 882, 886; *Smit*, 65 Colum. L. Rev. 1015, 1021 n 71 (1965).

818 *In the matter of the application of Winning Shipping*, 2010 U.S. Dist. LEXIS 54290, 22 ff.

819 Vgl. auch *Folkman/Evans*, 69(1) Disp. Res. J. 1, 6 (2014).

820 2010 U.S. Dist. LEXIS 54290, 22 ff.

821 *Lachmann*, Schiedsgerichtspraxis, 2043.

822 Vgl. *Schmidt*, SchiedsVZ 2013, 32, 37.

823 *In the matter of application of Winning Shipping*, 2010 U.S. Dist. LEXIS 54290, 22 ff.

824 *Merkin/Flannery*, Arbitration Act 1996, 322.

des Arbitration Acts, die allgemeine Aufhebungsverfahrensvorschrift, gestützt.[825] Daraus ist der Schluss zu ziehen, dass die Anforderungen an das *Judicial review*-Kriterium in der *post-Intel*-Rechtsprechung der US-amerikanischen Gerichte erfüllt sind, wenn ein Schiedsspruch überhaupt vor staatliche Gerichte gebracht werden kann.[826] Das trifft für Schiedssprüche zu.

2. Einzelfallanalyse als Konsequenz

Konsequenz des auf *Judical review* abstellenden Ansatzes ist eine Einzelfallanalyse, bei der für jedes internationale Schiedsverfahren erneut festgestellt werden muss, ob 28 U.S.C. § 1782 anwendbar ist oder nicht. Das kann man als vernünftige Herangehensweise ansehen. Nach Ansicht des Autors wäre jedoch eine generelle Aussage, dass internationale Schiedsgerichte den Anwendungsbereich des Rechtshilfeverfahrens erfüllen, vorzugswürdig. Ansonsten kann es zu der Situation kommen, dass z. B. bei zwei SCC-Schiedsverfahren das Rechtshilfeverfahren für eines eröffnet ist, für das andere nicht, je nachdem wo der Schiedsort liegt. Solch eine Rechtszersplitterung kann im Sinne der Rechtssicherheit nicht vorteilhaft sein.

Weiterhin bewirkt der *Judicial review*-Ansatz, dass sich US-amerikanische Gerichte inhaltlich mit ausländischem Recht auseinandersetzen müssen, um festzustellen, ob Rechtsmittel möglich sind. Ausführlich zum englischen Schiedsrecht hat dies das *Winning*-Gericht getan.[827] Diese Aufgabe aber wollte der *Supreme Court* den US-amerikanischen Gerichten im Rahmen von 28 U.S.C. § 1782 abnehmen.[828] Deswegen hat er den Tatbestand des Rechtshilfeverfahrens weit ausgelegt und entschieden, dass Einschränkungen auf Ermessensebene zu berücksichtigen seien.[829] Es ist nicht ersichtlich, wieso für internationale Schiedsgerichte von dieser Vorgehensweise abgewichen werden sollte. Deswegen ist das *Judicial review*-Argument als solches zu kritisieren. Selbst wenn man das Argument jedoch für zulässig hält, ist es nicht hinreichend, um Schiedsgerichte vom Tatbestand von 28 U.S.C. § 1782 auszuschließen. Schiedssprüche unterliegen ausreichender gerichtlicher Überprüfbarkeit.

---

825 *In the matter of application of Winning Shipping,* 2010 U.S. Dist. LEXIS 54290, 22 ff.

826 Das *Operadora*-Gericht kam zwar zu dem Ergebnis, dass ein ICC-Schiedsspruch keiner ausreichenden gerichtlichen Kontrolle unterfällt. Um dieses Ergebnis zu begründen hat sich das Gericht jedoch lediglich mit der internen Überprüfung von ICC-Schiedssprüchen nach Art. 33 ICC-Schiedsgerichtsordnung 2012 (*ex* Art. 27) auseinandergesetzt. Es ging auf staatliche Überprüfungsverfahren nicht ein. *In re application of Operadora DB Mexico,* 2009 U.S. Dist. LEXIS 68091, 31 ff.

827 *In the matter of application of Winning Shipping,* 2010 U.S. Dist. LEXIS 54290, 23 f. Zur ICC-Schiedsgerichtsordnung, speziell Art. 33 ICC-Schiedsordnung 2012 (*ex* Art. 27 ICC-Schiedsordnung), siehe: *In re application of Operadora DB Mexico,* 2009 U.S. Dist. LEXIS 68091, 31 ff.

828 *Intel v. AMD,* 542 U.S. 241, 263.

829 542 U.S. 241, 264 ff.

C. Sonderfall: Doppelverwertung der erlangten Beweise

I. Doppelverwertungsgefahr

Unter Missbrauchsgesichtspunkten stellt sich für die US-amerikanischen Gerichte eine besondere Situation, wenn die mittels des Rechtshilfeantrags erlangten Beweise für ein Schiedsverfahren und ein staatliches Verfahren verwendet werden sollen. In der Praxis kommt das regelmäßig vor.[830] Es handelt sich dann um staatliche Verfahren, die im Dunstkreis des Schiedsverfahrens geführt werden, aber nicht von der Schiedsvereinbarung erfasst sind. Hierbei kann es sich z.B. um Verfahren wegen Schadensersatzansprüchen gegen eigene Ex-Mitarbeiter handeln.[831]

Dann ist die Situation folgende: Das staatliche Verfahren erfüllt unstreitig den Tatbestand von 28 U.S.C. § 1782. Das staatliche Gericht ist ein *tribunal*. Für das Schiedsverfahren ist das – wie hier erörtert wird – streitig. Sofern ein *District Court* der Auffassung folgt, dass auch ein Schiedsgericht den Tatbestand der Rechtshilfenorm erfüllt, also ein *tribunal* ist, ist die Situation unproblematisch. Dann ist der Tatbestand in beiden Fällen erfüllt. Ob Rechtshilfe gewährt wird oder nicht ist eine Frage des gerichtlichen Einzelfallermessens. Anders ist die Situation jedoch, wenn ein *District Court* Schiedsgerichte nicht als *tribunal* im Sinne von 28 U.S.C. § 1782 anerkennt. In diesem Fall müsste ein Gericht konsequenterweise Rechtshilfe nur für das staatliche Verfahren gewähren. Theoretisch ein mögliches Ergebnis, praktisch jedoch unrealistisch.

Wie sollte ein *District Court* den Rechtshilfeantragsteller davon abhalten, die Dokumente, die er für das staatliche Verfahren erlangt, ins Schiedsverfahren einzuführen? Zwar könnte man überlegen, den erlangten Beweisen eine Verwendungsbestimmung aufzuerlegen. Eine solche ist insbesondere im internationalen Rechtsverkehr jedoch praktisch nicht durchsetzbar. Außerdem könnte verlangt werden, dass sich der *District Court* direkt an das Schiedsgericht wendet und dieses bittet, die Beweise nicht anzuerkennen, denn sie sind ja nicht für seine Augen bestimmt. Doch auch das ist ein praxisferner Gedanke. Zum einen wäre es enorm zeitaufwendig und z.T. gar unmöglich, z.B. wenn das internationale Schiedsverfahren noch nicht anhängig ist.[832] Zum anderen würden sich hierbei diverse

830 Vgl. *In re in the matter of Oxus Gold*, 2006 U.S. Dist. LEXIS 74118, 4 f (2006); *OJSC Ukrnafta v. Carpatsky Petroleum Corporation*, 2009 U.S. Dist. LEXIS 109492, 5. Für die selbe Situation zeitlich später siehe *Consorcio Ecuatoriano de Telecomunicaciones S.A. v. JAS Forwarding (USA)*, 2014 WL 104132 (11th Cir. 2014).

831 So in *Consorcio Ecuatoriano de Telecomunicaciones S.A. v. JAS Forwarding (USA)*, 685 F.3d 987; 2014 WL 104132 (11th Cir. 2014). Im Schiedsverfahren tritt CONECEL als Kläger gegen seinen ehemaligen Geschäftspartner JASE auf. Zusätzlich beabsichtigt CONCECEL zwei ehemalige Mitarbeiter auf Schadensersatz zu verklagen, weil sie JASE geholfen haben soll, CONECEL zu betrügen. Siehen oben § 5 C IV 2.

832 Nach der Rechtsprechung des *Supreme Courts* genügt es, wenn das internationale Verfahren *within reasonable contemplation* ist. *Intel v. AMD*, 542 U.S. 241, 259.

Kompetenzprobleme stellen. Darf sich ein staatliches Gericht unmittelbar an ein Schiedsgericht wenden? Welche Rechtsgrundlage kommt in Betracht, nach der sich ein Schiedsgericht gegenüber einem staatlichen Gericht bindend verpflichten kann, bestimmte Beweise einer Partei nicht anzuerkennen? Letztlich wird aus praktischem Blickwinkel ein Großteil des Schadens durch die *Discovery* bereits angerichtet sein, indem die gegnerische Partei Zugang zu den Informationen bekommt, unabhängig von der Frage, ob sie diese rechtlich wirksam im Prozess verwenden kann.

II. Verhinderung der Doppelverwertung

Für diese Konstellation, dass hinter einem Rechtshilfeantrag nach 28 U.S.C. § 1782 sowohl ein staatlicher Prozess als auch ein Schiedsverfahren stehen, bieten sich zwei mögliche Lösungen. Zum einen könnte verlangt werden, dass für alle Verfahren die tatbestandlichen Voraussetzungen von 28 U.S.C. § 1782 kumulativ vorzuliegen haben. D.h. es bestünde auch für das staatliche Verfahren kein Anspruch auf Rechtshilfe, wenn Schiedsgerichte keine *tribunals* wären. Zum anderen könnte es ausreichen, dass für eines der Verfahren alternativ die tatbestandlichen Voraussetzungen erfüllt sind.

Für die kumulative Lösung spricht der Wortlaut von 28 U.S.C. § 1782. Die Vorschrift verlangt, dass die ersuchten Beweise *„for use in a proceeding"* sind. Wenn das Augenmerk dabei auf den Teil *„for use"* gelegt wird, ist die Rechtshilfevorschrift so zu verstehen, dass die Beweise konkret zur Verwendung in dem Verfahren bestimmt sein sollten, dessen Tatbestandsvoraussetzungen im Rahmen von 28 U.S.C. § 1782 geprüft wurden und die Rechtshilfe rechtfertigten.[833] Andernfalls würde die Prüfung der Gerichtseigenschaft des ausländischen Prozesses wenig Sinn ergeben. Für diesen kumulativen Ansatz spricht weiterhin eine dogmatische Betrachtung der einzelnen Verfahren. Dogmatisch könnte man meinen, der Antragssteller stelle in dieser Konstellation zwei Rechtshilfeanträge. Einen zur Unterstützung des staatlichen Verfahrens und einen zur Unterstützung des Schiedsverfahrens. Beide Rechtshilfeanträge haben lediglich den identischen Antragsgegenstand und verfolgen dasselbe Antragsziel. Bei einer solchen, getrennten Betrachtung erscheint es offensichtlich, dass für jeden Rechtshilfeantrag separat die Tatbestandvoraussetzungen von 28 U.S.C. § 1782 vorzuliegen haben. Wieso sollte das also anders sein, lediglich weil die Anträge zusammengezogen werden?

Für die alternative Lösung sprechen die Ausgestaltung der Vorschrift als Ermessensnorm sowie die Vermeidung von Missbrauchsanreizen der kumulativen Lösung. Bei dieser könnte ein Antragsteller nämlich das beschriebene Problem umgehen, indem er beide Anträge getrennt voneinander stellt. Solange der Antragssteller den Antrag zu Gunsten des staatlichen Verfahrens zu erst stellt, wird er stets die erhofften Beweise bekommen. Ihm stünden sodann Beweise für ein Verfahren, das

833 Vgl. hierzu *In the matter of the application of Oxus Gold*, 2007 U.S. Dist. LEXIS 24061, 15.

Schiedsverfahren, zu, die er dafür möglicherweise nie hätte erlangen dürfen. Bei einer alternativen Betrachtung wird dieses Umgehungsrisiko minimiert. Wenn einem Rechtshilfeantrag die hier beschriebene Konstellation eines staatlichen Prozesses und eines Schiedsverfahrens zugrunde liegt, ist dem Antragssteller die Rechtshilfe eröffnet, soweit für eines der beiden Verfahren alternativ die Tatbestandvoraussetzungen gegeben sind. Das gilt unabhängig von der Frage, ob für das jeweils andere Verfahren die Rechtshilfevoraussetzungen vorliegen. Darüberhinaus ist es sinnvoll, auch die Frage der verbundenen Verfahren auf Ebene des Ermessens zu berücksichtigen. Der mit dem Rechtshilfeantrag befasste Richter kann den Antrag als Ermessensentscheidung ablehnen, etwa weil die Tatbestandsvoraussetzungen der Vorschrift für das verbundene Verfahren nicht erfüllt sind. Der Vorteil der Behandlung auf Ermessensebene liegt gerade darin, dass er dieses nicht tun muss. Je nach Einzelfall kann der Richter entscheiden, welche Interessen überwiegen. Diese Herangehensweise entspricht dem Urteil des *Supreme Courts* in *Intel*, wonach der Tatbestand aber auch das Ermessen weit auszulegen sind. Schließlich stimmt diese Herangehensweise mit der in dieser Arbeit vertretenen Ermessenslösung für 28 U.S.C. § 1782 überein.

D. Zusammenfassung

Internationale Schiedsgerichte werden vom Tatbestand von 28 U.S.C. § 1782 erfasst. Sie sind *tribunal* im Sinne der Vorschrift. Zu diesem Ergebnis gelangt man sowohl mit einer strengen Wortlautbetrachtung als auch bei Anwendung der von der Rechtsprechung entwickelten Kriterien. Lediglich unter Zugrundelegung der abweichenden Auffassung von *Justice Breyer* in *Intel* sind internationale Schiedsgerichte keine *tribunals*. Diese Auffassung ist aber aus den genannten Gründen abzulehnen.

Der *Supreme Court* hat zur Bestimmung der Eigenschaft als *tribunal* die Figur des *first-instance decisionmakers* entwickelt. Bei einem *first-instance decisionmaker* handelt es sich um eine allgemeine, rechtsprechende Stelle, die für höhere Instanzen bindende, schriftliche Urteile erlässt. Außerdem müssen die Entscheidungen vollstreckbar sein. Internationale Schiedsgerichte sind *first-instance decisionmakers.*

Schiedsgerichte erfüllen auch die darüberhinaus in der *post-Intel*-Rechtsprechung entwickelten Anforderungen an ein *tribunal.* Ihre Entscheidungen sind hinreichend gerichtlich überprüfbar und auch wenn sie ihre Entscheidungsbefugnis primär aus der Parteivereinbarung erlangen, sprechen die besseren Argumente dafür, die mittelbare Legitimation über die nationalen Schiedsrechte und international die New York Convention als ausreichende staatliche Legitimation anzuerkennen. Dies gilt unabhängig davon, ob es sich um ein Handels- oder ein Investitionsschutzschiedsgericht handelt.

Bislang ungeklärt ist der praktische Umgang im Hinblick auf eine bestehende Doppelverwertungsgefahr.

§ 7. Die Ermessensausübung durch US-amerikanische Gerichte auf Rechtsfolgenseite von 28 U.S.C. § 1782

Die Rechtsfolge von 28 U.S.C. § 1782 gibt den *District Courts* volles Ermessen. Der Wortlaut der Norm lautet:

> „*The district court (...) may order him to give his testimony or statement or to produce a document or other thing for use in a foreign or international tribunal, (...)*".[834] Der *Supreme Court* hat in der *Intel*-Entscheidung festgestellt: „*As earlier emphasized, a district court is not required to grant a § 1782(a) discovery application simply because it has the authority to do so*".[835]

Die Frage, ob ein internationales Schiedsgericht den Tatbestand der Norm erfüllt ist mithin eine wichtige, aber nur vorgelagerte Fragestellung. Denn auch wenn das Schiedsgericht den Tatbestand erfüllt, folgt daraus keine Pflicht der *District Courts* Rechtshilfe zu gewähren. In der Praxis spielt die Musik auf der Rechtsfolgenseite der Norm im Ermessen. Erst wenn ein Rechtshilfeantragsteller den *District Court* überzeugen kann, es zu seinen Gunsten auszuüben, hat er mit dem Verfahren nach 28 U.S.C. § 1782 tatsächlich etwas gewonnen.

Die *Intel*-Kriterien des *Supreme Courts* sind der zentrale Orientierungspunkt für alle mit einem Antrag nach 28 U.S.C. § 1782 beschäftigten Gerichte. Sie sind mit geringen Anpassungen auf Rechtshilfeverfahren zur Unterstützung von internationalen Schiedsverfahren anwendbar. Als bislang einzige höchstrichterliche Hilfestellung konkret zu 28 U.S.C. § 1782 wenden die Gerichte diese Kriterien star an. Dabei täte den Entscheidungen der Gerichte an dieser Stelle etwas mehr Flexibilität gut und entspräche auch den Vorgaben des *Supreme Courts*. Bei den *Intel*-Kriterien handelt es sich nämlich nicht um eine abschließende Liste, sondern die Gerichte sind frei, ihre Entscheidungen auch auf andere Ermessenserwägungen zu stützen.[836] In Bezug auf internationale Schiedsverfahren müssten die *District Courts* zudem weitere Entscheidungen des *Supreme Courts* berücksichtigen. Es handelt sich vor allem die Entscheidungen *Scherk v. Alberto-Cluver Company*[837] und *Mitsubishi Motors Corp. v. Soler Chrysler-Plymouth*,[838] nach denen im US-amerikanischen Recht eine *Strong federal policy favoring arbitration* gilt.[839]

834 United States Code (1996), Title 28, Part V, Chapter 117, § 1782(a).
835 *Intel v. AMD*, 542 U.S. 241, 264.
836 542 U.S. 241, 266 n 19.
837 *Scherk v. Alberto-Cluver Co.*, 417 U.S. 506 (1974).
838 *Mitsubishi v. Soler Chrysler-Plymouth*, 473 U.S. 614 (1985).
839 473 U.S. 614, 631.

Kein *District Court* hat das im Rahmen von 28 U.S.C. § 1782 bei internationalen Schiedsverfahren bislang getan.[840]

Im Folgenden wird zunächst auf die *Intel*-Kriterien (A) sowie die schiedsfreundliche Auslegung des *Supreme Courts* (B) eingegangen. Daran anschließend werden Überlegungen zur Ermessensausübung US-amerikanischer Gerichte bei 28 U.S.C. § 1782 zur Unterstützung internationaler Schiedsverfahren angestellt (C) und es wird schließlich auf die Kritik von *Rutledge* an der vertretenen Ermessenslösung eingegangen (D).

A. Die *Intel*-Kriterien als Richtschnur

Wie oben bereits dargestellt handelt, es sich bei den *Intel*-Kriterien um eine nicht abschließende Liste von Kriterien, die *District Courts* im Rahmen ihres Ermessens berücksichtigen.[841] Sie dienen als Richtschnur zur Ausübung des uneingeschränkten Ermessens von 28 U.S.C. § 1782.

Zunächst ist relevant, ob das Hauptsachegericht die Ergebnisse der Rechtshilfe anerkennt oder nicht.[842] Die US-amerikanischen Gerichte gewähren regelmäßig keine Rechtshilfe, wenn das Hauptsachegericht die Resultate offensichtlich nicht berücksichtigen wird. Bestes Beispiel hierfür ist die endgültige Entscheidung des *District Courts* aus Kalifornien im Rechtsstreit *Intel v. AMD.*[843] Nachdem der *Supreme Court* entschieden hatte, kam der Rechtsstreit zurück an den *District Court.* Auch dann blieb das Gericht weiterhin dabei, den Rechtshilfeantrag von AMD zurückzuweisen. Das Hauptargument des Gerichts war die ablehnende Haltung der Europäischen Kommission gegenüber dem Rechtshilfeantrag. Die Europäische Kommission hatte in der Verhandlung vor dem *Supreme Court* dargelegt, dass sie die Ergebnisse der Rechtshilfe nicht anerkennen werde.[844]

Häufig lässt sich eine solch konkrete Feststellung der Anerkennungsbereitschaft des Hauptsachegerichts aber nicht treffen. Daraus ziehen Gerichte unterschiedliche Schlüsse. Manche Gerichte legen die Ermessensvorgabe derart aus, dass in Ermangelung einer ausdrücklichen Anerkennungserklärung der Antrag abzulehnen sei.[845] Andere Gerichte gehen dagegen davon aus, dass ohne erkennbare

---

840 Lediglich in der Literatur wird diese Herangehensweise zum Teil auch gefordert. Vgl. *Beale/Lugar/Schwarz*, 47 Stan.J.Int.L. 51, 96, 102 ff (2011); *Steinbrück*, Unterstützung ausländischer Schiedsverfahren, 223–227.

841 Siehe oben § 4 C und § 5 B V 2.

842 *Intel v. AMD,* 542 U.S. 241, 264.

843 *ADM v.* Intel, 2004 WL 2282320 (N.D. Cal.).

844 Amicus Curiae Brief der Kommission, zitiert in *Intel v. AMD*, 542 U.S. 241, 264; *In Re Microsoft Corp.*, 428 F.Supp.2d 188, 191.

845 *In re application of Babcock Borsig AG,* 583 F.Supp.2d 233, 241; vgl. *In re application of Roz Trading,* 469 F.Supp.1221, 1229 (wobei das Gericht die ausdrückliche Anerkennungserklärung in einer Vorschrift der *lex arbitri* sieht).

Anerkennungsverweigerung, grundsätzlich jedes Gericht anerkennungsbereit sei.[846] Eine allgemeinere Aussage über den Umgang der Gerichte mit diesem Ermessenskriterium lässt sich derzeit nicht treffen. Damit besteht an dieser Stelle erhebliche Rechtsunsicherheit, die aber durch zwei denkbare Szenarien behoben wird: Erstens kann der Antragsteller versuchen, vorab eine ausdrückliche Anerkennungserklärung des Schiedsgerichts zu erlangen. Entweder das Schiedsgericht erteilt diese Anerkennungserklärung oder es macht durch die Ablehnung des Antrags zumindest erkennbar, dass es die Anerkennung (höchstwahrscheinlich) verweigern wird. In jedem Fall würde der Antragsteller damit Rechtssicherheit schaffen. Dieses Vorgehen entspricht der in dieser Arbeit vertretenen „Erlaubnisvorbehaltslösung".[847] Zweitens bliebe nur abzuwarten, dass der *Supreme Court* auch hier Rechtssicherheit schafft. Aufgrund der aktuellen Unsicherheiten werden und sollten US-amerikanische Gerichte ihr Ermessen deswegen auf die restlichen *Intel*-Kriterien stützen.

Als weiteres *Intel*-Kriterium kommt es auf den Adressaten des Rechtshilfeantrags an.[848] US-amerikanische *District Courts* lehnen Rechtshilfeanträge ab, wenn der Adressat des Antrags gleichzeitig Partei des Hauptsacheverfahrens ist. Dies wird damit begründet, dass das Hauptsachegericht die Kompetenz habe, den Verfahrensparteien selbst Anordnungen zu erteilen. Rechtshilfe wird hier nicht als notwendig erachtet. In dieser Konstellation soll daher in den Vereinigten Staaten kein Verfahren geführt werden.

Ferner haben *District Courts* den prozessualen Charakter des Hauptsacheverfahrens zu berücksichtigen.[849] Je mehr die das Urteil fällende Einrichtung dem klassischen Verständnis eines Gerichts entspricht, desto eher ist dem Antrag stattzugeben. Hier kommt es zu den größten Überschneidungen mit der tatbestandlichen Frage nach der Eigenschaft des Hauptsachegerichts als *tribunal*. Genau betrachtet handelt es sich bei diesem Ermessenskriterium um nichts anderes als eben diese Frage.[850] Bei diesem Ermessenskriterium lassen sich deswegen auch alle oben angesprochenen Bedenken gegen die Unterstützung von Schiedsverfahren durch 28 U.S.C. § 1782 im Einzelfall berücksichtigen.

Außerdem sollen solche Rechtshilfeanträge abgelehnt werden, mit denen offensichtlich Beweisbeschaffungsgrenzen des Hauptsacheverfahrens umgangen werden.[851] Sollte ein *District Court* zu diesem Schluss kommen, spreche das in den Ermessenserwägungen gegen die Gewährung der Rechtshilfe.[852] Allerdings wirft dieses Kriterium auch zehn Jahre nach der *Intel*-Entscheidung bis heute theoretische

846 *In the matter of the application of Winning Shipping*, 2010 U.S. Dist. LEXIS 54290, 30; *OJSC Ukrnafta v. Carpatsky Petroleum Corporation*, 2009 U.S. Dist. LEXIS 109492, 15.
847 Siehe unten § 8 C I.
848 542 U.S. 241, 264.
849 542 U.S. 241, 264.
850 Dazu, wie dem Ermessenskriterium neben der tatbestandlichen Voraussetzung eine eigenständige Regelung beigemessen werden kann, siehe unten § 7 C 3.
851 *Intel v. AMD*, 542 U.S. 241, 265.
852 *In re Microsoft Corp.*, 428 F.Supp.2d 188, 195.

Probleme auf. Denn der *Supreme Court* hat in *Intel* entschieden, dass das Rechtshilfeverfahren nach 28 U.S.C. § 1782 keine ungeschriebene *Foreign-discoverability rule* enthält.[853] Bis 2004 wurde diese jedoch von einigen Gerichten angenommen.[854] Daraus folgte als ungeschriebene Voraussetzung für das Rechtshilfeverfahren, dass die Beweise ebenso nach dem anwendbaren, ausländischen Prozessrecht beigebracht werden können müssen. Durch die Änderung der Rechtsprechung in der *Intel*-Entscheidung hat der *Supreme Court* die *District Courts* damit in folgende Zwickmühle gebracht: Einerseits haben die Gerichte das ausländische Prozessrecht nicht zu prüfen (*keine Foreign-discoverability rule*). Andererseits sollen die Gerichte berücksichtigen, ob ein Rechtshilfeantrag das ausländische Prozessrecht zu umgehen versucht. Praktisch scheinen die US-amerikanischen Gerichte mit diesem Widerspruch kein Problem zu haben. In der *post-Intel*-Rechtsprechung wird das Kriterium ohne Bedenken angewendet, wahrscheinlich weil die Gerichte die Voraussetzung als Teil ihres Ermessens in eine Gesamtabwägung einstellen können und sie nicht mehr auf Tatbestandsebene eine „Alles-oder-Nichts"-Entscheidung treffen müssen.

Schließlich ist das Ausmaß des konkreten Antrags zu beachten („*Unduly intrusive or burdensome*"-Kriterium).[855] Wenn ein *District Court* der Meinung ist, ein Antrag belaste den Adressaten übermäßig, kann es den Antrag ablehnen oder auf ein angemessenes Maß kürzen. Regelmäßig werden Gerichte letzteres tun. Eine Ablehnung des Rechtshilfeantrags nur aufgrund dieses Kriteriums ist unwahrscheinlich, weil die unangemessene Belastung auf milderem Wege auch durch eine Kürzung des Antrags beseitigt werden kann. Wenn ein *District Court* einen Antrag grundsätzlich positiv sieht, ist es daher im Zweifel sachgerecht, den Antrag lediglich zu kürzen und nicht gänzlich abzulehnen. Theoretisch dürfen *District Courts* aber auch das.

Das „*Unduly intrusive or burdensome*" -Kriterium stammt aus den Federal Rules of Civil Procedure. In Rule 26 (c) ist geregelt, wann ein *Discovery*-Adressat eine Schutzanordnung beantragen kann. Dies ist vor allem dann der Fall, wenn der Adressat vor *„annoyance, embarrassment, oppression, or undue burden or expense"*[856] geschützt werden soll. An diesem Kriterium ist besonders deutlich erkennbar, dass die US-amerikanischen *District Courts* im Rahmen von 28 U.S.C. § 1782 faktisch ihre allgemeinen Ermessenserwägungen anstellen, umgemünzt auf wenige Besonderheiten der internationalen Rechtshilfe.

Insgesamt macht der weite Ermessensspielraum des *District Courts* eine besondere Sorgfalt des Antragsstellers bei der Formulierung seines Antrags erforderlich.[857]

---

853 Zuletzt wieder unterinstanzlich bestätigt in *Brandi-Dohrn v. IKB Deutsche Industriebank AG,* 2012 U.S. App. LEXIS 4719 (2nd Cir. 2012). Siehe die Besprechung von *Rode*, CCZ 2013, 128.

854 *In re application of Asta Medica, S.A.*, 981 F.2d 1, 7 (1st Cir. 1992); *In re Request of Assistance from Ministry of Legal Affairs of Trinidad and Tobago*, 848 F.2d 1151, 1156 (11th Cir. 1988).

855 *Intel v. AMD,* 542 U.S. 241, 265.

856 Rule 26 (c).

857 So auch bereits *Rollin*, Ausländische Beweisverfahren, 83.

B. *Strong federal policy favoring arbitration* im US-amerikanischen Recht

Das US-amerikanische Recht ist der internationalen Schiedsgerichtsbarkeit grds. positiv gegenüber eingestellt. Der *Supreme Court* hat wiederholt entschieden, dass dem Recht eine *„emphatic federal policy in favor of arbitral dispute resolution"* zugrunde liegt.[858] Historisch betrachtet war das nicht immer so. Noch zu Beginn des 20. Jahrhunderts haben viele US-amerikanische Gerichte Schiedsvereinbarungen nicht beachtet. Die Gerichte sahen in ihnen eine Umgehung der staatlichen Gerichtsbarkeit, die gegen die öffentliche Ordnung verstoße,[859] und weigerten sich, bei der Durchsetzung von Schiedsvereinbarungen mitzuwirken.[860] Erst der *Federal Arbitration Act (FAA)*[861] im Jahr 1925 änderte diese Situation. Durch den FAA sollten internationale Wirtschaftsstreitigkeiten effizienter gelöst werden.[862] § 2 des FAA stellt hierzu die zentrale Vermutung auf, dass eine schriftliche Schiedsvereinbarung *„valid, irrevocable, and enforceable"* ist.

Der *Supreme Court* hat den schiedsfreundlichen Grundsatz des US-amerikanischen Rechts in zwei zentralen Entscheidungen bestätigt. Zunächst entschied das Gericht in *Scherk v. Alberto-Cluver* im Jahr 1974:

> *„An agreement to arbitrate before a specified tribunal is, in effect, a specialized kind of forum-selection clause that posits not only the situs of suit, but also the procedure to be used in resolving the dispute. The invalidation of such an agreement in the case before us would not only allow the respondent to repudiate its solemn promise but would, as well, reflect a parochial concept that all disputes must be resolved under our laws and in our courts. We cannot have trade and commerce in world markets and international waters exclusively on our terms, governed by our laws, and resolved in our courts."*[863]

In dem Rechtsstreit geht es um das Verhältnis zwischen einer Schiedsvereinbarung und dem US-amerikanischen *Securities Exchange Act of 1934*. Wie sich aus der zitierten Passage ergibt, entscheidet der *Supreme Court*, dass die Schiedsvereinbarung vorgeht und durchsetzbar ist.[864]

Im Fall *Mitsubishi Motors v. Soler Chrysler-Plymouth* aus dem Jahr 1985 hat der *Supreme Court* seine Rechtsprechung gefestigt. In diesem Rechtsstreit geht es um Vertriebsstreitigkeiten im Automobilbereich, die zu kartellrechtlichen

858 *Mitsubishi v. Soler-Chrysler Plymouth*, 473 U.S. 614, 631 (1985).

859 *Insurance Company v. Morse*, 87 U.S. 445, 457 (1874); *Dickson Mfg. Co. v. American Locomotive Co.*, 119 F.Supp. 488.

860 *Red Cross Line v. Atlantic Fruit Co.*, 264 U.S. 109 (1924); *Kulukundis Shipping Co. v. Amtrog Trading Corp.*, 126 F.2d 978 (2nd Cir. 1942).

861 Federal Arbitration Act, Pub.L.68–401; 43 Stat. 883, enacted February 12, 1925, codified at 9 U.S.C. § 1 ff.

862 Vgl. *Born/Rutledge*, International Civil Litigation, 1165.

863 *Scherk v. Alberto-Cluver Co.*, 417 U.S. 506, 519.

864 417 U.S. 506, 519–520.

Anschuldigungen geführt hatten. Das Gericht entschied: *„[the] emphatic federal policy in favor of arbitral dispute resolution (...) applies with special force in the field of international commerce“.*[865] Es befand auch hier die Schiedsvereinbarung für wirksam.

Aus beiden Urteilen wird die grundsätzlich schiedsfreundliche Haltung des US-amerikanischen Rechts abgeleitet. Die genaue Ausgestaltung dieser *Federal policy favoring arbitration* ergibt sich aus ihnen jedoch nicht. Es lässt sich den Urteilen nämlich nicht entnehmen, ob die US-amerikanischen Gerichte die internationale Schiedsgerichtsbarkeit aktiv durch gezielte Unterstützung fördern oder sich nach dem Vorbild einer „*Hands-off*-Doktrin“[866] ganz aus dieser heraushalten sollten.[867]

C. Ermessensausübung US-amerikanischer Gerichte

I. Anwendung der Intel-Kriterien bei internationalen Schiedsgerichten

1. *Beweisanerkennungsbereitschaft/Arbitral receptivity*

Die *Intel*-Kriterien lassen sich mit leichten Abwandlungen auf die internationale Schiedsgerichtsbarkeit übertragen. Ein *District Court* kann die Vorgaben des *Supreme Courts* beachten und sein Ermessen gezielt ausüben.

Zunächst wird ein *District Court* Anhaltspunkte berücksichtigen, ob das internationale Schiedsgericht die gewonnen Beweise anerkennen wird (*Arbitral receptivity*).[868] Bei der *Arbitral receptivity* handelt es sich um das wahrscheinlich wichtigste Ermessenskriterium. Vor allem in der *post-Intel*-Rechtsprechung stützen Gerichte ihre Ermessensausübung auf dieses Kriterium. Ein Anhaltspunkt für die *Arbitral receptivity* besteht idealerweise in einer konkreten Äußerung des Schiedsgerichts.[869] Ebenso kommen aber auch alle weiteren Umstände in Betracht. Ein *District Court* wird die anwendbaren Schiedsverfahrensregeln und, falls gegeben, eine ständige Praxis im Umgang mit ausländischen Beweisen von Schiedsgerichten, die unter den Regeln einer bestimmten Institution konstituiert sind, berücksichtigen. Wichtig ist jedoch: ein *District Court* hat richtigerweise stets auf die *Arbitral receptivity* des konkreten Schiedsgerichts abzustellen. Es kommt in diesem Zusammenhang nicht auf die Schiedsinstitution an. Das Schiedsgericht ist nämlich der Empfänger der Rechtshilfe und nicht die Schiedsinstitution, unter deren Regeln das Schiedsgericht

---

865 *Mitsubishi v. Soler-Chrysler Plymouth*, 473 U.S. 614, 631.

866 Der Begriff „*Hands-off*-Doktrin“ stammt in diesem Zusammenhang von *Steinbrück*, Unterstützung ausländischer Schiedsverfahren, 224.

867 Vgl. *Steinbrück*, Unterstützung ausländischer Schiedsverfahren, 223–227. Siehe unten § 7 C II.

868 *Beale/Lugar/Schwarz*, 47 Stan.J.Int.L. 51, 97 (2011).

869 Wie etwa im Fall *In re application of Hallmark Capital Corp*, 534 F.Supp.2d 951 (D. Minnesota 2007).

konstituiert ist. Zur Feststellung der *Arbitral receptivity* ist mithin eine konkrete Betrachtung des Einzelfalls erforderlich.

Die Betrachtung des konkreten Schiedsgerichts wird auch teilweise von der Rechtsprechung befürwortet. So hat das Gericht im Fall *Hallmark* darauf abgestellt, dass ein israelisches Schiedsgericht seine Bereitschaft deutlich gemacht habe, die Beweise anzuerkennen.[870] Das wurde daraus abgeleitet, dass das Schiedsgericht sein Verfahren für die Dauer des Rechtshilfeverfahrens in den Vereinigten Staaten ausgesetzt hatte. In dieselbe Richtung argumentiert *Smit*, wenn er vorschlägt, dass US-amerikanische Gerichte einem Rechtshilfeantrag nur stattgeben sollen, wenn *„the application is approved by the arbitral tribunal."*[871] Es kommt auch nach *Smit* nicht auf die Schiedsinstitution, sondern ausschließlich auf die Anerkennungsbereitschaft des konkreten Schiedsgerichts an.[872]

Diesbezüglich ungenau sind die Entscheidungen der Gerichte in den Fällen *Roz Trading* und *Babcock Borsig*. Beide Gerichte beschäftigen sich in ihrer Ermessensausübung mit der *Arbitral receptivity* und gehen von einer abstrakten Betrachtung der Anerkennungsbereitschaft der Schiedsinstitution aus. Das Gericht im Fall *Roz Trading* lässt den Rechtshilfeantrag zu, weil das Internationale Schiedsgerichtszentrum der Wirtschaftskammer Österreich (VIAC) die Beweise zulassen werde.[873] Das VIAC sei als internationale Einrichtung auf Rechtshilfe angewiesen, weil es selbst nur limitierte Möglichkeiten besitze, seine Anordnungen durchzusetzen.[874] Das Gericht im Fall *Babcock Borsig* stellt ausschließlich auf die *Arbitral receptivity* der ICC als Schiedsorganisation ab, weil es mangels Schiedsklage kein Schiedsgericht gibt.[875] Zur Gewährung des Rechtshilfeantrags sei ein Hinweis der ICC erforderlich, dass die ICC die Ergebnisse des Rechtshilfeverfahrens beachten werde.[876] Weil ein solcher Hinweis im konkreten Fall nicht existiert, verwirft das *Babcock*-Gericht den Rechtshilfeantrag. Das Gericht führt dazu aus, dass nicht sicher sei, ob die ICC die Dokumente beachten werde.

Nach Ansicht des Autors kann ein Rechtshilfeantrag in diesem Fall mit der Begründung mangelnder *Arbitral receptivity* nicht abgelehnt werden. Entweder stützt ein US-amerikanisches Gericht die Ablehnung auf andere *Intel*-Kriterien oder es genehmigt den Rechtshilfeantrag. Das wird insbesondere aus folgendem Aspekte der *Babcock Borsig*-Entscheidung deutlich: Das Gericht offenbart mit seiner

---

870 534 F.Supp.2d 951, 954.

871 *Smit*, 25 Syracuse J.Int'l.L. & Com. 1, 9 (1998).

872 Das *Smit* dabei sogar noch einen Schritt weiter geht und die Zulässigkeit eines Rechtshilfeantrags von der Zustimmung des Schiedsgerichts abhängig machen will, ist an dieser Stelle für die Frage der *Arbitral receptivity* irrelevant. Siehe zu diesem Vorschlag von *Smit* und einem Vergleich mit dem IBA Rules on the Taking of Evidence, unten § 9 G.

873 *In re Roz Trading*, 469 F.Supp.2d 1221, 1229.

874 469 F.Supp.2d 1221, 1229.

875 *In re Babcock Borsig AG*, 583 F.Supp.2d 233, 241.

876 583 F.Supp.2d 233, 241.

Begründung, es warte auf einen Hinweis der ICC, dass es sich nicht ausreichend mit den Besonderheiten der Schiedsgerichtsbarkeit auseinandergesetzt hat. Andernfalls wäre ihm aufgefallen, dass die ICC als Schiedsorganisation keine Kompetenz hat, einen Hinweis über eine mögliche Anerkennungsbereitschaft zu geben. Nach Artikel 20 der ICC-Schiedsgerichtsordnung[877] liegt die Kompetenz zur Sachverhaltsermittlung und Beweisaufnahme bei dem konkreten Schiedsgericht, nicht aber bei der Schiedsorganisation ICC.[878] Diese kann keine pauschalierte Aussage dieser Art für alle Schiedsgerichte, die mit ihren Regeln arbeiten, treffen. Das Abstellen auf die Schiedsorganisation ist schon deshalb verfehlt. Hieran kann sich auch nichts für die Konstellation ändern, dass das Schiedsgericht noch nicht existiert. Denn der *Supreme Court* hat in *Intel* entschieden, dass es ausreicht, wenn ein Verfahren *„within reasonable contemplation"* ist.[879] 28 U.S.C. § 1782 soll gerade auch in den Fällen eine Beweissicherung ermöglichen, in denen das Hauptsachegericht (noch) nicht in der Lage ist, die Beweiserhebung anzuordnen. Dieser Beweissicherungsgedanke wird unterlaufen, wenn ein Rechtshilfeantrag mit dem Argument mangelnder Hinweise seitens der Schiedsorganisation zur *Arbitral receptivity* abgelehnt wird.

Weiterhin ist an der Entscheidung zu kritisieren, dass die *Arbitral receptivity* Argumentation des Gerichts vor dem Hintergrund der Schlusspassage der Entscheidung wie eine vorgeschobene Begründung wirkt. Der eigentliche Grund, warum der *District Court* den Rechtshilfeantrag ablehnt, ist vielmehr, dass das Gericht nicht in den komplexen Rechtsstreit hineingezogen werden will. Das wird durch folgenden Auszug des Urteils deutlich:

> *"The apparent bad blood among these parties coupled with the fact that BBAG has not taken any formal steps towards initiating arbitration in the ICC after allegedly discovering Hitachi's misconduct almost two years ago, are grounds for exercising restraint before ordering discovery in this setting".*[880]

2. Rolle des Rechtshilfeantragsadressaten im Schiedsverfahren

Die Anwendung dieses Ermessenskriteriums ist unkompliziert: richtet sich der Rechtshilfeantrag gegen eine Partei des Schiedsverfahrens, wird der Antrag regelmäßig abgelehnt. Richtet sich der Rechtshilfeantrag umgekehrt gegen eine am Schiedsverfahren unbeteiligte dritte Person, spricht das dafür, dem Antrag stattzugeben.

---

877 Es handelt sich um Artikel 20 der damals noch aktuellen ICC-Schiedsgerichtsordnung von 1998. Diese ist mittlerweile durch die ICC-Schiedsgerichtsordnung von 2012 abgelöst worden.

878 Vgl. *Reiner/Jahnel*, in: Schütze, Institutionelle Schiedsgerichtsbarkeit, Art. 20 ICC-Schiedsgerichtsordnung Rn. 1.

879 *Intel v. AMD*, 542 U.S. 241, 259.

880 *In re Babcock Borsig AG*, 583 F.Supp.2d 233, 242.

Der Grund für diese Schlussfolgerung ist, dass die Schiedsparteien der Kompetenz des Schiedsgerichts unterliegen, während dies für Dritte nicht gilt. Gegenüber den Schiedsparteien besitzt das Schiedsgericht eine Anordnungsbefugnis. Es kann die Schiedsparteien verpflichten, Beweise herauszugeben. Umgekehrt besitzt ein Schiedsgericht keine Kompetenz, gegenüber am Schiedsverfahren unbeteiligten Dritten, Anordnungen zu erteilen. Ein Schiedsgericht kann Dritte, anders als ein staatliches Gericht, auch nicht zur Vorlage von Dokumenten zwingen. Ein Schiedsgericht ist auf die Kooperation von Dritten angewiesen.

Grund dafür ist, dass das Schiedsgericht seine Rechtsprechungsbefugnis originär aus der Schiedsvereinbarung der Parteien erlangt. Gegenüber Dritten hat diese Vereinbarung keine rechtlichen Wirkungen.[881] Die Anordnungsbefugnis leiten internationale Schiedsgerichte sodann aus den für sie anwendbaren (institutionellen) Schiedsregeln und dem nationalen Schiedsrecht ab. Z. B. kann ein DIS-Schiedsgericht nach § 27.1 der DIS-Regeln zur Sachverhaltsermittlung „nach seinem Ermessen Anordnungen treffen, insbesondere (...) die Vorlage von Urkunden anordnen."[882] Nach § 1042 Abs. 4 ZPO „werden die Verfahrensregeln nach freiem Ermessen vom Schiedsgericht bestimmt. Das Schiedsgericht ist berechtigt, über die Zulässigkeit einer Beweiserhebung zu entscheiden, diese durchzuführen und das Ergebnis frei zu würdigen".[883] Beide Vorschriften beziehen sich auf das Schiedsverfahren und erfassen nur die Schiedsparteien. In dieser Konstellation leistet das Rechtshilfeverfahren auch tatsächlich einen wertvollen Beitrag.[884] Dem Schiedsgericht wird auf diesem Weg geholfen, wo seine eigene Kompetenz an ihre Grenzen stößt. Das ist der Kern des Rechts der internationalen Rechtshilfe.

Außerdem wird durch diese Herangehensweise eine missbräuchliche Verwendung von 28 U.S.C. § 1782 verhindert. Der Grund für einen Rechtshilfeantrag einer Schiedspartei gegen eine andere Schiedspartei ist nicht selten prozesstaktischer Natur. Die antragstellende Schiedspartei versucht, den Gegner unter Druck zu setzen, seine eigene Verhandlungsposition zu verbessern und ggf. einen vorteilhaften Vergleich zu erzielen. Diese Motive greifen gegenüber einem unbeteiligten Dritten nicht, sodass einem Rechtshilfeantrag in dieser Konstellation eine gewisse Notwendigkeit auf die Stirn geschrieben steht.

3. *„Nature and Character" des internationalen Schiedsgerichts*

Das Ermessenskriterium erfasst die *„nature of the foreign tribunal"* und den *„character of the proceedings underway abroad"*. Es handelt sich um das bislang am wenigsten beachtete Kriterium. In Rechtsprechung und Literatur wird kaum zwischen den zwei Varianten des Kriteriums unterschieden. Die Gerichte stützen ihre Entscheidung weitestgehend auf andere Ermessenskriterien.

---

881 *Zuberbühler u.a.*, IBA Rules of Evidence-Commentary, Rn. 209.
882 § 27.1 der DIS-Schiedsgerichtsordnung.
883 § 1042 Abs. 4 ZPO.
884 Vgl. *Illmer/Steinbrück*, 25 J. Int'l. Arb. 329, 339 f (2008).

a. Nature-Element

Einzig das *Caratube*-Urteil geht auf das *Nature and Character*-Kriterium detailliert ein. Bei der Frage der *Nature of the tribunal* sei zu berücksichtigen, dass Schiedsparteien ihre anwendbaren Prozessregeln frei wählen können.[885] Deswegen war das Gericht *„reluctant, then, to interfere with the parties bargained-for expectations concerning the arbitration process"*.[886] Das Gericht prüft im Ergebnis nichts anderes als die Frage nach dem Ursprung der Rechtsprechungsbefugnis eines Gerichts. Ein Schiedsgericht erlangt seine Rechtsprechungsbefugnis aus der Parteivereinbarung.[887] Im Gegensatz dazu sind staatliche Gerichte kraft Hoheitsakt rechtsprechungsbefugt. Die *Nature* eines Schiedsgerichts ist also eine andere als die eines staatlichen Gerichts. Das gilt sowohl in Handelsschiedsverfahren als auch in Investitionsschutzverfahren. In beiden Fällen erlangt ein internationales Schiedsgericht seine Rechtsprechungsbefugnis aus der Parteivereinbarung.[888]

b. Character-Element

Bei der Frage des *Character of the proceeding underway abroad* stellt die *Caratube*-Entscheidung auf das Stadium des Schiedsverfahrens ab. Der Rechtshilfeantrag wird über ein Jahr nach Aufstellung des Zeitplans für das Schiedsverfahren eingereicht.[889] Das Schiedsverfahren ist zu diesem Zeitpunkt bereits weit fortgeschritten. Der Beweiserhebungsprozessabschnitt steht kurz vor seinem Ende. Deswegen spricht das *Character*-Kriterium im *Caratube*-Fall gegen den Rechtshilfeantrag.

Im Allgemeinen erlaubt das *Character*-Kriterium einem *District Court,* die Souveränität des Schiedsgerichts zu respektieren. Das ist Sinn und Zweck der Frage nach dem Verfahrensstadium. Je weiter das internationale Schiedsverfahren fortgeschritten ist, desto eher werden sich die *District Courts* heraushalten und einen Rechtshilfeantrag ablehnen. Die Auswirkungen eines erfolgreichen Rechtshilfeverfahrens sind in einem fortgeschrittenen Schiedsverfahren größer als in einem Schiedsverfahren, das gerade erst beginnt. Schriftsätze sind ausgetauscht worden, das Schiedsgericht hat Beweise erhoben und ggf. Zwischenverfügungen getroffen. Die neuen Erkenntnisse aus einem Rechtshilfeverfahren können zu diesem Zeitpunkt schlicht nicht mehr als prozessual angemessen angesehen werden. Immerhin hätte sich die Rechtshilfe beantragende Partei früher an die US-amerikanischen *District Courts* wenden können. Schlussfolgernd kann also für das *Character*-Kriterium festgestellt werden: je früher eine Schiedspartei Rechtshilfe beantragt, desto größer sind die Chancen, sie zu bekommen. Im Idealfall sollte ein Rechtshilfeantrag bereits gestellt werden, sobald das internationale Schiedsverfahren *within reasonable contemplation* ist.

---

885 *In re application of Caratube International Oil Company*, 730 F.Supp.2d. 101, 106.
886 730 F.Supp.2d. 101, 106.
887 Siehe ausführlich oben § 6 B I.
888 Siehe oben § 6 B I.
889 *In re application of Caratube International Oil Company,* 730 F.Supp.2d 101, 106.

c. *Berücksichtigung auf Tatbestandebene*

Beachtlicherweise finden beide Kriterien bereits im Tatbestand von 28 U.S.C. § 1782 Berücksichtigung. So ist die Frage nach der *Nature of the tribunal* nichts anderes als die Frage, ob ein internationales Schiedsgericht ein *tribunal* im Sinne von 28 U.S.C. § 1782 ist.[890] Das *Character*-Kriterium spiegelt die tatbestandliche Frage wieder, ob es sich um ein *proceeding* im Sinne von 28 U.S.C. § 1782 handelt.[891] Daraus folgt jedoch nicht der Schluss, dass das *Nature and Character*-Kriterium überflüssig ist. Das *Character*-Kriterium zeigt vielmehr die Intention des *Supreme Courts*, Flexibilität in der Anwendung von 28 U.S.C. § 1782 zu erzeugen. Auf Tatbestandebene wird demnach von einem enorm weiten Verständnis des Begriffs *proceeding* ausgegangen, damit dieses weite Verständnis je nach Einzelfall auf Ermessensebene eingeschränkt werden kann. Das gleiche hat für die internationale Schiedsgerichtsbarkeit zu gelten. Der Begriff *tribunal* ist auf Tatbestandsebene weit auszulegen. Sowohl Handelsschiedsgerichte als auch Investitionsschutzschiedsgerichte erfüllen den Tatbestand der Vorschrift. Auf Ermessensebene kann ein *District Court* dann im Rahmen des *Nature*-Kriteriums die Besonderheiten der internationalen Schiedsgerichtsbarkeit berücksichtigen und sein Ermessen im Einzelfall ausüben.

d. *Unterschiede zwischen Handelsschiedsverfahren und Investitionsschutzschiedsverfahren*

Auf Tatbestandebene sollte zwischen Handelsschiedsgerichten und Investitionsschutzschiedsgerichten nicht unterschieden werden.[892] Vielmehr können Unterschiede zwischen den zwei Arten von Schiedsgerichten im Einzelfallermessen Beachtung finden.

Einer der wesentlichen Unterschiede zwischen der Handelsschiedsgerichtsbarkeit und der Investitionsschutzschiedsgerichtbarkeit ist Transparenz. Während die Nichtöffentlichkeit von Handelsschiedsverfahren auch in Zukunft hoch gehalten werden wird, wird die Investitionsschutzschiedsgerichtsbarkeit immer transparenter. Bestes Beispiel hierfür sind die 2014 UNCITRAL Rules on Transparency in Treaty-based Investor-State Arbitration.[893] Diese gelten mangels gegenteiliger Parteivereinbarung für alle Rechtsstreitigkeiten basierend auf Investitionsschutzabkommen, die seit dem 01.04.2014 geschlossen wurden, in denen die UNCITRAL Arbitration Rules anwendbar sind.[894] Sie bewirken, dass Investitionsschutzschiedsverfahren in ihrem Anwendungsbereich genauso öffentlich wie,

890 Siehe oben § 6, insbesondere § 6 B I.
891 Siehe zur Frage des Verfahrensstadiums im Ausland oben § 4 B I 1.
892 Siehe bereits ausfürhlich oben § 6 B I.
893 Abrufbar unter: https://www.uncitral.org/uncitral/en/uncitral_texts/arbitration/2014Transparency.html (zuletzt abgerufen am 24.12.2015).
894 Art. 1 UNCITRAL-Transparenzregeln.

wenn nicht sogar öffentlicher als, staatliche Gerichtsverfahren geführt werden.[895] Damit sind Investitionsschutzschiedsverfahren unter dem Aspekt der Transparenz eher mit staatlichen Gerichten vergleichbar als Handelsschiedsverfahren. Danach hat ein Rechtshilfeantrag zur Unterstützung eines Investitionsschutzschiedsverfahrenverfahrens auf Ermessensebene bessere Erfolgschancen als ein Antrag zur Unterstützung eines Handelsschiedsverfahrens.

Ein weiteres beachtenswertes Merkmal ist die Schiedsrichterauswahl. Zwar lässt sich generell für beide Arten von Schiedsgerichten sagen, dass die Schiedsrichterauswahl frei den Parteien zusteht. Uneingeschränkt stimmt diese Aussage jedoch nur für *ad hoc*-Schiedsverfahren, die meistens in Investitionsschutzverfahren geführt werden. Für administrierte Schiedsverfahren ist diese Aussage je nach Einzelfall einzuschränken. Einige Schiedsinstitutionen halten nämlich Schiedsrichterlisten vor. Z. B. sehen das International Centre for Dispute Resoultion (ICDR) in Art. 12 (6) International Arbitration Rules und die American Arbitration Association (AAA) in Art. 3, 12 Commercial Arbitration Rules den Einsatz solcher Schiedsrichterlisten vor. Es können dann nur Personen Schiedsrichter sein, die auf der jeweiligen Liste einer Schiedsorganisation stehen.[896] Wenn die Schiedsregeln einer solchen Institution gewählt wurden, spricht das dafür, dem Rechtshilfeantrag stattzugeben, weil diese eingeschränkte Schiedsrichterauswahl eher mit der Situation vor staatlichen Gerichten vergleichbar ist als die freie Schiedsrichterwahl bei *ad hoc*-Schiedsgerichten.

4. Umgehung von Beweisbeschaffungsgrenzen des internationalen Schiedsrechts

Außerdem berücksichtigen US-amerikanische *District Courts* auch die Motive des Rechtshilfeantragstellers. Rechtshilfeanträge, mit denen internationale Beweisbeschaffungsgrenzen umgangen werden sollen, lehnen die Gerichte ab. Anträge, die erkennbar nur dazu dienen, der gegnerischen Partei den Rechtsstreit zu erschweren, sind folglich unzulässig. Eine objektive Herangehensweise, um die Motive eines Antragsstellers festzustellen, ist es, den rechtlichen Rahmen zu betrachten, in dem das internationale Schiedsverfahren stattfindet. Dazu berücksichtigen die *District Courts* die anwendbaren Schiedsregeln. Lediglich nachrangig betrachten die Gerichte auch das anwendbare nationale Schiedsrecht.

Etwa bedenkt das *Caratube*-Gericht die im Investitionsschutzverfahren anwendbaren ICSID Arbitration Rules sowie die vereinbarten IBA Rules of Evidence.[897] Art. 34 der ICSID Arbitration Rules gibt dem Schiedsgericht weitreichende Kontrolle

---

895 Vgl. *Buntenbroich/Kaul*, SchiedsVZ 2014, 1, 8.

896 Wie grundsätzlich in der internationalen Schiedsgerichtsbarkeit gilt diese Aussage nur vorbehaltlich einer anderweitigen Parteivereinbarung.

897 *In re application of Caratube International Oil Company*, 730 F.Supp.2d. 101, 107.

bei der Durchführung des Verfahrens.[898] Rule 3.8 IBA Rules of Evidence[899] festigt diese Kontrolle für die Beweisbeschaffung von am Schiedsverfahren unbeteiligten Dritten. Danach benötigt die Schiedspartei die Unterstützung des Schiedsgerichts bei der Beschaffung dieser Dokumente.[900] Das Gericht zieht aus Rule 3.8 eine praktische Schlussfolgerung: bei Geltung dieser wird Rechtshilfe nur für Anträge des internationalen Schiedsgerichts selbst gewährt, denn wenn sich die Schiedspartei an Rule 3.8 gehalten hätte, hätte sie sich an das Schiedsgericht gewandt und dieses hätte den Rechtshilfeantrag, wenn es ihn für erforderlich gehalten hätte, selbst gestellt.[901] Außerdem führt das Gericht aus, das System von Rule 3.8 stelle eine Beweisbeschaffungsgrenze im internationalen Schiedsrecht dar, die der Rechtshilfeantragsteller zu umgehen versucht habe.

Deswegen gilt: *District Courts* werden Rechtshilfeanträge regelmäßig ablehnen, die ohne Einwilligung des Schiedsgerichts gestellt werden und deswegen den vereinbarten Verfahrensregeln widersprechen.[902]

Allerdings wird diese Aussage durch folgenden Umstand relativiert: Das Umgehungsverbot ist nicht als absolute *Exhaustion*-Voraussetzung zu verstehen. Es wäre falsch, von einer Partei zu verlangen, dass sie alle ihr zur Verfügung stehenden

---

898 Art. 34 ICSID Arbitration Rules: „*(2) The Tribunal may, if it deems it necessary at any stage of the proceedings: (a) call upon the parties to produce documents, witnesses and experts; and (b) visit any place connected with the dispute or conduct inquiries there*". Für ein Analyse, welche institutionellen Schiedsregeln ihrem Wortlaut nach einem Rechtshilfeantrag nach 28 U.S.C. § 1782 eher offen oder verschlossen gegenüberstehen, siehe unten § 9.

899 Es handelt sich hierbei um die *IBA Rules on the Taking of Evidence in International Commercial Arbitration adopted by a resolution of the IBA Council on 1 June 1999.*

900 Rule 3.8 IBA Rules: *"If a Party wishes to obtain the production of documents from a person or organization who is not a Party to the arbitration and from whom the Party cannot obtain the documents on its own, the Party may, within the time ordered by the Arbitral Tribunal, ask it to take whatever steps are legally available to obtain the requested documents. The Party shall identify the documents in sufficient detail and state why such documents are relevant and material to the outcome of the case. The Arbitral Tribunal shall decide on this request and shall take the necessary steps if in its discretion it determines that the documents would be relevant and material."* Die Analyse des *District Courts* zu Rule 3.8 der IBA Rules ist bei genauerer Betrachtung jedoch nicht zwingend. Rule 3.8 sieht vor, dass sich die Partei nur an das Schiedsgericht wenden muss, wenn die Partei die Dokumente selbst nicht von dem Dritten erlangen kann (*"from whom the Party cannot obtain the documents on its own"*). Es lässt sich argumentieren, dass die Schiedspartei wegen der in 28 U.S.C. § 1782 geregelten Antragsbefugnis in der Lage ist, die Dokumente selbst von dem Dritten zu erlangen. Zu den Veränderungen dieser Vorschrift durch die IBA Rules on the Taking of Evidence in International Commercial Arbitration 2010, siehe unten § 9 G.

901 *In re application of Caratube International Oil Company,* 730 F.Supp.2d 101, 108.

902 Vgl. *Beale/Lugar/Schwarz,* 47 Stan.J.Int.L. 51, 101 (2011).

Beweisbeschaffungsmöglichkeiten erschöpft hat, bevor einem Rechtshilfeantrag stattgegeben wird.[903] 28 U.S.C. § 1782 greift nach Sinn und Zweck unabhängig davon ein, ob der Antragssteller andere Beweisbeschaffungsmöglichkeiten zur Verfügung hat. Dies galt auch schon vor dem *Intel*-Urteil.[904] *District Courts* werden Rechtshilfeanträge, die ohne Einwilligung des Schiedsgerichts gestellt wurden, eben nur regelmäßig ablehnen. Sie sind dazu aber nicht verpflichtet und können im Einzelfall solchen Anträgen auch stattgeben.

5. *Billigkeitskriterium*

Mit dem Billigkeitskriterium (*Unduly intrusive or burdensome*) hat der *Supreme Court* den Ermessensspielraum der *District Courts* praktisch grenzenlos gemacht. Wenn ein *District Court* zum Ergebnis gelangt, dass ein Rechtshilfeantrag *unduly intrusive* oder *burdensome* ist, kann, ihn das Gericht ablehnen oder auf ein seiner Meinung nach angemessenes Maß kürzen. Die *District Courts* besitzen mithin die Freiheit, Rechtshilfeanträge nach ihren Vorstellungen umzuformulieren. Sinn und Zweck dieses Ermessenskriteriums ist es, die sog. *Fishing expeditions* der US-amerikanischen *Discovery* zu verhindern.[905]

Es gibt keine konkreten Anhaltspunkte, wann ein unbilliger Rechtshilfeantrag gänzlich abgelehnt wird oder wann ein Antrag auf ein zulässiges Maß gekürzt wird. Bei dieser Frage kommt es erheblich auf die Umstände des Einzelfalls an. Generell lässt sich jedoch feststellen, dass *District Courts*, die sich bei der Ermessensausübung mit diesem Kriterium beschäftigen, den Rechtshilfeantrag grds. unterstützen.[906] Ein Gericht, das einen Rechtshilfeantrag ablehnen möchte, kann dieses Ergebnis mit anderen Ermessenskriterien leichter begründen. Wenn überhaupt wird es das Billigkeitskriterium nur zusätzlich erwähnen, um dem bereits begründeten Ergebnis noch extra Gewicht zu geben. Hingegen berücksichtigen solche Gerichte dieses Kriterium genauer, die einem Antrag stattgeben möchten. Ihnen geht es darum, an dieser Stelle keinen Ermessensfehler zu begehen, indem sie die Interessen des Rechtshilfeantragsadressaten unberücksichtigt lassen. Das würde ihre Entscheidung angreifbar machen. Deswegen analysieren diese Gerichte die Reichweite des Rechtshilfeantrags. Aufgrund ihrer generell positiven Haltung kommen sie dabei maximal zu dem Ergebnis, den Rechtshilfeantrag auf ein zulässiges Maß zu stutzen. Ein Gericht, dass dem Antrag nach allen zuvor genannten Ermessenskriterien stattgeben würde, wird den Antrag nicht aufgrund dieses Kriteriums ablehnen.

---

903 *In re Roz Trading*, 469 F.Supp.2d 1221, 1229 (N.D.Ga. 2006); *In re application of Caratube International Oil Company*, 730 F.Supp.2d 101, 107 (D.C. 2010).

904 *Malev Hungarian Airlines v. United Technologies International Inc.*, 964 F.2d 97, 100 (2nd. Cir. 1992); *Euromepa S.A. v. R. Esmerian, Inc.*, 51 F.3d 1095, 1098 (2nd Cir. 1995).

905 Vgl. *Beale/Lugar/Schwarz*, 47 Stan.J.Int.L. 51, 101 (2011).

906 Siehe zum Beispiel 469 F.Supp.2d 1221, 1230 (N.D. Ga. 2006).

II. Berücksichtigung der Strong federal policy favoring arbitration

Neben den *Intel*-Kriterien ist die im US-amerikanischen Recht geltende *Strong federal policy favoring arbitration* zu berücksichtigen. Diesen schiedsfreundlichen Grundsatz sollten *District Courts* ihm Rahmen ihrer Ermessensausübung bei 28 U.S.C. § 1782 stets einbeziehen. Allerdings ist bislang nicht eindeutig geklärt, wie die *District Courts* hierbei vorzugehen haben.

Auf den ersten Blick könnte man der Auffassung sein, *District Courts* würden sich im Sinne dieses schiedsfreundlichen Grundsatzes verhalten, wenn sie sich aus Schiedsverfahren ganz heraushielten und 28 U.S.C. § 1782-Anträge ablehnten.[907] So haben etwa die Gerichte in *NBC* und *Biedermann* ihre Entscheidung unter anderem damit begründet, dass durch 28 U.S.C. § 1782 die Effektivität eines internationalen Schiedsverfahrens leide.[908] 28 U.S.C. § 1782 führe zu höheren Kosten und verzögere das Schiedsverfahren. Deswegen widerspreche es der *Strong federal policy favoring arbitration*, wenn *District Courts* Rechtshilfeanträge zur Unterstützung von internationalen Schiedsverfahren bedenkenlos stattgäben.[909] Auch der Wortlaut der *Scherk*-Entscheidung kann dahingehend verstanden werden. In *Scherk* hat der *Supreme Court* folgendes festgestellt:

> „*(...) a parochial concept that all disputes must be resolved under our laws and in our courts. We cannot have trade and commerce in world markets and international waters exclusively on our terms, governed by our laws, and resolved in our courts*“.[910]

Diese „*Hands-off*-Doktrin“ ist nach *Steinbrück* eine mögliche Auslegung des schiedsfreundlichen Grundsatzes, die der *Second Circuit* und der *Fifth Circuit* gewählt haben.[911] Die *District Courts* unterstützten die internationale Schiedsgerichtsbarkeit, indem sie sich aus ihr heraushalten. Nach *Beale* führt die Berücksichtigung von *Mitsubishi* und *Scherk* zu einer Einschränkung von *Intel*.[912] *Beale* möchte internationale Schiedsgerichte zwar von der Rechtshilfevorschrift erfasst sehen, schränkt die praktische Anwendung für Schiedsverfahren aber ein.[913] *District Courts* sollten Rechtshilfeanträgen nur in „*limited circumstances*“ stattgeben.[914]

---

907 Von dieser Auslegung scheint *Strong*, 1 Stan.J.Comp.Litig. 295, 344–345 (2013) auszugehen.

908 *National Broadcasting Company v. Bear Stearns*, 165 F.3d 184, 190–191; *The Republic of Kazakhstan v. Biedermann*, 168 F.3d 880, 883.

909 So auch *Beale/Lugar/Schwarz*, 47 Stan.J.Int'l.L. 51, 103 (2011).

910 417 U.S. 506, 507 (1974); zitiert *The Bremen v. Zapata Off-Shore Co.*, 407 U.S. 1, 9 (1972).

911 *Steinbrück*, Unterstützung ausländischer Schiedsverfahren, 223–224; wobei *Steinbrück* selbst nicht diese Meinung vertritt.

912 Vgl. *Beale/Lugar/Schwarz*, 47 Stan.J.Int'l.L. 51, 102–104 (2011).

913 *Beale/Lugar/Schwarz*, 47 Stan.J.Int'l.L. 51, 104 (2011).

914 *Beale/Lugar/Schwarz*, 47 Stan.J.Int'l.L. 51, 104 (2011): „*Taken together, Intel and the Supreme Court's precedent in support of international arbitration provide a strong*

Diese Schlussfolgerungen sind jedoch zu kurz gegriffen: Sinn und Zweck der *Strong federal policy favoring arbitration* ist, dass US-amerikanische Gerichte internationale Schiedsgerichte unterstützen. Ursprünglich wurde „unterstützen" derart verstanden, dass die US-amerikanischen Gerichte Schiedsvereinbarungen grundsätzlich anerkennen und Rechtsstreitigkeiten an die Schiedsgerichte verweisen. Schiedsvereinbarungen sollten als wirksam angesehen werden und die Schiedsgerichtsbarkeit als alternative Methode der Streitbeilegung akzeptiert werden. Weiter gedacht bedeutet „unterstützen" aber auch, dass die US-amerikanischen Gerichte ein internationales Schiedsgericht nicht im Stich lassen.[915] *District Courts* sollten den schiedsfreundlichen Grundsatz daher dahingehend verstehen, dass sie internationalen Schiedsverfahren Rechtshilfe ermöglichen. *Mitsubishi* und *Scherk* schränken *Intel* nicht ein, sondern sprechen dafür, die *Intel*-Kriterien auf internationale Schiedsgerichte auszudehnen und anzuwenden. Die Bedenken von *Scherk*, nicht *„all disputes must be resolved under our laws and in our courts"*, greifen in Bezug auf 28 U.S.C. § 1782 nicht ein. Es geht in diesem Kontext nicht darum, dass ein US-amerikanisches Gericht und ein Schiedsgericht um die Zuständigkeit konkurrieren. Im Kontext von 28 U.S.C. § 1782 haben die US-amerikanischen Gerichte die generelle Zuständigkeit des internationalen Schiedsgerichts anerkannt und werden nur zusätzlich neben dem Schiedsgericht tätig. Parteien vor internationalen Schiedsgerichten sind in bestimmten Fällen darauf angewiesen, entscheidungserhebliche Dokumente mittels Rechtshilfe zu bekommen.[916] Wenn sich beispielsweise Dokumente im Besitz einer dritten Person befinden, kann ein Schiedsgericht wenig tun, um diese Dokumente zwangsweise zu erlangen. Der Gedanke der internationalen Rechtshilfe gebietet es, in solchen Situationen Hilfe anzubieten. Dieser Gedanke stimmt mit der *Strong federal policy favoring arbitration* dann überein, wenn letztere als aktive Unterstützung mittels gezielter Förderung verstanden wird.

III. Zwischenergebnis

Die *Intel*-Kriterien des *Supreme Courts* lassen sich auf die internationale Schiedsgerichtsbarkeit anwenden. Sie ermöglichen den *District Courts,* im Rahmen ihres Ermessens Besonderheiten von internationalen Schiedsverfahren im Allgemeinen und jedes Verfahrens im Konkreten zu berücksichtigen. Insbesondere mit dem *Nature and Character*-Kriterium ist bereits ein passender Ansatzpunkt vorhanden, an den die *District Courts* ansetzen können. Auch die *Strong federal policy favoring arbitration* spricht für diese Ermessenslösung. US-amerikanische Gerichte werden dem schiedsfreundlichen Grundsatz am ehesten gerecht, wenn sie internationale Schiedsgerichte aktiv unterstützen. Dazu sollte es im Ermessen der *District Courts* stehen, je nach Einzelfall zu entscheiden.

---

rationale for why district courts must only excercise their discretion to grant § 1782 applications in limited circumstances".

915 Vgl. *Fellas*, 23 Arbitration International 379, 399 (2007).

916 So auch *Steinbrück*, Unterstützung ausländischer Schiedsverfahren, 224.

D. Kritik an der „Ermessenslösung“

Die Ermessenslösung ist in der Literatur bislang lediglich von *Rutledge* kritisiert worden.[917] In enger Bezugnahme zu den Urteilen in *NBC* und *Biedermann* sieht *Rutledge* es als einen der Vorteile der internationalen Schiedsgerichtsbarkeit an, dass keine US-amerikanische *Discovery* stattfinde. Dieser Vorteil sei gefährdet, wenn 28 U.S.C. § 1782 auf internationale Schiedsgerichte Anwendung fände. Deswegen spricht sich *Rutledge* für eine Tatbestandslösung aus. Internationale Schiedsgerichte sollten keine *tribunals* im Sinne von 28 U.S.C. § 1782 sein.[918] Auf eine mögliche Unterscheidung zwischen Handelsschiedsgerichten und Investitionsschutzschiedsgerichten geht er nicht ein.

Zur Begründung der Tatbestandslösung führt *Rutledge* zwei Prinzipien der internationalen Schiedsgerichtsbarkeit an: *Consent* und *Procedural flexibility*.[919] Das *Consent*-Prinzip werde gebrochen, wenn 28 U.S.C. § 1782-Maßnahmen gegen eine am Schiedsverfahren unbeteiligte dritte Person erlaubt würde. Die dritte Person habe nie in das Schiedsverfahren eingewilligt. Die *Procedural flexibility* ginge verloren, weil das 28 U.S.C. § 1782-Verfahren von den US-amerikanischen Gerichten, und nicht dem Schiedsgericht, geleitet werde.

Gegen die Ermessenslösung sprechen für *Rutledge* drei Argumente. Erstens sei eine Ermessenslösung ineffizient.[920] Für *Rutledge* besteht Effizienz aus einer finanziellen und einer zeitlichen Komponente. Insbesondere der Adressat des Rechtshilfeantrags, der im Zweifel als dritte Person nicht einmal etwas mit dem Rechtsstreit zu tun habe, habe seine eigenen Kosten voll zu tragen. Es gelte die *American rule on costs*, nach der jede Partei ihre eigenen Anwaltskosten zu tragen hat.[921] Außerdem bestünde die Gefahr, das Schiedsverfahren durch den Rechtshilfeantrag zu verlangsamen und in die Länge zu ziehen. Zweitens lassen sich die *Intel*-Kriterien nach *Rutledge* nicht auf die internationale Schiedsgerichtsbarkeit übertragen.[922] Die Frage nach der Parteistellung des Rechtshilfeantragsadressaten verletze das *Consent*-Prinzip der internationalen Schiedsgerichtsbarkeit. Außerdem würden Schiedsgerichte niemals äußern, ob sie Beweise anerkennen werden. Sie würden damit ihre Neutralitätspflicht gegenüber den Parteien verletzen.[923] Letztlich führe eine Ermessenslösung schlicht zu unvorhersehbaren Ergebnissen, was wiederum langwierige Streitigkeiten über das Rechtshilfeverfahren nach sich ziehe.[924]

Diese Kritik von *Rutledge* überzeugt nicht. Die Sorge, dass es bei der Ermessenslösung zu langen Rechtsstreitigkeiten über das Rechtshilfeverfahren kommt,

---

917 *Rutledge*, 25 J.Int.Arb. 171, 177 f (2008).
918 *Rutledge*, 25 J.Int.Arb. 171, 180 (2008).
919 *Rutledge*, 25 J.Int.Arb. 171, 176 (2008).
920 *Rutledge*, 25 J.Int.Arb. 171, 177 f (2008).
921 *Schack*, US-amerikanisches Zivilprozessrecht, Rn. 22.
922 *Rutledge*, 25 J.Int.Arb. 171, 178 (2008).
923 *Rutledge*, 25 J.Int.Arb. 171, 178 (2008).
924 *Rutledge*, 25 J.Int.Arb. 171, 178 (2008).

hat sich bislang schlicht nicht bewahrheitet. Das Gegenteil ist der Fall. Verfahren, in denen 28 U.S.C. § 1782 für die internationale Schiedsgerichtsbarkeit auf Tatbestandsebene kategorisch abgelehnt wird, können der unterlegenen Partei eine aussichtsreiche Angriffsfläche für die Berufung bieten. In der Gerichtspraxis sind keine Anhaltspunkte feststellbar, dass die Ermessenslösung zu zeitlichen Verzögerungen geführt hat. Vielmehr dauern die Verfahren, unabhängig davon, wie die Gerichte im Ergebnis entscheiden, in etwa gleich lang.[925] Zwar ist zuzugeben, dass es bei 28 U.S.C. § 1782 zu unvorhergesehenen Ergebnissen kommen kann. Das ist aber die zwingende Folge einer Ermessensvorschrift. Wenn das Ergebnis im Ermessen des Gerichts steht, werden sich selten kategorische Antworten geben lassen. Es ist nicht ersichtlich, wieso dieser Grad an Ergebnisunsicherheit in der internationalen Schiedsgerichtsbarkeit ein Problem sein soll, wenn er es in staatlichen Gerichtsverfahren nicht ist.

Bezüglich der Behauptung, die *Intel*-Kriterien passen nicht auf die internationale Schiedsgerichtsbarkeit, soll im Wesentlichen auf die obigen Ausführungen verwiesen werden.[926] Insbesondere wird jedoch das *Consent*-Prinzip nicht, wie von *Rutledge* behauptet, verletzt. Das Rechtshilfeverfahren führt nicht dazu, dass eine dritte Person ohne ihre Einwilligung in ein Schiedsverfahren hineingezogen wird. Das Schiedsverfahren und das Verfahren nach 28 U.S.C. § 1782 sind rechtlich klar voneinander getrennt. Die dritte Person muss das Rechtshilfeverfahren über sich ergehen lassen, weil sie der Zuständigkeit des US-amerikanischen *District Courts* unterfällt. *Consent* der Schiedsparteien spielt dabei keine Rolle.

Auch die Sorge um die Zeiteffizienz in internationalen Schiedsverfahren hat sich nicht als berechtigt erwiesen. Die von *Rutledge* geäußerten Bedenken *„arbitrators may be reluctant to complete their hearings until the party seeking the discovery has had a full oportunity to obtain it"*[927] sind bislang nicht eingetreten. In der Praxis lassen sich Schiedsrichter durch einen 28 U.S.C. § 1782-Antrag soweit ersichtlich nicht von den Zeitplänen für das Schiedsverfahren abbringen.[928] Außerdem ist die

925 Für die Aussage sind die Zeitabstände der Verfahren betrachtet worden, in denen zwei Gerichte entschieden haben (entweder *District Court – Circuit Court* oder *District Court (Magistrate Judge) – District Court (District Judge)*. Zwischen den den zwei *Oxus*-Entscheidungen lagen ca. sechs Monate, zwischen den *Hallmark*-Entscheidungen ca. acht Monate. Bei den *NBC*-Entscheidungen waren es ca. zwölf Monate, bei den *Biedermann*-Entscheidungen hingegen nur ca. drei Monate. Schließlich lagen zwischen den zwei *El Paso*-Entscheidungen wiederrum ca. acht Monate.

926 Siehe oben § 7 C I.

927 *Rutledge*, 25 J.Int.Arb. 171, 178 (2008).

928 Vgl. *Caratube International Oil Company LLP v. Republic of Kazakhstan*, ICSID Case No. ARB/0 Procedural Order No. 3, vom 26. Mai 2010: *"A party starting a Section 1782 procedure before the US courts does so and chooses the time for such a petition at its own risk. But the existence of such a petition to domestic courts cannot interfere with the Tribunal's maintenance of its authority over the arbitral procedure and with*

Konsequenz von *Rutledges* Ansatz zu bedenken: Schiedsgerichte würden danach auf Tatbestandsebene kategorisch vom Anwendungsbereich ausgeschlossen. Dadurch würden die positiven Effekte von 28 U.S.C. § 1782 vollkommen ausgegrenzt. Die *Discovery* kann aber einen bedeutenden Beitrag zur Tatsachenfeststellung und zur Wahrheitsfindung leisten.[929] Das gilt insbesondere, wenn es um Informationen von Dritten geht, die das Schiedsgericht selbst nicht bekommen kann. Auch deswegen ist die Ermessenslösung vorzugswürdig.

Lediglich das Kosteneffizienzargument lässt sich nicht von der Hand weisen. Durch die Anwendung der *American rule on costs* muss ein Rechtshilfeantragsadressat seine Kosten grundsätzlich selbst tragen. Wenn das Rechtshilfeverfahren ausnahmsweise zwischen den zwei Schiedsparteien stattfindet, lässt sich noch überlegen, ob diese Kosten später im Schiedsverfahren geltend gemacht werden können. Bei den Kosten einer dritten Person ist das keinesfalls möglich. Allerdings realisiert sich für die dritte Person lediglich ihr allgemeines Kostenrisiko. Wie bereits festgestellt, ist der Rechtshilfeantrag gegen die dritte Person nur möglich, weil die dritte Person der Zuständigkeit US-amerikanischer Gerichte unterfällt. Damit geht zwangsläufig das Kostenrisiko im US-amerikanischen Prozessrecht einher. Es handelt sich daher auch hier um keine Besonderheit von 28 U.S.C. § 1782. Vielmehr würde sich das Kostenproblem auch in einem rein US-amerikanischen Verfahren stellen.

Alles in allem sind die Bedenken von *Rutledge* bezüglich der Ermessenslösung nicht überzeugend. Sie stützen sich weitestgehend auf die in *NBC* und *Biedermann* vorgetragenen Argumente. Diesbezüglich ist jedoch die Formulierung von *Steinbrück* äußerst treffend: „Der in *NBC* und *Republic of Kazakhstan* unternommene Versuch, internationale Schiedsverfahren „vor sich selbst zu schützen“, ist daher zu Recht als paternalistische Bevormundung des Schiedsgerichts kritisiert worden.“[930]

E. Zusammenfassung

Insgesamt ist es überzeugend, Probleme von 28 U.S.C. § 1782 in der internationalen Schiedsgerichtsbarkeit im Ermessensteil der Vorschrift zu behandeln.[931] Mit den *Intel*-Kriterien hat der *Supreme Court* den Gerichten eine Richtschnur an die Hand gegeben, der sie auch im Falle von internationalen Schiedsgerichten bedenkenlos folgen können. Die *Strong federal policy favoring arbitration* spricht dafür, dass die *District Courts* dabei alle Umstände des Einzelfalls berücksichtigen müssen und keine kategorischen Entscheidungen treffen dürfen. Vielmehr sollte ein Gericht ein

the timetable established with the consent of the Parties". Ausführlich zum Umgang der internationalen Schiedspraxis mit 28 U.S.C. § 1782 siehe unten § 8.

929 *Steinbrück*, Unterstützung ausländischer Schiedsverfahren, 225.

930 *Steinbrück*, Unterstützung ausländischer Schiedsverfahren, 227; zitiert *Hammond*, 17 J. Int. Arb. 131, 142 (2000), *Chukwumerije*, 27 George Wash. Int. L. Rev. 649, 678 (2005).

931 So auch *Zaslowsky*, 63 The Record 752, 777 (2008).

internationales Schiedsgericht dort aktiv unterstützen, wo es effizient und angemessen ist. Die von *Rutledge* geäußerte Kritik an einer Ermessenslösung vermag bis auf den Kostenfaktor nicht zu überzeugen. Die Kosten sind jedoch kein Punkt, der die US-amerikanischen Gerichte davon abhalten wird, Rechtshilfe zu gewähren.[932]

932 Nach Ansicht des Autors sollte die Frage der Kosten eines 28 U.S.C. § 1782-Antrags im Schiedsverfahren beachtet und beantwortet werden. Siehe hierzu unten bei den DIS-Regeln, § 9 B II.

§ 8. Der Umgang mit 28 U.S.C. § 1782 in der internationalen Schiedspraxis

Nachdem bislang das Rechtshilfeverfahren nach 28 U.S.C. § 1782 in der internationalen Schiedsgerichtsbarkeit aus Sicht des US-amerikanischen Rechts betrachtet wurde, soll nun der Blickwinkel gewechselt werden. Es wird die Perspektive von Schiedsrichtern und Schiedsgerichten eingenommen, um die Frage zu behandeln, wie diese mit einem Rechtshilfeantrag einer Schiedsverfahrenspartei an ein US-amerikanisches Gericht umzugehen haben.

Aufgrund der Nichtöffentlichkeit[933] von Schiedsverfahren sind dabei nur wenige Beispiele zum Umgang von Schiedsrichtern mit 28 U.S.C. § 1782 in der Praxis bekannt. Zwei Investitionsschutzstreitigkeiten bieten hier jedoch Anhaltspunkte: zum einen der Fall *Caratube International v. Republic of Kazakhstan,*[934] zum anderen der Fall *Mesa Power Group v. Government of Canada.*[935] Auf beide soll als Orientierungshilfe zum Umgang mit 28 U.S.C. § 1782 in der internationalen Schiedsgerichtsbarkeit eingegangen werden.

Dazu werden im Folgenden zunächst kurz die entscheidenden Stellen der zwei Schiedsverfahren dargestellt (A). Sodann wird der Ausgangspunkt jedes Schiedsverfahrens – die Schiedsvereinbarung – betrachtet und auf die Stellung des Schiedsgerichts im Beweisverfahren eingegangen (B), um allgemeine Schlusfolgerungen zum Umgang mit dem Rechtshilfeverfahren ziehen zu können (C).

A. Orientierungshilfen durch *Caratube International v. Republic of Kazakhstan* und *Mesa Power Group v. Government of Canada*

I. Caratube International v. Republic of Kazakhstan

Im Rahmen des Rechtstreits zwischen Caratube und der Republik Kasachstan[936] enthält die *Procedural order No. 3* vom 26. Mai 2010 die entscheidende Stelle zum Umgang mit 28 U.S.C. § 1782. Darin äußert sich das Schiedsgericht dahingehend:

> *"(...) whilst the Tribunal might have been minded to find that its prior consent should have been sought by Claimant before the presentation of its Section 1782 petition, the Tribunal*

933 Vgl. zum Thema Nichtöffentlichkeit und Vertraulichkeit in Schiedsverfahren ausführlich *Leisinger*, Vertraulichkeit in internationalen Schiedsverfahren, 37 ff.

934 *Caratube International Oil Company LLP v. The Republic of Kazakhstan*, ICSID Case No. ARB/08/12.

935 *Mesa Power Group, LLC v. Government of Canada,* UNCITRAL, PCA Case No. 2012–17.

936 Siehe zum Hintergrund des Rechtstreits oben § 5 C II 4.

concludes that it is not necessary for it to order Claimant to cease and desist from the US action. A party starting a Section 1782 procedure before the US courts does so and choses the time for such a petition at its own risk. But the existence of such a petition to domestic courts cannot interfere with the Tribunals maintenance of its authority over the arbitral procedure and with the timetable established with the consent of the parties. (...) Should Claimant, at a later stage of this arbitral procedure apply to admit any documents produced in the Section 1782 procedure, this Tribunal will have to decide on such an application having regard to its obligation to accord procedural fairness to the Parties and particularly to Respondent's right to object and to reply to such a document".[937]

Im April 2010 hatte Caratube das Rechtshilfeverfahren vor einem US-amerikanischen *District Court* eingeleitet.[938] Im August 2010 lehnt der *District Court* Caratube's Antrag mit der Begründung ab, das Investitionsschutzschiedsverfahren befinde sich bereits in einem fortgeschrittenen Stadium[939] und Caratube versuche, die Kompetenzen des Schiedsgerichts zu umgehen.[940] Zur Vorlage von 28 U.S.C. § 1782-Beweisen vor dem Schiedsgericht kommt es in diesem Rechtstreit mithin nicht.

II. Mesa Power Group v. Government of Canada

Im Rechtstreit zwischen Mesa und der kanadischen Regierung[941] enthält die dortige *Procedural order No. 3* vom 28. März 2013 die entscheidende Stelle zum Umgang mit 28 U.S.C. § 1782. Das *Mesa*-Schiedsgericht ordnet an:

"The principal submission of the Respondent is that the Tribunal should reject the Section 1782 documents, essentially because they have been procured without the authorization of the Tribunal through US court proceedings in which the Respondent was not involved. The Tribunal has sympathy with some of the Respondent's concerns, but is unable to agree with the position as it has articulated it here. (...) [T]he situation is different from the one in Caratube, where the claimant resorted to a Section 1782 application after the tribunal's constitution. (...) [T]he Tribunal does not believe that it should summarily reject – in advance of their filing – all the Section 1782 documents that the Claimant may one day submit, for the sole reason that they have been procured through court proceedings. Once the documents are before the Tribunal, the Respondent will be able to object to them on the basis of the IBA Rules on the Taking of Evidence or any other applicable rules of arbitral procedure. (...) Section 1782 documents that may currently be in the record cannot

---

937 *Caratube International Oil Company LLP v. The Republic of Kazakhstan,* ICSID Case No. ARB/08/12, Procedural Order No. 3, 26.05.2010, Rn. 2.6/2.7, veröffentlicht unter http://www.italaw.com/cases/211 (zuletzt abgerufen am 24.12.2015).

938 *In re application of Caratube International Oil Company,* 730 F.Supp.2d 101, 102; siehe oben § 5 C II 4.

939 Das Investitionsschutzverfahren zwischen Caratube und Kasachstan begann im Jahr 2008.

940 730 F.Supp.2d. 101, 108.

941 Siehe zum Hintergrund des Rechtstreits oben § 5 C I 7.

be struck in a wholesale exercise. (...) [T]he responsibility for identifying the Section 1782 evidence must lie with the Claimant. (...) [T]he Tribunal agrees with the Respondent's request that further efforts by the Claimant to obtain evidence on Section 1782 be pursued exclusively under the supervision of the Tribunal (...) if the Claimant wishes to initiate new proceedings for gathering evidence or to make new requests for further evidence in the existing proceedings, it shall seek the authorization of this Tribunal in advance".[942]

Mesa bekommt die beantragte Rechtshilfe in zwei 28 U.S.C. § 1782-Verfahren gegen seine Konkurrenten, Samsung C&T America[943] und Korea Electric Power Corporation[944] gewährt. Anders als das *Caratube*-Schiedsgerichte muss sich das *Mesa*-Schiedsgericht also tatsächlich mit Beweisen auseinandersetzten, die mittels 28 U.S.C. § 1782 erlangt wurden.

B. Beweisverfahrensherrschaft in internationalen Schiedsverfahren

Losgelöst von den zwei eben beschriebenen Fällen muss für den Umgang mit 28 U.S.C. § 1782 folgendes beachtet werden: Ausgangspunkt und Ursprung des Prozessrechtsverhältnisses der Parteien ist die Schiedsvereinbarung. Aus ihr folgt die Kompetenz des Schiedsgerichts, den Rechtsstreit der Partei zu entscheiden. Sie ist ebenfalls Ausgangspunkt für die Analyse des Umgangs mit 28 U.S.C. § 1782 in der Praxis. In Bezug auf das Beweisverfahren gibt die Schiedsvereinbarung in Verbindung mit den nach ihr anwendbaren Schiedsregeln den Rahmen der Beweisführung vor.

Es steht den Parteien eines Schiedsverfahrens grundsätzlich offen, die anwendbaren Beweisvorschriften zu wählen. Theoretisch können sie in der Schiedsvereinbarung detailliert regeln, wie die Beweisführung erfolgen soll. In der Praxis finden sich solche Abmachungen in einer Schiedsvereinbarung jedoch nicht. Die Parteien wählen die Beweisvorschriften regelmäßig unbewusst und indirekt durch die Wahl eines Schiedsortes, einer Schiedsorganisation oder eines anwendbaren Rechts. Es entspricht außerdem der Praxis, dass sich die Schiedsparteien zusammen mit dem Schiedsgericht zu Beginn des Schiedsverfahrens in einer *pre-hearing*-Konferenz[945] oder auch *Case management conference*[946] auf die Beweisführungsvorschriften einigen. Dabei besteht die Möglichkeit, die US-amerikanischen *Discovery*-Vorschriften ausdrücklich zu wählen. Haben die Parteien sich nicht ausdrücklich auf die *Discovery*-Vorschriften geeinigt, erscheint deren Anwendung vor dem Hintergrund

942 *Mesa Power Group, LLC v. Government of Canada*, UNCITRAL, PCA Case No. 2012–17, Procedural Order No. 3, 28.03.2013, Rn. 63–68, veröffentlicht unter http://www.italaw.com/sites/default/files/case-documents/italaw1388.pdf (zuletzt abgerufen am 24.12.2015).

943 *In re application of Mesa Power Group*, 2012 WL 6060941 (D. New Jersey 2012).

944 *In re application of Mesa Power Group*, 2013 WL 1890222 (D. New Jersey 2013).

945 *Meier*, SchiedsVZ 2009, 152.

946 Vgl. Art. 24 ICC-Schiedsgerichtsordnung 2012.

internationaler, schiedsrechtlicher Prinzipien fragwürdig. Ferner ist es ein Kernanliegen der internationalen Schiedsgerichtsbarkeit, dass die Streitbeilegung effektiv erfolgt. Es widerspricht dem Effektivitätsprinzip, wenn sich eine Partei ohne Vereinbarung mittels 28 U.S.C. § 1782 der US-amerikanischen *Discovery*-Vorschriften bedienen kann.

Die zentrale Stellung der Parteivereinbarung im internationalen Schiedsrecht ist also stets zu beachten.

Nichtsdestotrotz liegt die Herrschaft über die Beweisbeschaffung im Schiedsverfahren nach den meisten staatlichen Schiedsverfahrensvorschriften sowie privaten Schiedsordnungen beim Schiedsgericht.[947] Das gilt sogar für den US-amerikanischen Federal Arbitration Act[948] sowie die Vorschriften der American Arbitration Association,[949] obwohl vor staatlichen US-amerikanischen Gerichten den Parteien die Herrschaft über das *Discovery*-Verfahren zukommt. Doch verlieren Schiedsgerichte diese Stellung nun, wenn sie Beweise, die mittels 28 U.S.C. § 1782 erlangt wurden, zulassen?

C. Umgangskriterien für internationale Schiedsgerichte

Um die Antwort zur aufgeworfenen Frage vorwegzunehmen: Schiedsgerichte verlieren ihre Beweisverfahrensherrschaft nicht, wenn sie Beweise zulassen, die im Rechtshilfeverfahren nach 28 U.S.C. § 1782 erlangt wurden.[950]

Aus den *Procedural orders* in den Fällen *Caratube* und *Mesa* ergeben sich allgemeine Kriterien für internationale Schiedsgerichte zum Umgang mit 28 U.S.C. § 1782. Sofern sich Schiedsgerichte an diesen ausrichten, verlieren sie weder ihre Beweisverfahrensherrschaft noch riskieren sie die Vollstreckung ihres Schiedsspruchs.

I. Erlaubnisvorbehalt

Erstens stellen die *Caratube*- und *Mesa*-Schiedsgerichte einen Erlaubnisvorbehalt auf. Danach sind Schiedsparteien aus der Schiedsvereinbarung verpflichtet, das

---

947 Vgl. § 1042 Abs. 4 ZPO; Art. 25 ICC-Schiedsgerichtsordnung 2012.

948 Vgl. 9 U.S.C. § 7: „*The arbitrators (...) may summon in writing any person to attend before them or any of them as a witness and in a proper case to bring with them any book, record, document, or paper which my be deemed material as evidence in the case*“; *Born*, Int. Comm. Arb. (2014), 2326.

949 Vgl. die *Commercial Arbitration Rules and Mediation Procedures* der *American Arbitration Association* vom 01.10.2013, R-34 (Evidence): „ *(...) All evidence shall be taken in the presence of all of the arbitrators and all of the parties, (...). The arbitrator shall determine the admissibility, relevance, and materiality of the evidence offered and may exclude evidence deemed by the arbitrator to be cumulative or irrelevant*“.

950 Nach *Fellas*, 23 Arbitration International 379, 400 (2007) sei das Verhältnis von 28 U.S.C. § 1782 und der schiedrichterlichen Beweisverfahrensherrschaft zumindest problematisch.

Schiedsgericht um Erlaubnis zu fragen, wenn sie einen Rechtshilfeantrag stellen möchten. Für das *Caratube*-Schiedsgericht folgt der rechtliche Anknüpfungspunkt aus den im konkreten Fall anwendbaren IBA Rules of Evidence.[951] Die IBA Rules of Evidence sehen in Art. 3.9 einen solchen Erlaubnisvorbehalt vor.[952] Das *Mesa*-Schiedsgericht legt den Erlaubnisvorbehalt gar weiter aus und ordnet an, dass Rechtshilfeverfahren *„exclusively under the supervision of the Tribunal"* durchgeführt werden sollen.[953] Die Schiedspartei soll das Schiedsgericht stets über den aktuellen Stand des Rechtshilfeverfahren informieren, z.B. alle drei Monate oder bei wesentlichen Vorkommnissen im Rechtshilfeverfahren, bspw. einer Entscheidung des *District Courts.*[954]

Bei dem Erlaubnisvorbehalt handelt es sich um die in der Praxis wichtigste Voraussetzung zum Umgang mit 28 U.S.C. § 1782 in Schiedsverfahren. Denn wenn eine Schiedspartei die Erlaubnis des Schiedsgerichts einholt, bestehen keine Bedenken gegen das Rechtshilfeverfahren. Das Schiedsgericht wird erlangte Beweise verwerten.

II. Keine Beinflussung des Verfahrensablaufs

Zweitens haben Schiedsgerichte das Schiedsverfahren unabhängig von etwaigen Rechtshilfeanträgen einer Schiedspartei abzuhalten. Ein Rechtshilfeantrag darf keine Auswirkungen auf die Beweisverfahrensherrschaft des Schiedsgerichts sowie den mit den Parteien vereinbarten Verfahrensablauf (*Procedural timetable*) haben. Das *Caratube*-Schiedsgericht macht das deutlich, indem es sich weigert, Terminverschiebungen wegen dem Verfahren in den Vereinigten Staaten zuzulassen.[955] Vielmehr steht das Rechtshilfeverfahren gänzlich im Risikobereich der beantragenden Schiedspartei. Ein Schiedsgericht hat das Rechtshilfeverfahren zu ignorieren und voran zu schreiten, als gäbe es Letzteres gar nicht.

III. Rechtshilfeanträge vor Konstituierung des Schiedsgerichts

Drittens sind Beweise aus Rechtshilfeanträgen, die vor Konstituierung des Schiedsgerichts gestellt werden, aus Sicht der Schiedsgerichte unproblematisch zu berücksichtigen.[956] Denn in diesem Fall kann eine Schiedspartei zum einen keine Erlaubnis einholen, bevor sie den Rechtshilfeantrag stellt, denn es gibt niemanden, der es der Partei erlauben könnte. Zum anderen kann das Rechtshilfeverfahren unter Beweissicherungsgesichtspunkten hier praktisch für das Schiedsgericht von Nutzen sein.

---

951 Im konkreten Fall waren noch die IBA Rules of Evidence aus dem Jahr 1999 anwendbar; siehe auch unten § 9 G.

952 Siehe unten § 9 G.

953 PCA Case No. 2012–17, Procedural Order No. 3, 28.03.2013, Rn. 68.

954 PCA Case No. 2012–17, Procedural Order No. 3, 28.03.2013, Rn. 68.

955 ICSID Case No. ARB/08/12, Procedural Order No. 3, 26.05.2010, Rn. 2.4/2.6.

956 PCA Case No. 2012–17, Procedural Order No. 3, 28.03.2013, Rn. 64.

Es kann so der Gefahr entgegengewirkt werden, dass relevante Beweise bis zur Konstituierung des Schiedsgerichts verloren gehen.

Allerdings muss folgende aktuelle Rechtsentwicklung bezüglich dieser Schlussfolgerung aus dem *Mesa*-Schiedsverfahren beachtet werden: Das *Mesa*-Schiedsverfahren wird von dem Permanent Court of Arbitration (PCA) mit Sitz in Den Haag administriert. Die UNCITRAL Arbitration Rules von 1976 sind die anzuwendenden Schiedsregeln.[957] Weder nach den Regeln des PCA noch nach den UNCITRAL Arbitration Rules besteht die Möglichkeit, einen Eilschiedsrichter (*Emergency arbitrator*) einzuschalten. Hierbei handelt es sich um die insbesondere in der ICC-Schiedsordnung 2012 enthaltene Möglichkeit, für dringende Maßnahmen bereits vor Konstituierung des Schiedsgerichts schiedsrichterliche Hilfe im Wege des einstweiligen Rechtsschutzes zu erlangen.[958] Der Eilschiedsrichter wird in der Regel innerhalb von zwei Tagen ernannt.[959] Mit der Einführung des Instituts des Eilschiedsrichters soll das potentielle Vakuum gefüllt werden, „das durch das Fehlen von geeigneten Rechtsbehelfen im Zeitraum vor der Bildung des Schiedsgerichts besteht".[960] Der Schlussfolgerung des *Mesa*-Schiedsgerichts ist daher nur zu folgen, sofern die im konkreten Fall anwendbaren prozessualen Normen keine mit Art. 29 ICC-Schiedsgerichtsordnung 2012 vergleichbare Möglichkeit vorsehen.

IV. Einzelfallbetrachtung und Beweiskennzeichnung

Außerdem haben die Schiedsgerichte mittels 28 U.S.C. § 1782 gewonnene Beweise nicht kategorisch abzulehnen, sondern einzeln zu berücksichtigen.[961] Das ergibt sich aus folgender Formulierung des *Caratube*-Schiedsgerichts:

> *„Tribunal will have to decide on such an application having regard to its obligation to accord procedural fairness to the Parties and particularly to Respondent's right to object and to reply to such a document"*.[962]

Es weigert sich, die 28 U.S.C. § 1782-Beweise kategorisch abzulehnen. Dabei macht es insbesondere deutlich, dass die Begründung, die Beweise seien im Rechtshilfeverfahren erlangt worden, für eine Ablehnung nicht ausreicht.

Darüber hinaus ordnet das *Mesa*-Schiedsgericht an, alle Beweise aus dem Rechtshilfeverfahren als solche zu kennzeichnen. Mit dieser Offenlegungsanordnung will das Schiedsgericht sicherstellen, dass es auch tatsächlich über jeden Beweis einzeln

957 Das folgt aus der Wahl Mesa's auf Grund des materiell anwendbaren North America Free Trade Agreement (NAFTA), Art. 1120 (1)(c).

958 Siehe Art. 29 ICC-Schiedsgerichtsordnung 2012.

959 *Sessler/Voser*, SchiedsVZ 2012, 120, 126.

960 *Sessler/Voser*, SchiedsVZ 2012, 120, 126.

961 ICSID Case No. ARB/08/12, Procedural Order No. 3, 26.05.2010, Rn. 2.7; PCA Case No. 2012–17, Procedural Order No. 3, 28.03.2013, Rn. 65.

962 ICSID Case No. ARB/08/12, Procedural Order No. 3, 26.05.2010, Rn. 2.7.

entscheiden kann und die Rechte des Schiedsgegners geschützt werden.[963] Immerhin kann regelmäßig weder das Schiedsgericht noch der Gegner feststellen, welche Beweise mittels 28 U.S.C. § 1728 erlangt wurden. Es obliegt also dem Rechtshilfeantragsteller, dies später im Schiedsverfahren kenntlich zu machen.

V. Unterbindung des Rechtshilfeverfahrens

Ferner nimmt das *Caratube*-Schiedsgericht an, es hätte den Rechtshilfeantrag verbieten können. Es geht davon aus, mit einer „*Order to cease and desist*" an eine Schiedspartei, den Rechtshilfeantrag unterbinden zu können.

Das kann ein Schiedsgericht nicht, zumindest nicht mit der Wirkung, dass die Antragsbefugnis vor den US-amerikanischen Gerichten entfallen würde. Die Tatbestandsvoraussetzungen von 28 U.S.C. § 1782 prüfen US-amerikanische Gerichte selbständig und unabhängig. Sie entfallen nicht aufgrund der Anordnung eines Schiedsgerichts. Nur in Ausnahmefällen wird eine *Anti-suit injunction* oder ein sonstiges, strafbewährtes Verbot gegen die den Rechtshilfeantrag stellende Schiedspartei möglich sein. Grds. wird es Schiedsgerichten in einer solchen Konstellation an der erforderlichen Verbotskompetenz fehlen.[964] Wenn sich ein Rechtshilfeantrag in den Vereinigten Staaten nicht gegen den Schiedsgegner, sondern gegen einen am Schiedsverfahren unbeteiligten Dritten, wie in den meisten Fällen von 28 U.S.C. § 1782, richtet, dann kann das Schiedsgericht aus der Schiedsvereinbarung keine Kompetenz herleiten. Hierbei handelt es sich jedoch zugegebener Maßen um eine Frage, die in jedem Einzelfall zu beantworten ist.

VI. Keine Vollstreckungsgefährdung durch Ablehnung

Die Vollstreckung eines internationalen Schiedsspruchs richtet sich grds. nach der New York Convention. Nach dieser kann die Vollstreckung nur aufgrund der in Art. V abschließend genannten Gründe verweigert werden. Von diesen ist hier lediglich Art. V (1)(b)[965] relevant. Die Vorschrift betrifft die Verletzung rechtlichen Gehörs.[966] Jedoch muss ein Schiedsgericht nicht alle Beweise berücksichtigen, die eine Partei beibringen möchte.[967] Das muss auch für Beweise, die eine Partei über 28 U.S.C. § 1782 erlangt, gelten.[968] Die Praxis des *Caratube*- und des

---

963 PCA Case No. 2012–17, Procedural Order No. 3, 28.03.2013, Rn. 67.

964 Vgl. zum Thema *Anti-suit injunctions*: *Born*, Int. Com. Arb. (2014), 1290 ff.

965 Art. V (1)(b): *"The party against whom the award is invoked was not given proper notice of the appointment of the arbitrator or of the arbitration proceedings or was otherwise unable to present his case".*

966 Vgl. *Schlosser*, in: Stein/Jonas-ZPO, Anhang § 1061 Rn. 168 ff.

967 *Jana/Armer/Kranenberg*, in: Kronke/Nacimiento et. al., New York Convention, Art. V (1)(b), S. 247.

968 Ähnlich auch *Martinez-Fraga*, SchiedsVZ 2010, 85, 88 – der hier jedoch ein beachtliches Risiko sieht.

Mesa-Schiedsgerichts zeigt, dass auch die Schiedsgerichte hiervon ausgehen. Das gilt jedoch nur, solange ein Schiedsgericht die vorgelegten Beweise nicht kategorisch und willkürlich ablehnt, sondern sich im Rahmen seiner Ermessenserwägungen mit der Berücksichtigung der einzelnen Beweise auseinandersetzt. Hat eine Schiedspartei also mittels 28 U.S.C. § 1782 Beweise in den Vereinigten Staaten erlangt, so beeinträchtigt die Ablehnung des Schiedsgerichts dieser Beweise die Vollstreckung des Schiedsspruchs grds. nicht.

D. Zusammenfassung

Die US-amerikanische Rechtsprechung hat klar Stellung bezogen, dass sie das Rechtshilfeverfahren zur Unterstützung von Schiedsverfahren – wenn überhaupt – nur gegen am Schiedsverfahren unbeteiligte Dritte zulässt. Gegenüber Dritten besitzt ein internationales Schiedsgericht keine Anordnungskompetenz. Damit kann 28 U.S.C. § 1782 ein echter Gewinn für die internationale Schiedsgerichtsbarkeit sein. Jedoch ist der Umgang mit dem Rechtshilfeverfahren aus schiedsrechtlicher Sicht weitestgehend ungeklärt. Lediglich die zwei Entscheidungen in den Investitionsschutzschiedsverfahren zwischen Caratube und der Republik Kasachstan sowie Mesa und der kanadischen Regierung bieten Anhaltspunkte.

Danach sind internationale Schiedsgerichte im Umgang mit 28 U.S.C. § 1782-Anträgen und den ggf. erlangten Beweisen frei. Insbesondere behalten sie ihre Beweisverfahrensherrschaft, sofern sie vor einem Rechtshilfeantrag von der beweisbelasteten Schiedspartei um Erlaubnis gefragt wurden.[969] Ein Schiedsgericht sollte, wie von den Schiedsgerichten in *Caratube* und *Mesa* angedacht, verlangen, dass eine Partei seine Erlaubnis einholt, bevor sie sich an die US-amerikanischen Gerichte wendet. Tut die Partei das nicht, so sollte das Schiedsgericht die erlangten Beweise im Zweifel unberücksichtigt lassen. Wie gezeigt gefährdet dieses Vorgehen nicht die Vollstreckung des Schiedsspruchs im Rahmen der New York Convention. Vielmehr ist diese Lösung bereits im internationalen Schiedsrecht angelegt, wie sich aus den IBA Rules of Evidence ergibt.

Außerdem sollten international Schiedsgerichte den Schiedsverfahrensablauf nicht von einem Rechtshilfeantrag beeinflussen lassen, sondern das Rechtshilfeverfahren als gänzlich im Risikobereich des Antragsstellers betrachten. Bei Rechtshilfeanträgen, die bereits vor Konstituierung des Schiedsgerichts gestellt wurden, sollten die erlangten Beweise grundsätzlich berücksichtigt werden. Die Möglichkeit eines Schiedsgerichts, einer Schiedspartei den Rechtshilfeantrag zu verbieten, ist rechtlich nur in Ausnahmefällen gegeben.

Schießlich verlieren Schiedsgerichte ihre Herrschaft über das Beweisverfahren aber auch dann nicht, wenn sich eine Schiedspartei ohne Erlaubnis des Schiedsgerichts an die US-amerikanischen Gerichte wendet. Denn auch in diesem Fall bleibt es dem Schiedsgericht überlassen, ob es die ihm vorgelegten Beweise berücksichtigt.

---

969 Zum Erlaubnisvorbehalt unter den IBA Rules of Evidence siehe § 9 G.

Es bestehen insofern keine Unterschiede zwischen Beweisen, die eine Schiedspartei mittels 28 U.S.C. § 1782 erlangt hat und solchen, die sie im Vorfeld des Schiedsverfahrens anderweitig beigebracht hat. Nach Ansicht des Autors sollten die Beweise in diesem Fall jedoch unberücksichtigt bleiben, weil die Rechte des Schiedsgegners aus der Parteivereinbarung verletzt würden.

§ 9. Die Schlussfolgerungen für konkrete Schiedsrechtsregelungen

Es lassen sich folgende Schlussfolgerungen für die beispielhaft ausgewählten Schiedsrechtsregelungen ziehen:

A. ICC-Schiedsgerichtsordnung

I. Relevante Vorschriften

Die International Chamber of Commerce (ICC)-Schiedsgerichtsordnung 2012 behandelt das Thema der Beweisbeschaffung in Art. 25. Danach stellt das Schiedsgericht den Sachverhalt in möglichst kurzer Zeit mit allen geeigneten Mitteln fest. Eine mündliche Verhandlung findet erst nach einer Prüfung der Dokumente, auf die die Parteien Bezug genommen haben, statt.[970] Ferner ist die obligatorische Verfahrensmanagementkonferenz in Art. 24 relevant. Diese im Jahr 2012 neu eingefügte Vorschrift soll in besonderem Maße die Effizienz von Schiedsverfahren fördern.[971] Darüber hinaus sind schließlich Art. 28 und 29 zu beachten. Nach Art. 28 besitzt das Schiedsgericht die Kompetenz, Sicherungsmaßnahmen zu treffen.[972] Für den Fall, dass diese besonders dringlich sind, ermöglicht Art. 29 die Bestellung eines Eilschiedsrichters.

II. Bewertung in Bezug auf 28 U.S.C. § 1782

In Bezug auf 28 U.S.C. § 1782 ist zunächst zu berücksichtigen, dass insbesondere Art. 25 dem Schiedsgericht weitgehende Befugnisse zur Sachverhaltsermittlung einräumt. Die ICC-Schiedsgerichtsordnung folgt dem Untersuchungsgrundsatz und sieht eine aktive Schiedsrichterrolle vor.[973] Nach Art. 25 (5) kann das Schiedsgericht in jedem Stadium des Schiedsverfahrens jede Partei auffordern, zusätzliche Beweise beizubringen. Von Art. 25 (5) wird im Zweifel auch das US-amerikanische *Discovery*-Verfahren erfasst.[974] Wenn das Schiedsgericht es als angebracht ansieht, kann es sich

---

970 Art. 25 (2) ICC-Schiedsgerichtsordnung 2012.

971 Vgl. *Sessler/Voser*, SchiedsVZ 2012, 120, 122.

972 *Bassiri*, in: Nedden/Herzberg, ICC-SchO/DIS-SchO Praxiskommentar, Art. 28 ICC-SchO Rn. 1.

973 *Reiner/Jahnel*, in: Schütze, Institutionelle Schiedsgerichtsbarkeit, ICC-Schiedsgerichtsordnung, Art. 20 Rn 1. Die Kommentierung betrifft noch die alte ICC-Schiedgerichtsordnung von 1998. Art. 20 ICC-Schiedsgerichtsordnung 1998 entspricht im Wesentlichen Art. 25 ICC-Schiedsgerichtsordnung 2012.

974 *Reiner/Jahnel*, in: Schütze, Institutionelle Schiedsgerichtsbarkeit, ICC-Schiedsgerichtsordnung, Art. 20 Rn. 11; *Haller/Stumpe*, in: Nedden/Herzberg, ICC-SchO/DIS-SchO Praxiskommentar, Art. 25 ICC-SchO Rn. 37.

in die passive Rolle zurückziehen und den Parteien den Ablauf des Beweisverfahrens überlassen. Daraus lässt sich zunächst schließen, dass ein Rechtshilfeverfahren nach 28 U.S.C. § 1782 der ICC-Schiedsgerichtsordnung nicht per se widerspricht. Die ICC-Schiedsgerichtsordnung lässt auch dieses Verfahren zu. Jedoch sollte dabei stets die im Ausgangspunkt starke Stellung des Schiedsgerichts berücksichtigt werden. Aus der ICC-Schiedsgerichtsordnung insgesamt folgt, dass ein ICC-Schiedsgericht höchstwahrscheinlich nur solche Beweise berücksichtigen wird, die nicht gegen oder ohne seine Erlaubnis erlangt wurden.

Ferner kann die Verfahrensmanagementkonferenz im Sinne des Art. 24 frühzeitig dazu genutzt werden, die Möglichkeit eines Rechtshilfeverfahrens mit dem Schiedsgericht abzustimmen.[975] Dieser Umstand – sofern er von den US-amerikanischen Gerichten erkannt wird – spricht wiederum dafür, dass das Rechtshilfeverfahren nur mit Erlaubnis des Schiedsgerichts zugelassen werden sollte. Das folgt auch aus den Eilvorschriften in Art. 28 und 29. Einerseits werden US-amerikanische Gerichte bei der Entscheidung über einen Rechtshilfeantrag in Rahmen ihres Ermessens berücksichtigen, ob eine Schiedspartei die Beweise auch mit Hilfe des Schiedsgerichts hätte erlangen können (Stichwort: Beweisbeschaffungsgrenzen). Andererseits wird ein ICC-Schiedsgericht seine Beweisherrschaftsrolle derart interpretieren, dass es Beweise, die gegen oder ohne seine Erlaubnis erlangt wurden, reserviert gegenüber steht.

Sofern eine Schiedspartei eines ICC-Schiedsverfahrens einen Rechtshilfeantrag nach 28 U.S.C. § 1782 stellen möchte, sollte sie demnach folgendes berücksichtigen: Die Entscheidungen *NBC v. Bear Stearns*[976], *Babcock Borsig*[977] und *Operadora*[978] betreffen allesamt ICC-Schiedsgerichte. Insbesondere nach der *NBC*-Entscheidung des *Second Circuits* werden Gerichte in dessen Zuständigkeitsbereich einen Rechtshilfeantrag ablehnen. *Babcock Borsig* und *Operadora* kommen zu unterschiedlichen Ergebnissen, sodass sie für die jeweils vertretene Position heranzuziehen sind. Außerdem sollte dem zuständigen *District Judge* die Erlaubnis des ICC-Schiedsgerichts bzw. des Eilschiedsrichters deutlich gemacht werden. Sofern keine Erlaubnis vorliegt, sollte insbesondere mit Art. 25 (2) argumentiert werden: Das Schiedsgericht hat die Pflicht, alle von einer Partei vorgelegten Dokumente zu berücksichtigen und ist deswegen nicht in der Lage, die über 28 U.S.C. § 1782 erlangten Beweise auszuschließen. Ob dies – vor allem im Hinblick auf die eigentlich starke Stellung eines ICC-Schiedsrichters – einen *District Judge* letztlich überzeugt, hängt zu großen Teilen von den weiteren Umständen des Einzelfalls und den Fähigkeiten des Prozessanwalts ab.

975 Vgl. *Herzberg*, in: Nedden/Herzberg, ICC-SchO/DIS-SchO Praxiskommentar, Art. 24 ICC-SchO Rn. 2.

976 *National Broadcasting Company v. Bear Stearns*, 165 F.3d 184 (2nd Cir. 1999).

977 *In re application of Babcock Borsig AG*, 583 F.Supp.2d 233 (D.Mass. 2008).

978 *In re application of Operadora DB Mexico*, 2009 U.S. Dist. LEXIS 68091, 3.

B. DIS-Regeln

I. Relevante Vorschriften

Ähnlich stellt sich die Situation in Bezug auf die Schiedsgerichtsordnung der Deutschen Institution für Schiedsgerichtsbarkeit (DIS) von 1998 dar. Nach § 24 bestimmt das Schiedsgericht das Verfahren nach freiem Ermessen. Es hat darauf hinzuwirken, dass sich die Parteien zu allen erheblichen Tatsachen vollständig erklären.[979] § 26 verlangt dabei, dass die Parteien gleich zu behandeln sind.[980] Daneben erlaubt die Vorschrift, dass Parteien schriftliche Beweismittel in das Schiedsverfahren einführen, solange die andere Partei Kenntnis von diesen erhält.[981] Außerdem legt § 27 fest, dass das Schiedsgericht den zugrunde liegenden Sachverhalt zu ermitteln hat. Das erfolgt nach Ermessen des Schiedsgerichts durch Anordnungen, etwa zur Vorlage von Urkunden.[982] § 20 gibt dem Schiedsgericht die Möglichkeit, im einstweiligen Rechtsschutz tätig zu werden. Die Vorschrift erfasst grds. alle Maßnahmen des einstweiligen Rechtsschutzes, die von den staatlichen Gerichten getroffen werden können.[983] Sie ist jedoch keine Eilschiedsrichtervorschrift. Darüber hinaus ist § 35 als Kostentragungsvorschrift zu beachten. Aus der DIS Regelung lassen sich gewisse Rückschlüsse bezüglich der etwaigen Kostentragung eines Rechtshilfeantrags ziehen. Schließlich sollte auch die Vertraulichkeitsvorschrift aus § 43 berücksichtigt werden, wenn ein Rechtshilfeantrag in Betracht gezogen wird. Diese könnte verletzt werden, weil das Schiedsverfahren durch das US-amerikanische Rechtshilfeverfahren öffentlich wird.

II. Bewertung in Bezug auf 28 U.S.C. § 1782

Nach den DIS-Regeln gilt für das Schiedsgericht ein beschränkter Untersuchungsgrundsatz.[984] Im Vergleich zur ICC-Schiedsgerichtsordnung 2012 hat ein DIS-Schiedsrichter daher in Bezug auf das Beweisverfahren eine schwächere Stellung. Nach der ICC-Schiedsgerichtsordnung 2012 gilt der Untersuchungsgrundsatz grds. unbeschränkt. Zwar ist diese Schwächung nur graduell, in Bezug auf 28 U.S.C. § 1782 ergeben sich aus ihr jedoch bessere Erfolgschancen für ein Rechtshilfeverfahren. Auch hier ist es am erfolgversprechendsten, dem US-amerikanischen Richter eine Erlaubnis des Schiedsgericht vorzulegen. Für den eilbedürftigen Fall, dass das DIS-Schiedsgericht noch nicht konstituiert ist, hat ein Rechtshilfeantrag nach

979 § 24.2 DIS-Regeln.

980 *Risse*, in: Böckstiegel/Kröll/Nacimiento, § 26 DIS Rules Rn. 2.

981 § 26.2 DIS-Regeln.

982 *Risse*, in: Böckstiegel/Kröll/Nacimiento, § 27 DIS Rules Rn. 2.

983 *Theune*, in: Schütze, Institutionelle Schiedsgerichtsbarkeit, DIS-Schiedsgerichtsordnung, § 20 Rn. 1.

984 *Theune*, in: Schütze, Institutionelle Schiedsgerichtsbarkeit, DIS-Schiedsgerichtsordnung, § 27 Rn. 1.

28 U.S.C. § 1782 gute Erfolgsaussichten. Anders als die ICC-Schiedsgerichtsordnung 2012 sehen die DIS-Regeln nämlich keinen Eilschiedsrichter vor. Diesen Umstand werden *District Courts* zu Gunsten eines Rechtshilfeantrags berücksichtigen.

Allerdings sollte eine Partei, die ein Rechtshilfeverfahren ohne Erlaubnis des Schiedsgerichts in Betracht zieht, § 43 beachten. Nach dieser Vertraulichkeitsvorschrift haben die Verfahrensbeteiligten gegenüber außenstehenden Dritten grundsätzlich Verschwiegenheit zu wahren.[985] Ganz allgemein betrachtet besteht die Gefahr, dass eine Partei diese Verschwiegenheitspflicht bricht, wenn sie sich an einen US-amerikanischen *District Court* wendet. Das kann Sanktionen des Schiedsgerichts nach sich ziehen. So kann das Schiedsgericht die Beweise, die unter Verletzung von § 43 erlangt wurden, ignorieren oder ggf. auch dem Schiedsgegner Schadensersatz zusprechen. Dass ein *District Court* einen Rechtshilfeantrag ablehnt, weil eine Verschwiegenheitspflicht aus dem Schiedsverfahren gebrochen wurde, hat es in der Rechtsprechung bislang nicht gegeben.[986]

Soweit ersichtlich, gibt es erst ein US-amerikanisches Verfahren, bei dem das zu unterstützende Schiedsverfahren nach den DIS-Regeln geführt wird. Im Rechtsstreit zwischen *GEA Group AG v. Flex-N-Gate Corp.*[987] befasst sich der bekannte *Judge Posner*[988] zumindest am Rande mit dem Rechtshilfeverfahren. Darin führt *Judge Posner* aus,

> *"the German panel conducting the arbitration between GEA and Flex-N-Gate* [ein DIS Schiedsgericht] *might be considered such a tribunal. See Consorcio Ecuatoriano de Telecomunicaciones S.A. v. JAS Forwarding (USA), Inc., 685 F.3d 987, 997–98 (11th Cir. 2012). (Or might not—the applicability of section 1782 to evidence sought for use in a foreign arbitration proceeding is uncertain)".*[989] Beachtenswert ist, dass die *Consorcio*-Entscheidung, auf die sich *Judge Posner* bezieht, am Tag der Veröffentlichung seiner Entscheidung durch die zweite *Consorcio*-Entscheidung aufgehoben wird. Das mindert den Wert seiner Aussage – *„the German panel conducting the arbitration between GEA*

---

985 *Bredow/Mulder,* Böckstiegel/Kröll/Nacimiento, § 43 DIS Rules Rn. 2; *Theune,* in: Schütze, Institutionelle Schiedsgerichtsbarkeit, DIS-Schiedsgerichtsordnung, § 43 Rn. 1.

986 Keines der oben dargestellten Ermessenskriterien (siehe § 7) berücksichtigt die Verletzung einer Verschwiegenheitspflicht. Zwar kann die Verschwiegenheitsverletzung in verschiedene Ermessenskriterien hineininterpretiert werden, insbesondere das Kriterium der Umgehung anwendbarer Beweisbeschaffungsgrenzen. Jedoch wenden die US-amerikanischen Gerichte die Ermessenskriterien des *Supreme Courts* – wie oben dargestellt – eher statisch an, genau wie vom *Supreme Court* vorgegeben.

987 *GEA Group AG v. Flex-N-Gate Corp.,* No. 13–2135 (7th Cir., 10 Jan. 2014). Hierbei handelt es sich um einen Teilrechtsstreit des Verfahrens, das auch in Deutschland vor dem BGH und OLG Frankfurt am Main stattgefunden hat.

988 *Richard Posner* ist insbesondere als Vertreter des US-amerikanischen Law and Economics-Ansatzes bekannt.

989 *GEA Group AG v. Flex-N-Gate Corp.,* No. 13–2135, (7th Cir., 10 Jan. 2014).

and Flex-N-Gate might be considered such a tribunal" – erheblich.[990] Des Weiteren führt *Judge Posner* aus, *„that the parties to a German arbitration may not disclose evidence presented in the arbitration. DIS-Arbitration Rules, supra, § 43.1. That may be a good rule or a bad rule, but it is a rule that the United States courts should respect as a matter of comity, see, e.g. United States v, Kashamu, 656 F.3d 679, 683 (7th Cir. 2011) – the respect that independent sovereigns owe one another – and also because "we [Americans] are not so provincial as to say that every solution of a problem is wrong because we deal with it otherwise at home"".*[991]

Damit deutet *Judge Posner* an, dass der Bruch einer Verschwiegenheitsverpflichtung auf Ermessensebene zu berücksichtigen sein kann.[992]

Schließlich sollte vor einem Rechtshilfeantrag in den Vereinigten Staaten auch die Kostentragungsvorschrift des § 35 berücksichtigt werden. Nach § 35.2 hat grundsätzlich die unterliegende Partei die Kosten des schiedsgerichtlichen Verfahrens zu tragen. Das entspricht den Kostengrundsätzen des deutschen Prozessrechts.[993] § 35.1 gibt jedoch dem Schiedsgericht die Möglichkeit, nach pflichtgebundenem Ermessen über die Kostentragung auch anderweitig zu entscheiden. Seine Ermessensentscheidung hat das Schiedsgericht zu begründen.[994] In den Geltungsbereich der Vorschrift fallen auch solche Kosten, die den Parteien z.B. durch die anwaltliche Vertretung erwachsen und zur zweckentsprechenden Rechtsverfolgung notwendig sind.[995] Wenn eine Partei ein Schiedsverfahren aufgrund von Beweisen gewinnt, die sie mittels 28 U.S.C. § 1782 erlangt hat, läge es nahe, die Rechtshilfekosten als „notwendige Kosten" anzusehen. Allerdings sollte der Begriff „notwendig" in § 35.1 restriktiv verstanden werden. Andere Verfahrensordnungen verwenden den extensiveren Begriff der „angemessenen Kosten".[996] Außerdem sollte die deutsche Rechtslage im Anwendungsbereich der Kostenvorschriften der ZPO nicht außer Acht gelassen werden.[997] Die Rechtsprechung zu §§ 91 ff ZPO hat die Erstattungsfähigkeit von

---

990 Sowohl die Entscheidung *GEA Group AG v. Flex-N-Gate Corp,* als auch die zweite *Consorcio*-Entscheidung sind vom 10. Januar 2014. Zu den *Consorcio*-Entscheidung siehe oben § 5 IV.

991 *GEA Group AG v. Flex-N-Gate Corp.,* No. 13–2135, (7th Cir., 10 Jan. 2014).

992 Kritisch anzumerken ist jedoch, dass *Judge Posner* den DIS-Regeln erkennbar eine falsche Bedeutung in der Rechtshierarchie beimisst. Er geht davon aus, dass die DIS-Regeln nationales, deutsches Recht seien und vom deutschen Gesetztgeber stammen. Andernfalls greift seine *Comity*-Argumentation nicht. Bei den DIS-Regeln handelt es sich jedoch um die Schiedsgerichtsordnung der Deutschen Institution für Schiedsgerichtsbarkeit, einem eingetragenen Verein mit Sitz in Berlin (http://www.dis-arb.de/de/57/content/ueber-die-dis-id46; zuletzt abgerufen am 24.12.2015).

993 §§ 91 ff ZPO.

994 *Lachmann*, Schiedsgerichtspraxis, Rn. 3488.

995 § 35.1 DIS-Regeln.

996 *Lachmann*, Schiedsgerichtspraxis, Rn. 3485.

997 Siehe hierzu ausführlich: *Rollin*, Ausländische Beweisverfahren, 101–107.

Kosten ausländischer Beweisverfahren bislang abgelehnt.[998] Hiergegen wendet sich jedoch die Literatur.[999] Die Rechtsprechungskriterien zur Erstattungsfähigkeit einzelner Kosten im Rahmen der §§ 91 ff ZPO seien auf ausländische Beweisverfahren übertragbar, denn es komme – „wie auch im deutschen Beweisverfahren – nur darauf an, ob das Beweisverfahren zum Zeitpunkt seiner Beantragung geeignet erschien, entscheidungserhebliche und im deutschen Prozess verwertbare Beweise zu erlangen".[1000] In diese Richtung scheint auch eine neuere Entscheidung des OLG München zu gehen.[1001] Darin erkennt das Gericht an, dass das französische Verfahren der *ordonnance de référé* gemäß Art. 145, 872 Code de Procédure Civile funktional dem selbständigen Beweisverfahren der ZPO entspreche. Über die Kosten des französischen Beweisverfahrens hatte das OLG München jedoch nicht zu entscheiden.

Im Ergebnis bedeutet dies: eine Partei, die selbstständig Rechtshilfe in den Vereinigten Staaten in Anspruch nimmt, muss die dort entstehenden Kosten zunächst selbst aufbringen. Eine anschließende Erstattung im Schiedsverfahren ist zwar grundsätzlich möglich, hängt jedoch von mehreren Faktoren ab: Die Partei muss das Schiedsverfahren gewinnen und das Schiedsgericht die Kosten als „notwendige Kosten" einordnen. Das wird ein Schiedsgericht am ehesten tun, wenn die Partei vor dem Rechtshilfeantrag die Erlaubnis des Schiedsgerichts eingeholt hat.

C. LCIA-Regeln

I. Relevante Vorschriften

Die relevanten Vorschriften in den Regeln des London Court of International Arbitration (LCIA)[1002] sind insbesondere Art. 14 und Art. 22. Dabei betont Art. 14 die in diesen Regeln besonders stark verankerte Parteiautonomie. Die LCIA gilt als eine „minimalistische Schiedsinstitution", die den Parteien eine weitgehende Autonomie hinsichtlich des Verfahrens einräumt.[1003] Art. 22 ist sodann die Zentralvorschrift der

---

998 OLG Köln NJW 1983, 2779; OLG Hamburg IPRax 2000, 530; LG Frankfurt a.M. BeckRS 2013, 11401.

999 *Rollin*, Ausländische Beweisverfahren, 105 f.

1000 *Rollin*, Ausländische Beweisverfahren, 105; zitiert: *Stürner*, IPrax 1984, 299, 301.

1001 OLG München, Beschluss vom 19.02.2014 – 15 W 912/13, BeckRS 2014, 07253.

1002 Die LCIA-Regeln von 1998 wurden durch neue, überarbeitete Schiedsregeln zum 01.10.2014 ersetzt. Auch die nachfolgend behandelten Art. 14 und 22 sind geändert worden. Allerdings betreffen diese Änderungen im Wesentlichen den Wortlaut und zumindest nicht die hier behandelten inhaltlichen Regelungen. Insofern stimmen die LCIA-Regeln von 2014 mit denen von 1998 überein. Vgl. zu den Änderungen *Scherpf/Majumdar*, SchiedsVZ 2014, 227.

1003 *Konrad/Hunter*, in: Schütze, Institutionelle Schiedsgerichtsbarkeit, LCIA-Schiedsregeln, Einleitung Rn. 64.

Schiedsordnung.[1004] Sie stellt einen Katalog an Befugnissen des Schiedsgerichts auf, der vergleichbar in keiner anderen Schiedsordnungen zu finden ist.[1005] Außerdem sehen die LCIA-Regeln in Art. 9B – wie auch die ICC-Schiedsgerichtsordnung 2012 – einen Eilschiedsrichter vor.[1006]

II. Bewertung in Bezug auf 28 U.S.C. § 1782

Die Ausgangssituation bei einem Schiedsverfahren nach den LCIA-Regeln stellt sich gänzlich anders als nach den Regeln der ICC oder der DIS dar. Grund hierfür ist die besondere Hervorhebung der Parteiautonomie. Daraus lässt sich schließen, dass bei einem LCIA-Schiedsgericht die Einholung einer einfachen Erlaubnis zur Durchführung des Verfahrens nach 28 U.S.C. § 1782 nicht genügt. Vielmehr ist zusätzlich die ausdrückliche Zustimmung des Schiedsgegners erforderlich. Das folgt auch aus Art. 22.2. Dieser legt fest:

> *„Haben die Parteien ein Schiedsgerichtsverfahren nach dieser Schiedsordnung vereinbart, gilt dies als Vereinbarung, keine Verfügung, die das Schiedsgericht gemäß Art. 22.1 erlassen kann, bei einem staatlichen Gericht oder einer anderen zur Entscheidung befugten Behörden zu beantragen, es sei denn, alle Parteien haben dem schriftlich zugestimmt.“*[1007]

Art. 22.1 (iii)-(vi) betreffen im weitesten Sinne das Beweisverfahren.[1008] Nach Art. 22.2 ist also Ausgangspunkt die Parteivereinbarung, sich in Bezug auf das Beweisverfahren nicht an ein staatliches Gericht zu wenden. In dieser Deutlichkeit sind die LCIA-Regeln einmalig. Schlussfolgernd ergibt sich daraus folgendes:[1009]

1004 *Konrad/Hunter*, in: Schütze, Institutionelle Schiedsgerichtsbarkeit, LCIA-Schiedsregeln, Art. 22 Rn. 1.

1005 Vgl. *Turner/Mohtashami*, Guide to the LCIA Arbitration Rules, Art. 22.1 Rn. 6.04 (der diese Aussage zumindest für die ICC-SchiedsO trifft).

1006 *Konrad/Hunter*, in: Schütze, Institutionelle Schiedsgerichtsbarkeit, LCIA-Schiedsregeln, Art. 9 Rn. 3 (zu Art. 9 LCIA-Reglen 1998).

1007 Hierbei handelt es sich um die offizielle Übersetzung der LCIA-Regeln von 1998. In der Fassung von 2014 hat sich im englischen Orginal ein einziges Wort geändert. In der Fassung von 1998 lautet die entsprechende Passage: „*... not to apply to any state court or other judicial authority ...*“. In der Fassung von 2014 lautet die selbe Passage: „ *... not to apply to any state court or other legal authority ...*“. Die LCIA-Regeln von 2014 sind an dieser Stelle damit weiter gefasst als die Regeln von 1998.

1008 *Konrad/Hunter*, in: Schütze, Institutionelle Schiedsgerichtsbarkeit, LCIA-Schiedsregeln, Art. 22 Rn. 5–8 (zu Art. 22.2 lit. c-f LCIA-Regeln 1998).

1009 Eine andere Schlussfolgerung legt das Urteil *In re application of Pinchuk*, US District Court for the Southern District of Florida Miami Division, Case No. 13–22857-MC-GOODMAN, 30 September 2013, nahe. Das Urteil ist jedoch aus drei Gründen nicht überzeugend: Erstens stützt es sich unbegründet auf die *Winning*-Enstcheidng, um ein LCIA-Schiedsgericht als *tribunal* anzuerkennen. Es stellt fest: *„London arbitration tribunal constitutes a proceeding before a foreign tribunal within the meaning of § 1782“*. Dabei übersieht das *Pinchuk*-Urteil, dass es sich in *Winning*

Die Erfolgsaussichten eines Rechtshilfeverfahrens nach 28 U.S.C. § 1782 bei Anwendbarkeit der LCIA-Regeln ohne ausdrückliche, schriftliche Zustimmung des Schiedsgegners sind aus zwei Gründen gering: Zum einen kann ein geschickter Antragsgegner im Rechtshilfeverfahren vor dem US-amerikanischen Gericht mit den Besonderheiten der LCIA-Regeln argumentieren, um eine *Discovery* zu verhindern. Zum anderen werden LCIA-Schiedsgerichte keine Beweise berücksichtigen, die mittels 28 U.S.C. § 1782 erlangt wurden.

D. CIETAC-Schiedsgerichtsordnung

I. Relevante Vorschriften

Die Schiedsordnung der China International Economic and Trade Arbitration Commission (CIETAC) behandelt das Beweisverfahren in verschiedenen Vorschriften. Zunächst regelt Art. 39 die Beweiserhebung. Danach müssen die Parteien ihre Beweismittel innerhalb einer durch das Schiedsgericht gesetzten Frist vorlegen. Art. 41 erlaubt es dem Schiedsgericht, von Amts wegen Tatsachen zu untersuchen und Beweise zu sammeln, wenn es dies für nötig erachtet. Weiterhin enthält Art. 40.2 eine besondere Vorschrift zur Prüfung von gegnerischen Beweismitteln. Schließlich ist in Art. 21 die Beweissicherung geregelt.

II. Bewertung in Bezug auf 28 U.S.C. § 1782

Die größte Unsicherheit eines Rechtshilfeantrags nach 28 U.S.C. § 1782 zur Unterstützung eines CIETAC-Schiedsverfahrens stammt nicht aus der CIETAC-Schiedsordnung selbst, sondern aus dem politischen und globalen Umfeld. Bei der CIETAC handelt es sich um die zentrale Schiedsorganisation in China. Aufgrund der gegenwärtigen politischen Realitäten kann nicht davon ausgegangen werden, dass die CIETAC gänzlich unpolitisch auftritt.[1010] Die Welt befindet sich derzeit in einer Phase, in der die Vereinigten Staaten und China um eine Vormachtstellung ringen. Diesem politischen Spannungsverhältnis ist auch die CIETAC ausgesetzt. Für die CIETAC ist insbesondere das Verhältnis zu US-amerikanischen Gerichten schwierig, weil sie als Schiedsorganisation gerade hier in Berühung mit dem politischen Konflikt kommt. Außerdem ist bei einem CIETAC-Schiedsverfahren stets die chinesische Rechtskultur zu berücksichtigen. Nach dieser sind Verhandlungen und

---

um ein LMMA-Schiedsgericht handelt und dieses von einem LCIA-Schiedsgericht zwingend zu unterscheiden ist. Zweitens stützt sich das *Pinchuk*-Urteil auf die mittlerweile aufgehobene *Consorcio*-Enscheidung aus dem Jahr 2012. Drittens geht der *District Court* auf die LCIA-Regeln gar nicht ein, sondern stützt sich ohne nähere Begründung auf die Aussage von *Pinchuk's* Anwalt, dass das LCIA-Schiedsgericht die Beweise schon berücksichtigen werde.

1010 Diese Aussage ist sicherlich nicht nur auf die CIETAC beschränkt, sondern lässt sich so auch für viele anderen Schiedsorganisationen treffen.

Streitschlichtungsversuche ein wesentlicher Teil des Streitbeilegungsprozesses.[1011] Ein einseitiger Rechtshilfeantrag ohne vorherige Erlaubnis des Schiedsgerichts bzw. des Schiedsgegners widerspricht dieser Schlichtungskultur. Vor diesem Hintergrund ist ein Rechtshilfeantrag nach 28 U.S.C. § 1782 in der Praxis wenig aussichtsreich.

Bei einer theoretischen Betrachtung der CIETAC-Schiedsordnung ergeben sich allerdings Erfolgschancen vergleichbar mit einem ICC- oder DIS-Schiedsverfahren. Art. 39 ist weit genug gefasst, Beweise aus einem Rechtshilfeverfahren zuzulassen. Ferner folgt aus Art. 41, dass das Schiedsgericht – anders als ein LCIA-Schiedsgericht – weitreichende Befugnisse im Beweisverfahren hat. Wenn das Schiedsgericht sogar von Amts wegen Beweise sammeln kann, kann es erst recht einer Partei die Erlaubnis erteilen, Beweise mittels des Rechtshilfeverfahrens beizubringen.

Gegen die Anwendbarkeit von 28 U.S.C. § 1782 in einem CIETAC-Schiedsverfahren spricht jedoch Art. 21. Danach legt das Schiedsgericht den Beweissicherungsantrag einer Partei der Schiedskommission vor, die den Antrag wiederum an das zuständige Gericht am Belegenheitsort des Beweismittels weiterleitet. Die Schiedskommission ist das oberste Organ der CIETAC.[1012] In seiner aktuellen Fassung ist Art. 21 nur anwendbar, wenn die einstweiligen Maßnahmen nach chinesischem Recht ergehen. Diese Vorgehensweise ähnelt dem allgemeinen Ablauf der internationalen Rechtshilfe vor staatlichen Gerichten. Ein staatliches Gericht leitet einen Rechtshilfeantrag – im Anwendungsbereich des Haager Übereinkommens über die Beweisaufnahme im Ausland in Zivil- und Handelssachen (HBÜ) – an eine zentrale Stelle weiter, die diesen wiederum an das zuständige ausländische Gericht schickt. Die CIETAC-Schiedsordnung kennt mit Art. 21 mithin eine Vorschrift zur Gewährung internationaler Rechtshilfe. Es erscheint unwahrscheinlich, dass ein CIETAC-Schiedsgericht daneben den alternativen Weg über 28 U.S.C. § 1782 zulassen würde.

Das gilt jedoch nur mit einer Einschränkung: Die CIETAC-Schiedsordnung sieht keine einstweiligen Maßnahmen vor Konstituierung des Schiedsgerichts vor. Solche sind in der Praxis in China auch nicht zu erlangen.[1013] Daraus lässt sich folgern, dass vor Konstituierung des CIETAC-Schiedsgerichts ein Rechtshilfeverfahren nach 28 U.S.C. § 1782 möglich ist. Gegen die umgekehrte Schlussfolgerung, dass die CIETAC-Schiedsordnung einstweilige Maßnahmen vor Konstituierung des Schiedsgerichts bewusst ausschließen will, spricht folgende Überlegung: zwar sieht das chinesische Recht einstweilige Maßnahmen vor Konstituierung des Schiedsgerichts generell nicht vor. Eine Ausnahme besteht im chinesischen Recht jedoch im Bereich des Seerechts. Dort sind auch einstweilige Maßnahmen vor Konstituierung

---

1011 *Stricker-Keller/Moses*, in: Schütze, Institutionelle Schiedsgerichtsbarkeit, CIETAC-SchO, Einleitung Rn. 1.

1012 *Stricker-Keller/Moses*, in: Schütze, Institutionelle Schiedsgerichtsbarkeit, CIETAC-SchO, Einleitung Rn. 23.

1013 *Darwazeh/Moser*, in: Moser, Managing Business Disputes in Today's China, Kapitel 4, S. 79; *Stricker-Keller/Moses*, in: Schütze, Institutionelle Schiedsgerichtsbarkeit, CIETAC-SchO, Art. 18 Rn. 2.

des Schiedsgerichts möglich.[1014] Das chinesische Recht lehnt solche Maßnahme mithin nicht kategorisch ab. Folglich sollte nicht der Schluss gezogen werden, dass einstweilige Maßnahmen vor Konstituierung des Schiedsgerichts bewusst ausgeschlossen wurden. Die US-amerikanischen Gerichte werden den Rechtshilfeantrag im Zweifel zulassen, weil keine ausländischen Beweisverfahrensregeln umgangen werden. Außerdem erscheint die Unterstützung der US-amerikanischen Gerichte in dieser Konstellation angebracht, weil keine Unterstützung chinesischer Gerichte möglich ist. Das CIETAC-Schiedsgericht wird diese Beweise im Zweifel nach Art. 39 CIETAC-Schiedsordnung zulassen, weil sie vor Begründung der Zuständigkeit der CIETAC erlangt wurden.

E. UNCITRAL Arbitration Rules

I. Relevante Vorschriften

Die Schiedsgerichtsordnung der United Nations Commission for International Trade Law (UNCITRAL) stammt von 1976 und wurde 2010 komplett überarbeitet. Dadurch wurde insbesodere der Grundsatz der Flexibiltät in Schiedsverfahren gestärkt.[1015] Eine Besonderheit der UNCITRAL Arbitration Rules ist ihre häufige Verwendung in *ad hoc*-Schiedsverfahren. Der Grund hierfür ist, dass die UNCITRAL keine Schiedsinstitution ist.[1016] Die UNCITRAL verwaltet auch kein Schiedsverfahren. Das Schiedsverfahren soll bewusst losgelöst von einer staatlich verankerten Schiedsinstitution stattfinden.[1017] Die UNCITRAL bereitet mit den Arbitration Rules lediglich eine eigenständige und umfassende Regelung.[1018] Die Hauptmerkmale der UNCITRAL Arbitration Rules sind ihr völkerrechtlicher Ursprung sowie ihr Ziel, die Mitwirkung staatlicher Gerichte weitmöglichst auszuschließen. Letzteres wird etwa durch die Einschaltung einer privaten Stelle zur Schiedsrichterbestellung (Art. 6) deutlich.[1019] Das Beweisverfahren ist in Art. 27 geregelt. Art. 28 behandelt die mündliche Verhandlung, Art. 26 vorläufige Maßnahmen. Schließlich räumt Art. 17

1014 *Darwazeh/Moser*, in: Moser, Managing Business Disputes in Today's China, Kapitel 4, S. 79.

1015 *Report of the Working Group on Arbitration and Conciliation on the Work of ist Forty-Fifth Session* (Vienna September 11–15, 2006), UNCITRAL, 40th Session, UN Doc A/CN.9/614, S. 5. http://daccess-dds-ny.un.org/doc/UNDOC/GEN/V06/575/26/PDF/V0657526.pdf?OpenElement (zuletzt abgerufen am 24.12.2015).

1016 *Patocchi/Niedermaier*, in: Schütze, Institutionelle Schiedsgerichtsbarkeit, UNCITRAL, Einleitung Rn. 9. Die Kommentierung ist noch zu den UNCITRAL Arbitration Rules 1976.

1017 *Caron/Caplan*, UNCITRAL Arbitration Rules Commentary, S. 17 (Ch. 2, Art. 1).

1018 *Patocchi/Niedermaier*, in: Schütze, Institutionelle Schiedsgerichtsbarkeit, UNCITRAL, Einleitung Rn. 11.

1019 *Patocchi/Niedermaier*, in: Schütze, Institutionelle Schiedsgerichtsbarkeit, UNCITRAL, Einleitung Rn. 16; Art. 6 Rn. 2.

dem Schiedsgericht ein weites Ermessen bei der Verfahrensdurchführung ein.[1020] Das Schiedsgericht ist dabei nur an die Grenzen des rechtlichen Gehörs sowie den Gleichbehandlungsgrundsatz gebunden.[1021]

II. Bewertung in Bezug auf 28 U.S.C. § 1782

Die UNCITRAL Arbitration Rules sind in Bezug auf 28 U.S.C. § 1782 insbesondere aufgrund ihrer regelmäßigen Verwendung in Investitionsschutzschiedsverfahren interessant. Zunächst legt der Wortlaut von Art. 27 ein weites Verständnis des Beweisverfahrens nahe. Aus der Beweislastvorschrift in Absatz 1[1022] lässt sich jedoch kein Rückschluss auf die Zulässigkeit des Rechtshilfeverfahrens ziehen. Das Beweisverfahren als solches bestimmt sich im Anwendungsbereich des Art. 27 nach der *lex arbitri.*[1023] Die Parteiautonomie nimmt dabei eine wesentliche Rolle ein. Darüber hinaus ermächtigt Art. 27 (3) das Schiedsgericht, die Parteien in jedem Zeitpunkt des Verfahrens zur Vorlage von Schrift- oder Beweisstücken aufzufordern. Hieraus folgt auch die Anwendbarkeit des Untersuchungsgrundsatzes.[1024] Wie bereits bei der ICC-Schiedsgerichtsordnung 2012 besteht deswegen ein Erlaubniserfordernis. Die *Procedural order No. 3* des Schiedsgerichts im Fall *Mesa Power Group v. Government of Canada* bietet einen der wenigen Anhaltspunkte zu dessen praktischer Bedeutung.[1025] Das Schiedsgericht äußert zwar seinen Unmut über den Alleingang von Mesa zu den US-amerikanischen Gerichten. Es interpretiert das Erlaubniserfordernis jedoch äußerst weit, indem es sich weigert, die erlangten Beweise kategorisch abzulehnen. Das Erlaubniserfordernis ist nach dem *Mesa*-Schiedsgericht dahingehend zu verstehen, dass Beweise ohne vorherige Erlaubnis nicht berücksichtigt werden müssen. Praktisch wird mit dem Erlaubniserfordernis danach also zweierlei erreicht: Zum einen werden die Erfolgschancen des Rechtshilfeantrags erhöht, denn die US-amerikanischen Gerichte werden einem Antrag, der die Zustimmung des Schiedsgerichts hat, kaum widersprechen. Zum anderen wird die Sicherheit erreicht, dass die im Rechtshilfeverfahren erlangten Beweise vom Schiedsgericht berücksichtigt werden.

Dabei legt das Schiedsgericht derjenigen Partei, die die mittels 28 U.S.C. § 1782 erlangten Beweise in das Schiedsverfahren einbringen möchte, auf, die Beweise

1020 *Caron/Caplan*, UNCITRAL Arbitration Rules Commentary, S. 30 (Ch. 2, Art. 17).

1021 *Patocchi/Niedermaier*, in: Schütze, Institutionelle Schiedsgerichtsbarkeit, UNCITRAL, Art. 15 Rn. 6.

1022 Art. 27 Abs. 1 UNCITRAL Arbitration Rules: *„Jede Partei hat die Beweislast für die Tatsachen, auf die sie ihre Klage oder Klagebeantwortung stützt, zu tragen".*

1023 *Patocchi/Niedermaier*, in: Schütze, Institutionelle Schiedsgerichtsbarkeit, UNCITRAL, Art. 24 Rn. 2.

1024 *Patocchi/Niedermaier*, in: Schütze, Institutionelle Schiedsgerichtsbarkeit, UNCITRAL, Art. 24 Rn. 7.

1025 Ausführlich zum Fall *Mesa Power Group v. Government of Canada, PCA Case No. 2012–17, Procedural Order No. 3, 28. March 2013,* siehe oben § 8 A II.

deutlich als solche zu identifizieren. Damit soll es dem Schiedsgericht ermöglicht werden, der anderen Partei prozessuale Fairness im Sinne von Art. 17 zu gewähren, insbesondere ausreichend rechtliches Gehör. Außerdem betont das *Mesa*-Schiedsgericht, dass das US-amerikanische Rechtshilfeverfahren vor der Konstituierung des Schiedsgerichts stattgefunden hat. Dieser Umstand scheint nach dem Schiedsgericht anderenfalls gegen eine Berücksichtigung der Beweise zu sprechen. Dafür spricht auch die Auflage des Schiedsgerichts, dass ab seiner *Procedural order* Beweise im Rechtshilfeverfahren nur noch unter seiner Aufsicht erlangt werden dürfen.[1026]

F. ICSID Arbitration Rules

I. Relevante Vorschriften

Die Arbitration Rules des International Centre for Settlement of Investment Disputes (ICSID) regeln das Beweisverfahren in Rule 33 und Rule 34. Danach haben die Parteien dem Schiedsgericht innerhalb einer gewissen Frist mitzuteilen, welche Beweise sie vorlegen werden (Rule 33), bevor es zur eigentlichen Beweiserhebung kommt (Rule 34). Durch diesen Zweischritt soll ein faires Verfahren gesichert werden.[1027] Rule 34 (2) gibt dem Schiedsgericht die Möglichkeit *ex officio* tätig zu werden. Um den Untersuchungsgrundsatz handelt es sich dabei aber nicht. Der Regelfall im Anwendungsbereich der ICSID Arbitration Rules bleibt der Parteiantrag.[1028] Aus Rule 34 (3) folgt schließlich eine Kooperationspflicht der Parteien.[1029] Sie sind verpflichtet, bei der Beweisermittlung, wie sie vom Schiedsgericht vorgesehen ist, mitzuwirken. Die Parteien dürfen keine Maßnahmen ergreifen, die mit ihrer Kooperationspflicht im Widerspruch stehen. Insgesamt erfolgt im Anwendungsbereich von Rule 34 eine Einzelfallbetrachtung der einzelnen Beweise bezüglich etwaiger Beweisverwertungsverbote.[1030]

II. Bewertung in Bezug auf 28 U.S.C. § 1782

Aus dem Text der ICSID Arbitration Rules lässt sich kein zwingender Schluss bezüglich der Zulässigkeit des Rechtshilfeverfahrens ziehen. Rule 34 ist weit genug

1026 PCA Case No. 2012–17, Procedural Order No. 3, 28. March 2013, para. 68: „*Finally, the Tribunal agrees with the Respondent's request that further efforts by the Claimant to obtain evidence on Section 1782 be pursued exclusively the supervision of the Tribunal*".

1027 *Happ*, in: Schütze, Institutionelle Schiedsgerichtsbarkeit, ICSID Arbitration Rules, Rule 33 Rn. 1.

1028 *Happ*, in: Schütze, Institutionelle Schiedsgerichtsbarkeit, ICSID Arbitration Rules, Rule 34 Rn. 5.

1029 *Reed/Paulsson/Blackaby*, Guide to ICSID Arbitration, 142.

1030 *Happ*, in: Schütze, Institutionelle Schiedsgerichtsbarkeit, ICSID Arbitration Rules, Rule 34 Rn. 4.

gefasst, das Verfahren zuzulassen. Hierfür spricht auch die rechtliche Stellung des Schiedsgerichts. Einerseits kann es *ex officio* tätig werden, sodass keine besondere Betonung auf der Parteiautonomie liegt, wie etwa bei den LCIA-Regeln.[1031] Andererseits ist Grundsatz der Parteiantrag; es gilt kein Untersuchungsgrundsatz, aus dem sich ein (zwingendes) Erlaubniserfordernis ergeben würde. Demnach scheint ein Rechtshilfeverfahren nach 28 U.S.C. § 1782 grundsätzlich eine Möglichkeit zu sein.

Zu berücksichtigen ist allerdings eine Besonderheit bei ICSID-Verfahren, die sog. Delokalisierung des Verfahrens.[1032] ICSID-Schiedsverfahren besitzen keine *lex arbitri*.[1033] Sie finden rechtlich ohne Sitz statt. Grundlage des Verfahrens sind die ICSID-Konvention sowie andere völkerrechtliche Regelungen. Daraus folgt, dass staatliche Gerichte, wie sonst am Sitz des Schiedsgerichts, für Unterstützungsmaßnahmen nicht zur Verfügung stehen.[1034] Es wäre jedoch zu kurz gegriffen, hieraus den Schluss zu ziehen, 28 U.S.C. § 1782 auf Grund der Delokalisierung des Verfahrens im Rahmen von ICSID-Verfahren nicht zu beachten. Vielmehr liegt der gegenteilige Schluss nahe: 28 U.S.C. § 1782 passt insbesondere wegen der Delokalisierung auf ICSID-Verfahren. Der Delokalisierungsgrundsatz bedeutet lediglich, dass dem Schiedsgericht mangels Sitz kein staatliches Gericht zur Seite steht; er bedeutet aber nicht, dass staatliche Unterstützung für das Schiedsverfahren ausgeschlossen ist. Für die Konstellation, in der das Schiedsgericht kein staatliches Gericht als „Ansprechpartner" hat, erscheint das Rechtshilfeverfahren geradezu gemacht. Das US-amerikanische Gericht tritt an die Seite der Rechtshilfe ersuchenden Partei und unterstützt diese, indem es das *Discovery*-Verfahren erlaubt. Dabei darf natürlich nicht gegen die Kompetenzen des Schiedsgerichts nach Art. 34 ICSID Arbitration Rules entschieden werden.

Den praktischen Umgang eines ICSID-Schiedsgerichts mit 28 U.S.C. § 1782 verdeutlicht das *Caratube*-Schiedsverfahren.[1035] Aus diesem lassen sich mindestens zwei Schlussfolgerungen ziehen: Zum einen gehen die Schiedsrichter grundsätzlich davon aus, dass sie nach den für sie geltenden ICSID Arbitration Rules berechtigt sind, den 28 U.S.C. § 1782-Antrag des Klägers zu unterbinden, indem sie ihm auferlegen *„to cease and desist from the US action"*. Sie entschließen sich lediglich, dies im vorliegenden Fall nicht zu tun *(„it is not necessary for it to order Claimant")*. Zum anderen scheint das Schiedsgericht nicht von einem Erlaubniserfordernis in den ICSID Arbitration Rules auszugehen. Auch wenn sich das Schiedsgericht durch den Rechtshilfeantrag ohne vorherige Erlaubnis grundsätzlich vor den Kopf gestoßen

1031 Vgl. oben § 8 D. III.

1032 *Reed/Paulsson/Blackaby*, Guide to ICSID Arbitration, 13; *Happ*, in: Schütze, Institutionelle Schiedsgerichtsbarkeit, ICSID Arbitration Rules, Einleitung Rn. 9.

1033 *Redfer/Hunter et al.*, in: Redfern and Hunter on International Commercial Arbitration, Rn. 3.50.

1034 *Happ*, in: Schütze, Institutionelle Schiedsgerichtsbarkeit, ICSID Arbitration Rules, Einleitung Rn. 9.

1035 Ausführlich zum Fall *Caratube Int. Oil Company v. Republic of Kazakhstan*, ICSID Case No. ARB/08/12, Procedural Order No. 3, 26.05.2010, siehe oben § 8 A I.

fühlt, ist dies kein ausreichender Grund, den Rechtshilfeantragsteller im Schiedsverfahren zu sanktionieren. Nach dem Schiedsgericht liegt der Rechtshilfeantrag ganz im Risikobereich des Antragstellers. Zwar lässt diese Formulierung auch die Auslegung zu, dass es im Risikobereich des Antragstellers liegt, ob das Schiedsgericht seine mittels 28 U.S.C. § 1782 gewonnen Beweise berücksichtigt. Dieses Risiko könnte der Antragsteller mit einer vorherigen Erlaubnis beseitigen. Aus dem weiteren Wortlaut der *Procedural order* lässt sich jedoch schließen, dass das Schiedsgericht ein rein zeitliches Risiko vor Augen gehabt hat *("But the existence of such a petition to domestic courts cannot interfere with the Tribunal's maintenance of its authority over the arbitral procedure and with the timetable established with the consent of the Parties.")*. Das lässt schließlich den Schluss zu, dass ein ICSID-Schiedsgericht die mittels 28 U.S.C. §1782 gewonnen Beweise berücksichtigen wird, solange die Beibringung der Beweise das Schiedsverfahren zeitlich nicht verzögert.

G. IBA Rules of Evidence

I. Relevante Vorschriften

Die IBA Rules of Evidence sind ein unverbindliches Regelwerk, eine Art Empfehlung, wie die Beweisaufnahme in Schiedsverfahren ablaufen soll. Erstellt hat die IBA Rules of Evidence die *International Bar Associatation (IBA)*, die internationale Anwaltsvereinigung. Die IBA wurde 1947 gegründet, zu ihren Mitgliedern zählen sowohl einzelne Anwälte als auch nationale Anwaltsvereinigungen. Zentrale Aufgabe der IBA ist es, Empfehlungen zu den unterschiedlichsten Rechtsbereichen – wie zum Beispiel der Schiedsgerichtsbarkeit – herauszugeben. Diese Empfehlungen gelten nicht aus sich selbst heraus, sondern nur im Falle einer Parteivereinbarung oder der Anordnung durch das Schiedsgericht.[1036]

Die IBA Rules of Evidence halten Regelungen für diverse Arten der Beweiserhebung (Urkundenbeweis, Zeugenbeweis, Sachverständigenbeweis sowie Augenschein) bereit. Außerdem regeln sie auch die Beweisverhandlung und -würdigung. Im Folgenden sollen nur die Regeln zur Dokumentenvorlage (Urkundenbeweis) genauer untersucht werden. Das Dargestellte kann jedoch auf die Zeugenregelungen in Art. 4 übertragen werden.

Art. 3 gesteht in Art. 3.2 und Art. 3.4 prinzipiell jeder Partei das Recht zu, Dokumente von der anderen Seite herauszuverlangen. Die Vorschrift eröffnet damit grundsätzlich den Weg zur US-amerikanischen *Document production*. Allerdings kommt der Kompromiss-Gedanke der IBA Rules of Evidence zwischen dem Common Law- und dem Civil Law in den einschränkenden Voraussetzungen des Art. 3.3 zum Vorschein. Das Herausgabeverlangen muss deutlich machen, in welcher Weise die vorzulegenden Dokumente relevant für den Fall und wesentlich für seine Entscheidung sind. Ein vollständiges *Discovery*-Verfahren soll es nach den IBA Rules

---

1036 *Bühler/Dogan*, 17 J. Int.'l Arb. 3, 3 (2000).

of Evidence gerade nicht geben.[1037] In Art. 3.9 regeln die IBA Rules of Evidence den Fall, dass Dokumente von verfahrensfremden Dritten beigebracht werden sollen. Die Vorschrift behandelt mithin den Paradefall von 28 U.S.C. § 1782. Schließlich findet sich in Art. 9 eine Regelung zur Zulässigkeit von Beweisen.

II. Bewertung in Bezug auf 28 U.S.C. § 1782

Art. 3.9 ist die zentrale Vorschrift der IBA Rules of Evidence in Bezug auf 28 U.S.C. § 1782. Sie regelt die Rechtshilfe zur Erlangung von Dokumenten von Dritten. Das ist der praktisch relevanteste Anwendungsfall der Rechtshilfevorschrift. Dem Rechtshilfeantrag zur Erlangung von Dokumenten des Schiedsgegners steht die Rechtsprechung des *Supreme Courts* entgegen.[1038] Zum einen handelt es sich bei dem Adressaten des Rechtshilfeantrags um eine Partei des Schiedsverfahrens, zum anderen würden bei Anwendbarkeit der IBA Rules of Evidence die Art. 3.2 und 3.4 als ausländische bzw. internationale Beweisbeschaffungsvorschriften umgangen werden.

Die entscheidende Passage in Art. 3.9 lautet:

> *„Möchte eine Partei die Vorlegung von Dokumenten durch eine Person oder Organisation erreichen, die nicht Partei des Schiedsverfahrens ist und von der die Partei selbst die Dokumente nicht erlangen kann, so kann sie beim Schiedsgericht (...) beantragen, dass das Schiedsgericht alle rechtlich zulässigen Maßnahmen treffen soll, um die Vorlegung der Dokumente zu erreichen. Sie kann auch das Schiedsgericht um Erlaubnis bitten, diese Maßnahmen selbst zu ergreifen. (...) [Das Schiedsgericht] hat die Maßnahmen, die es für angemessen hält, entweder selbst zu treffen, die antragstellende Partei zur Durchführung zu ermächtigen, oder eine andere Partei zur Vornahme anzuweisen, wenn nach seinem Ermessen (i) die Dokumente relevant für den Fall und wesentlich für seine Entscheidung sind, (ii) die Anforderungen gemäß Art. 3.3, soweit einschlägig, erfüllt sind und (iii) kein in Art. 9.2 genannter Grund für Einwendungen vorliegt.“*

Hiervon sind drei Punkte hervorzuheben:

1. Erlaubnisvorbehalt

a. Beachtung durch District Courts

Am auffälligsten ist der Erlaubnisvorbehalt. Wenn das Schiedsgericht nicht selbst tätig wird, gilt für eine Schiedspartei: *„Sie kann auch das Schiedsgericht um Erlaubnis bitten, diese Maßnahmen selbst zu ergreifen“*.[1039] Die IBA Rules of Evidence setzen für einen möglichen Rechtshilfeantrag nach 28 U.S.C. § 1782 also

1037 Offizieller Kommentar der IBA, S. 7, http://www.ibanet.org/Publications/publications_IBA_guides_and_free_materials.aspx (zuletzt abgerufen am 24.12.2015).

1038 *Intel v. AMD*, 542 U.S. 241 (2004); siehe oben § 7 C I 2.

1039 Art. 3.9 IBA Rules of Evidence.

die Erlaubnis des Schiedsgerichts voraus. Wenn eine Partei nun ohne Erlaubnis des Schiedsgerichts den Rechtshilfeantrag stellt, kann das verschiedene Konsequenzen haben. Die US-amerikanischen *District Courts* werden geneigt sein, den Rechtshilfeantrag abzulehnen. Bereits der *District Court* im Fall *Caratube*[1040] hat bei seiner Analyse von 28 U.S.C. § 1782 darauf hingewiesen, *„by unilaterally filing this petition, Caratube has side-stepped these Guidelines [IBA Rules of Evidence], and has thus undermined the Tribunal's control over the discovery process. This weighs against granting Caratube's section 1782 petition"*.[1041] Das Gericht hat Art. 3.9 als echte bzw. ausdrückliche Erlaubnisvoraussetzung ausgelegt. Caratube argumentierte hingegen folgendermaßen: Das Schiedsgericht habe implizit seine Erlaubnis erteilt, indem es nachträglich keine Anordnung getroffen habe, nach der Caratube von seinem Rechtshilfeantrag Abstand zu nehme habe.[1042] Dieser Argumentation ist der *District Court* nicht gefolgt. Dennoch ist beachtenswert, dass der *District Court* die Missachtung der Erlaubnisvoraussetzung nur als einen Faktor ansieht, der gegen die Gewährung des Rechtshilfeantrags spricht, aber diesen nicht generell ausschließt.

Wenn eine Schiedspartei diese Unsicherheit vermeiden will, sollte sie einen Antrag an das Schiedsgericht im Sinne von Art. 3.9 stellen.[1043] Das Schiedsgericht wird diesem wahrscheinlich stattgeben, weil die Schiedspartei die Kosten selbst trägt und der Rechtshilfeantrag gegen einen Dritten gerichtet ist. Das Schiedsgericht ist hingegen nur zwischen den Schiedsparteien konstituiert und hat allen voran die Interessen der Schiedsparteien zu berücksichtigen.[1044] Die Rechtshilfeantragstellerin hat ein Interesse an dem Rechtshilfeverfahren, sonst würde sie den Antrag nicht stellen. Die andere Schiedsverfahrenspartei steht dem Rechtshilfeverfahren möglicherweise ablehnend gegenüber, weil für sie nachteilige Beweise beigebracht werden könnten. Nachteilige Beweise können allgemein jedoch auch ohne Rechtshilfe beigebracht werden. Es handelt sich hier um ein allgemeines Prozessrisiko. Ferner sind ihre Interessen darüber hinaus nicht tangiert. Lediglich mittelbare Beeinträchtigungen, etwa wenn sie in Geschäftsbeziehungen zu dem Dritten stünde und diese darunter leiden könnten, haben außer Betracht zu bleiben.

1040 *In re application of Caratube International Oil Company,* 730 F.Supp.2d 101, 107.

1041 730 F.Supp.2d 101, 108.

1042 730 F.Supp.2d 101, 108 n 6: *"Caratube notes that the Tribunal declined to order Caratube to cease and desist from this action, and states that "[s]o long as the Tribunal does not consider [its petition] out of bounds, there is no reason why this Court should." Caratube's Response at 15. But the question of whether the Tribunal believed that Caratube should be permitted to proceed with its petition is far different than whether this Court should, in its discretion, grant the petition".*

1043 Nach *Müller-Chen,* 27 ASA Bulletin 196, 205 f (2009) ist Art. 3.9 (ex Art. 3.8) keine echte Erlaubnisvoraussetzung.

1044 Vgl. *Zuberbühler u.a.*, IBA Rules of Evidence-Commentary, Rn. 209.

b. Sanktionsmöglichkeiten des Schiedsgerichts nach Art. 9 IBA Rules of Evidence

Sollte ein *District Court* einem Antrag, bei dem keine vorherige Erlaubnis des Schiedsgerichts eingeholt worden ist, stattgeben, kann das Schiedsgericht im Rahmen von Art. 9 reagieren. Art. 9.1 sieht vor, dass das Schiedsgericht über die Zulässigkeit, Relevanz, Wesentlichkeit und das Gewicht von Beweismitteln entscheidet. Es handelt sich dabei um eine Ermessensentscheidung, bei der das Schiedsgericht nur an die allgemeinen Ermessensprinzipien, insbesondere das Verbot der willkürlichen Entscheidung,[1045] gebunden ist.[1046] Nach Art. 9.2 hat es unter den dort genannten Voraussetzungen Beweise auszuschließen. Insbesondere Art. 9.2(b) und (g) sind hervorzuheben. Art. 9.2(b) behandelt die aus dem Common Law bekannten *Privileges.*[1047] Die Vorschrift spielt im Rahmen von 28 U.S.C. § 1782 eine untergeordnete Rolle. 28 U.S.C. § 1782 sieht selbst einen weitreichenden *Privilege*-Schutz vor.[1048] Daraus folgt, dass bei den einem Schiedsgericht vorgelgten Beweisen selten *Privileges*-Probleme auftreten werden, weil der US-amerikanische *District Court* diese bereits beachtet hat. Außerdem sind aufgrund der weiten Formulierung in 28 U.S.C. § 1782 – *„any legally available privileges"* – kaum weitere Konstellationen vorstellbar, in denen ein Schiedsgericht zu einem *Privilege* gelangt, das der *District Court* nicht berücksichtigt hätte. Bei Art. 9.2(g) handelt es sich um eine Auffangvorschrift, die *"procedural economy, proportionality, fairness and equality"* des Schiedsverfahrens sicherstellen soll.[1049] Hierunter lässt sich der Fall fassen, dass eine Schiedspartei den Erlaubnisvorbehalt des Art. 3.9 verletzt hat.[1050]

Schließlich ist nicht auszuschließen, dass ein Schiedsgericht die den Rechtshilfeantrag stellende Schiedspartei nach Art. 9.7 sanktioniert. Einer Schiedspartei, die gegen Treu und Glauben (*Good faith*) handelt, können Kosten auferlegt werden. Es lässt sich jedoch keine abschließende Aussage darüber treffen, ob ein ohne Erlaubnis des Schiedsgerichts gestellter Antrag nach 28 U.S.C. § 1782 Treu und Glauben verletzt. Das wird vor dem Hintergrund der Internationalität der Beteiligten auch vom jeweiligen nationalen Verständnis der Schiedsrichter von *Good faith* abhängen. Gegen die Sanktionsmöglichkeit nach Art. 9.7 spricht jedoch, dass Art. 3.9 in der Literatur zum Teil dahingehend verstanden wird, dass die Vorschrift eine Partei nicht daran hindere, sich – auch ohne Erlaubnis – an staatliche Gerichte zu wenden.[1051] Sinn und Zweck der Vorschrift sei nicht, die Parteien einzuschränken. Die

---

1045 *Lachmann*, Schiedsgerichtspraxis, Rn. 1292.

1046 Offizieller Kommentar der IBA, S. 25, http://www.ibanet.org/Publications/publications_IBA_guides_and_free_materials.aspx (zuletzt abgerufen am 24.12.2015).

1047 Speziell zum Schutz von Geschäftsgeheimnissen siehe *Haller*, SchiedsVZ 2013, 135.

1048 28 U.S.C. § 1782(a): *„A person may not be compelled to give his testimony or statement or to produce a document or other thing in violation of any legally applicable privilege"*.

1049 Offizieller Kommentar der IBA, S. 26, http://www.ibanet.org/Publications/publications_IBA_guides_and_free_materials.aspx (zuletzt abgerufen am 24.12.2015).

1050 So auch *Müller-Chen,* 27 ASA Bulletin 196, 206 (2009).

1051 *Zuberbühler u.a.*, IBA Rules of Evidence-Commentary, Rn. 216.

Vorschrift diene vielmehr dazu, deren Handlungsspielraum zu erweitern, indem ihnen eine weitere Möglichkeit – nämlich mit Erlaubnis des Schiedsgerichts selbst tätig zu werden – eröffnet wird.[1052] Das kann jedoch nicht überzeugen. Der Wortlaut von Art. 3.9 macht deutlich, dass einer Partei abschließend zwei Möglichkeiten zustehen sollen: Sie kann das Schiedsgericht entweder bitten, dass sich dieses an die staatlichen Gerichte wendet oder sie kann das Schiedsgericht bitten, sich selbst an die staatlichen Gerichte wenden zu dürfen.

2. Keine Aufweichung des Erlaubnisvorbehalts

Der Wortlaut von Art. 3.9 (*„und von der die Partei selbst die Dokumente nicht erlangen kann"*) legt zunächst nahe, selbst den Erlaubnisvorbehalt im Hinblick auf 28 U.S.C. § 1782 entfallen zu lassen. Immerhin kann die Schiedspartei die Dokumente gerade wegen 28 U.S.C. § 1782 eigenständig von dem Dritten erlangen. Hiergegen spricht jedoch der Sinn und Zweck von Art. 3.9. Das Schiedsgericht soll die Herrschaft über das Beweisverfahren nicht an die Parteien verlieren.[1053] Auch das Gericht in *Caratube* ist hierauf nicht eingegangen, sondern hat sich direkt auf den Erlaubnisvorbehalt bezogen. Das zeigt, dass US-amerikanische *District Courts* den Erlaubnisvorbehalt aus Art. 3.9 auch bei 28 U.S.C. § 1782 anwenden.

3. IBA Rules of Evidence schützen Kompromiss zwischen Civil und Common Law

Schließlich schützen die IBA Rules of Evidence den in ihnen verkörperten Kompromiss zwischen Civil Law und Common Law durch die Voraussetzungen am Ende von Art. 3.9. Zwar wird die Entscheidung über die Beweisbeschaffung von Dritten in das Ermessen des Schiedsgerichts gestellt, weshalb *Discovery*-Verfahren des Common Law grundsätzlich möglich sind. Jedoch gilt das nur eingeschränkt, nämlich wenn das Schiedsgericht die erwarteten Dokumente für entscheidungserheblich hält, der Rechtshilfeantrag die Voraussetzungen von Art. 3.3 erfüllt und Art. 9.2 nicht verletzt wird. Die Entscheidungserheblichkeit prüft das Schiedsgericht also bereits im Rahmen der Erlaubniserteilung und nicht erst bei der Frage der Zulassung und Berücksichtigung der Beweise. Art. 3.3 stellt formelle Voraussetzungen auf, die der Rechtshilfeantrag erfüllen muss, um erlaubnisfähig zu sein. Hieraus können sich praktische Probleme ergeben. Denn Art. 3.3 beinhaltet das Ausforschungsverbot des Civil Law.[1054] Die rechtshilfeersuchende Partei muss relativ konkret darlegen,

---

1052 *Zuberbühler u.a.*, IBA Rules of Evidence-Commentary, Rn. 216.

1053 Offizieller Kommentar der IBA, S. 11: *„Ultimate oversight and control over this process should remain with the arbitral tribunal"*, http://www.ibanet.org/Publications/publications_IBA_guides_and_free_materials.aspx (zuletzt abgerufen am 24.12.2015).

1054 Offizieller Kommentar der IBA, S. 8, http://www.ibanet.org/Publications/publications_IBA_guides_and_free_materials.aspx (zuletzt abgerufen am 24.12.2015).

welche Beweise sie sich von dem Rechtshilfeverfahren verspricht und inwiefern diese für das Schiedsverfahren relevant sind. Das widerspricht dem auf *Discovery* gerichteten Verfahren nach 28 U.S.C. § 1782. Die Grenzen der *Fishing expedition* sind im US-amerikanischen Recht viel weiter gezogen als das enge Ausforschungsverbot des Civil Laws.[1055]

H. Zusammenfassung

Institutionelle Schiedsregeln sehen keine konkrete Vorschrift in Bezug auf den Umgang mit 28 U.S.C. § 1782 vor. Allerdings ist das auch nicht erforderlich. Durch eine angemessene Anwendung der bereits in den institutionellen Regeln vorhandenen und durch die Rechtsprechung entwickelten Grundsätze lassen sich alle Schwierigkeiten im Zusammenhang mit 28 U.S.C. § 1782 bewältigen. Für Parteivertreter in Schiedsverfahren ist dabei insbesondere ein Blick in die konkret anwendbaren Schiedsregeln zu empfehlen, sofern sie einen Rechtshilfeantrag in Betracht ziehen. Wie aufgezeigt bestehen erhebliche Unterschiede in Bezug auf 28 U.S.C. § 1782 zwischen den verschiedenen institutionellen Schiedsordnungen. Insbesondere die IBA Rules of Evidence als eine Art „Industriestandard“ sollten beachtet werden.

1055 Zu den Sanktionsmöglichkeiten von Art. 9.2 siehe bereits oben, § 9 G II 1 b.

§ 10. Ergebnisse

Abschließend werden die wesentlichen Ergebnisse der Arbeit zusammengefasst:

1. Ein internationales Schiedsgericht ist ein *tribunal* im Sinne von 28 U.S.C. § 1782.

Das folgt bereits aus einer strengen Wortlautbetrachtung, wie sie *Justice Scalia* in *Intel* vertreten hat. In der englischen bzw. US-amerikanischen Rechtssprache ist ein internationales Schiedsgericht ein *arbitral tribunal*.[1056]

Ferner spricht hierfür die Entstehungsgeschichte der internationalen Rechtshilfe in den Vereinigten Staaten. Denn die Auswertung dieser zeigt ein entscheidendes Merkmal: das Streben nach Flexibilität.[1057] Zugeschnitten auf den konkreten Fall soll Rechtshilfe gewährt oder verwehrt werden. Dazu passend hat *Smit*, der als „Vater" der Vorschrift betrachtet wird, stets vertreten, dass der Tatbestand von 28 U.S.C. § 1782 weit zu verstehen und möglichst flexibel zu handhaben ist.[1058]

Weiterhin sind internationale Schiedsgerichte *first-instance decisionmaker* im Sinne der *Intel*-Rechtsprechung des *Supreme Courts*. Sie üben eine allgemeine, rechtsprechende Funktion aus und erlassen dabei schriftliche, vollstreckbare Urteile, die für höhere Instanzen bindend sind.[1059]

Auch der Ursprung ihrer Entscheidungsbefugnis aus der Parteivereinbarung rechtfertigt nicht, Schiedsgerichte vom Tatbestand von 28 U.S.C. § 1782 auszuschließen. Die Verankerung der internationalen Schiedsgerichtsbarkeit in nationalen Rechtsordnungen sowie internationalen Übereinkommen wie der New York Convention ist ausreichend, um Schiedsgerichte als *tribunal* anzuerkennen.[1060]

Schließlich sind internationale Schiedssprüche im Rahmen von Aufhebungs- Anerkennungs- und Vollstreckungsverfahren hinreichend gerichtlich überprüfbar.[1061] Die Anforderungen an das *Judicial review*-Kriterium in der *post-Intel*-Rechtsprechung der US-amerikanischen Gerichte sind erfüllt, weil ein Schiedsspruch überhaupt vor staatliche Gerichte gebracht werden kann.

2. Die tatbestandliche Unterscheidung zwischen Handelsschiedsgerichten und Investitionsschutzschiedsgerichten ist abzulehnen.

Zum einen besteht keine ausreichende rechtliche Grundlage, um die beiden Schiedsverfahrensarten im Tatbestand von 28 U.S.C. § 1782 unterschiedlich zu behandeln.

1056 Siehe oben § 6 A I.

1057 Siehe oben § 4 A.

1058 *Smit*, 62 Colum. L. Rev. 1264 (1962); *Smit*, Colum. L. Rev. 1015 (1965); *Smit*, 35 S. Tex. L. Rev. 215 (1994); *Smit*, 25 Syracuse J.Int'l.L. & Com. 1 (1998).

1059 Siehe oben § 6 A III.

1060 Siehe oben § 6 A.

1061 Siehe oben § 6 A II.

Zum anderen beruht diese Unterscheidung auf einer fehlerhaften Feststellung des *District Courts* in der *Oxus*-Entscheidung.[1062]

3. Schiedsrechtliche Besonderheiten können auf Rechtsfolgenseite von 28 U.S.C. § 1782 im Einzelfallermessen berücksichtigt werden.

Die *Intel*-Kriterien des *Supreme Courts* können von US-amerikanischen Gerichte unproblematisch verwendet werden, auch wenn das zu unterstützende Verfahren ein internationales Schiedsverfahren ist. Insbesondere das *Nature*-Kriterium ist wie gemacht, um auf internationale Schiedsgerichte angewandt zu werden.[1063]

Auch die *Strong federal policy favoring arbitration* des US-amerikanischen Rechts spricht für diese Ermessenslösung.[1064] Im Kontext der internationalen Rechtshilfe haben US-amerikanische Gerichte Schiedsgerichte aktiv zu unterstützen.

4. Das Rechtshilfeverfahren steht nur bezüglich solcher Personen zur Verfügung, die am internationalen Schiedsverfahren nicht beteiligt sind.

Der *Supreme Court* hat in *Intel* entschieden, dass die Parteistellung des Rechtshilfantragsadressaten grundsätzlich dagegen spricht, einem Rechtshilfeantrag statt zu geben.[1065] Damit ist wesentlichen Missbrauchsängsten bei der Nutzung des Rechtshilfeverfahrens der Boden entzogen.

Vielmehr kann 28 U.S.C. § 1782 einen wertvollen Beitrag leisten, wenn Dokumente von verfahrensunbeteiligten Dritten erlangt werden, an die das Schiedsgericht selbst nicht herangekommen wäre.[1066]

5. Das internationale Schiedsrecht sieht einen Erlaubnisvorbehalt vor, nach dem Schiedsparteien ein Rechtshilfeverfahren nur mit Erlaubnis des Schiedsgerichts führen dürfen.

Die Existenz des Erlaubnisvorbehalts machen die *Procedural orders* der *Caratube-* und *Mesa*-Schiedsgerichte deutlich.[1067] Außerdem sehen auch die IBA Rules of Evidence in Art. 3.9 einen Erlaubnisvorbehalt vor.[1068]

Die US-amerikanischen *District Courts* sollten auf Ermessensebene berücksichtigen, ob ein Rechtshilfeantragssteller die Erlaubnis des internationalen Schiedsgerichts eingeholt hat.[1069] Die internationalen Schiedsgerichte sollten Beweise, die

1062 Siehe oben § 6 B 3; *In re in the matter of application on Oxus Gold,* 2006 U.S. Dist. LEXIS 74118, 14–16 (2006); 2007 U.S. Dist. LEXIS 24061, 11–14 (2007).
1063 Siehe oben § 7 C I 3.
1064 Siehe oben § 7 B; C II.
1065 Siehe oben § 7 C I 2.
1066 Siehe oben § 7 C I 2.
1067 Siehe oben § 8 C I.
1068 Siehe oben § 9 G II.
1069 Siehe oben § 7 C I 4.

in einem Rechtshilfeverfahren ohne ihre Erlaubnis erlangt wurde, regelmäßig unberücksichtigt lassen.[1070]

6. Ein Rechtshilfeverfahren darf den parallelen Ablauf des Schiedsverfahrens nicht beeinträchtigen.

Das *Caratube*-Schiedsgericht hat überzeugend festgestellt: *"A party starting a Section 1782 procedure before the US courts does so and choses the time for such a petition at its own risk. But the existence of such a petition to domestic courts cannot interfere with the Tribunals maintenance of its authority over the arbitral procedure and with the timetable established with the consent of the parties".*[1071]

7. Schiedsgerichte sind im Umgang mit den nach 28 U.S.C. § 1782 gewonnenen Beweisen frei.

Sie können die erlangten Beweise berücksichtigen oder auch ablehnen. Insbesondere die Ablehnung der Beweise, solange sie nicht kategorisch und willkürlich erfolgt, gefährdet nicht die Vollstreckung eines Schiedsspruchs nach der New York Convention.[1072]

8. Aus den gewählten institutionellen Schiedsregeln lassen sich Schlussfolgerungen zu den Erfolgsaussichten eines Rechtshilfeverfahrens ziehen.

Die institutionellen Schiedsregeln sind bezogen auf das Beweisverfahren und die rechtliche Stellung des Schiedsgerichts unterschiedlich ausgestaltet. Daraus können sich Argumente ergeben, die sowohl vor einem US-amerikanischen *District Court* im Rechtshilfeverfahren als auch vor einem Schiedsgericht bei der Frage der Anerkennung der Beweise verwendet werden können.[1073] Z.B. kann mit Art. 25 (2) der ICC-Schiedsgerichtsordnung oder § 43 der DIS-Regeln argumentiert werden. Auch rechtspolitische und -kulturelle Umstände dürfen in diesem internationalen Kontext nicht außer Acht gelassen werden.

1070 Siehe oben § 8 C.

1071 *Caratube International Oil Company LLP v. The Republic of Kazakhstan,* ICSID Case No. ARB/08/12, Procedural Order No. 3, 26.05.2010, Rn. 2.6/2.7, veröffentlicht unter http://www.italaw.com/cases/211 (zuletzt abgerufen am 24.12.2015).

1072 Siehe oben § 8 C.

1073 Siehe oben § 9.

Schriftenreihe der August Maria Berges Stiftung für Arbitrales Recht

Herausgegeben von Dr. Hubertus W. Labes

Band 1 August Maria Berges – Ausgewählte Schriften zum Schiedsrecht. Herausgegeben von der August Maria Berges Stiftung für Arbitrales Recht. 1998.

Band 2 Iris Koch: Außergerichtliche Streitbeilegung im japanischen Wirtschaftsverkehr unter besonderer Berücksichtigung der Schiedsgerichtsbarkeit. 2000.

Band 3 Hans-Claudius Scheef: Der einstweilige Rechtsschutz und die Stellung der Schiedsrichter bei dem Abschluß von Schiedsvergleichen nach dem deutschen und englischen Schiedsverfahrensrecht. Eine rechtsvergleichende Untersuchung. 2000.

Band 4 Dominik Lentz: Die internationale Wirtschaftsschiedsgerichtsbarkeit in der Russischen Föderation. Darstellung und Analyse anhand der Praxis des internationalen Handelsschiedsgerichts bei der Handels- und Industriekammer der Russischen Föderation. 2000.

Band 5 Torsten Lörcher: Neue Verfahren der internationalen Streiterledigung in Wirtschaftssachen. Verfahren vor dem Internationalen Seegerichtshof, WTO-Panelverfahren, ICSID- und WIPO-Schiedsverfahren. 2001.

Band 6 Julia Tief: Discovery und Informationspflichten der Parteien in der Internationalen Schiedsgerichtsbarkeit. Ein deutsch-amerikanischer Vergleich. 2000.

Band 7 Richard Happ: Schiedsverfahren zwischen Staaten und Investoren nach Artikel 26 Energiechartavertrag. Eine Studie zum Wandel der Streitbeilegung im Investitionsschutzrecht unter den Bedingungen einer globalen Weltwirtschaft. 2000.

Band 8 Jörn Schämann: Schiedsgerichte unter staatlicher Kontrolle. Das englische Recht und das UNCITRAL-Modellgesetz. 2001.

Band 9 Jana Dominique Jaeger: Die Umsetzung des UNCITRAL-Modellgesetzes über die internationale Handelsschiedsgerichtsbarkeit im Zuge der nationalen Reformen. 2001.

Band 10 Michael Kronenburg: Vollstreckung ausländischer Schiedssprüche in den USA. Die Rechtsprechung US-amerikanischer Gerichte. 2001.

Band 11 Jan-Michael Ahrens: Die subjektive Reichweite internationaler Schiedsvereinbarungen und ihre Erstreckung in der Unternehmensgruppe. 2001.

Band 12 Klaus Peter Berger: Arbitration Interactive. A Case Study for Students and Practitioners. 2002.

Band 13 Daniel Paul Simms: Das Recht der Schiedsgerichtsbarkeit in Irland. 2002.

Band 14 Johann von Pachelbel-Gehag: Das reformierte deutsche und schwedische Schiedsverfahrensrecht. Eine vergleichende Betrachtung unter Berücksichtigung des UNCITRAL-Modellgesetzes über die internationale Handelsschiedsgerichtsbarkeit. 2002.

Band 15 Volker Nienaber: Die Anerkennung und Vollstreckung im Sitzstaat aufgehobener Schiedssprüche. 2002.

Band 16 German Institution of Arbitration (ed.): Financial Capacity of the Parties. A Condition for the Validity of Arbitration Agreements? Based on a Conference organized by the German Institution of Arbitration (DIS) on November 29th 2002 in Berlin. 2004.

Band 17 Frank Martens. Wirkungen der Schiedsvereinbarung und des Schiedsverfahrens auf Dritte. 2005.

Band 18 Claudia Krapfl: Die Dokumentenvorlage im internationalen Schiedsverfahren. Ein deutsch-US-amerikanischer Vergleich. 2007.

Band 19 Michael Christ: Berichtigung, Auslegung und Ergänzung des Schiedsspruchs. Das schiedsgerichtliche Korrekturverfahren nach § 1058 ZPO. 2008.

Band 20 Carsten Schmidt: Prozessuale Meistbegünstigung im völkerrechtlichen Investitionsschutz. 2008.

Band 21 Philipp K. Wagner: Abstimmungsfragen zwischen Internationalem Insolvenzrecht und Internationaler Schiedsgerichtsbarkeit. Unter besonderer Berücksichtigung der Anerkennung grenzüberschreitender Insolvenzen durch Schiedsgerichte. 2008.

Band 22 Deutsche Institution für Schiedsgerichtsbarkeit e.V. (Hrsg.): Die neue ICC-Schiedsgerichtsordnung. 2012.

Band 23 Nils Christian Wighardt: Rückverweisung des Schiedsspruchs an das Schiedsgericht. Vorschläge zur Reform nach Art. 34 Abs. 4 UNCITRAL-Modellgesetz. 2013.

Band 24 Christoph Grenz: Der Faktor Zeit im Schiedsverfahren. 2013.

Band 25 Annekathrin Holzberger: Die materiellrechtliche und kollisionsrechtliche Einordnung des Schiedsrichtervertrages. 2015.

Band 26 Sven Hasenstab: Regulierung anwaltlicher Parteivertreter in internationalen Schiedsverfahren. Rechtlicher Rahmen für in- und ausländische Rechtsanwälte vor Schiedsgerichten mit Sitz in Deutschland. 2015.

Band 27 Max Wilhelm Oehm: Das Rechtshilfeverfahren in Beweissachen nach 28 U.S.C. § 1782 in der internationalen Handels- und Investitionsschutzschiedsgerichtsbarkeit. 2016.

www.peterlang.com